《道德经》演绎了人类的无上智慧！解决经济、教育、军事等诸多问题的辩证法和方法论都在其中！

如松《道德经》感悟

如松 ◎ 著

华文出版社
SINO-CULTURE PRESS

图书在版编目（CIP）数据

如松《道德经》感悟 / 如松著. -- 北京：华文出版社，2021.2

ISBN 978-7-5075-5326-0

Ⅰ.①如… Ⅱ.①如… Ⅲ.①道家②《道德经》—通俗读物 Ⅳ.①B223.1-49

中国版本图书馆CIP数据核字（2020）第132080号

如松《道德经》感悟
RUSONG《DAODEJING》GANWU

著　　者：	如　松
出版策划：	兴盛乐
责任编辑：	张　轶
出版发行：	华文出版社
社　　址：	北京市西城区广安门外大街305号8区2号楼
邮政编码：	100055
网　　址：	http://www.hwcbs.com.cn
电　　话：	总编室 010-58336239　　发行部 010-58336267　58336230
	责任编辑 010-58336195
经　　销：	新华书店
印　　刷：	北京柯蓝博泰印务有限公司
开　　本：	710×960　1/16
印　　张：	19.5
字　　数：	243千字
版　　次：	2021年2月第1版
印　　次：	2021年2月第1次印刷
书　　号：	ISBN 978-7-5075-5326-0
定　　价：	69.00元

版权所有　侵权必究

 自　序

世界上的知识浩如烟海，互联网时代更是知识爆炸的时代，我们的精力和时间都是有限的，无法完全掌握这些知识。从某种角度看，世界上只有两门知识，其一叫辩证法，其二叫方法论，掌握了这两门知识之后，所有其他的知识就会都在自己手中，想学就学，想用就用。辩证法和方法论在何处？就在《道德经》中！

在智能机器的时代，知识的价值快速下降，因为智能机器几乎可以掌握所有的知识，取代原来由人所占据的工作岗位。相反，具有创造知识能力的人才拥有更广阔的空间，在社会生活中的地位会快速上升。怎么才能具备创造知识的能力？就在辩证法和方法论中。

本人认为，一个人一生的成就最终取决于自己的道德水平，道是道，德是德，道是天下万物的运行规律，遵从天下万物的运行规律去做人做事就叫德，遵道贵德是让人生有所成就的基石。

每个人、每个家庭都希望提升自身的社会层次，路在哪里？敲门砖在何处？

如何让我们的家庭实现一代更比一代强？如何让孩子们不断地站在更高的台阶上？

如何透视社会的未来？如何洞察经济和财经的走向？如何走上财富积累之路？

古话说"富不过三代"，为什么有些家族可以传承数百年甚至上千年？

如何让自己的境界更高？格局更广？如何让自己达到睿智的高度？

如何让自己总给人以如沐春风的感觉，让自己的内心永远充满自信？

……

一部《道德经》就能给出上述所有问题的答案！

老子被誉为东方三大圣人之首。孔子曾数次向老子问礼、求道，所以，自古有"老子天下第一"之称。

《道德经》虽只五千言，却包含了天地万物产生、发展、终止的所有玄机，包含了改变个人与家庭的辩证法与方法论。孔子说："吾今日见老子，其犹龙耶！"

本人希望通过写出对《道德经》（原文来自《帛书老子校注》[①]，中华书局，1996年5月）的感悟，与所有读者共同登上人生的新高度！对于《道德经》的理解，本人参考了先人的释义，借鉴了先人的智慧。

来来来，让我们开始吧！

[①] 以《帛书老子校注》（ISBN 978-7-101-01343-6）中的甲本为主，当甲本残缺时，选用此书中的乙本内容并加页末注。

目录

德 篇

第一章	003
第二章	008
第三章	013
第四章	017
第五章	022
第六章	025
第七章	029
第八章	033
第九章	038
第十章	042
第十一章	045
第十二章	049
第十三章	053
第十四章	057
第十五章	061
第十六章	065
第十七章	068

第十八章……………………………………………072

第十九章……………………………………………076

第二十章……………………………………………080

第二十一章…………………………………………084

第二十二章…………………………………………088

第二十三章…………………………………………093

第二十四章…………………………………………096

第二十五章…………………………………………099

第二十六章…………………………………………103

第二十七章…………………………………………107

第二十八章…………………………………………112

第二十九章…………………………………………115

第三十章……………………………………………119

第三十一章…………………………………………123

第三十二章…………………………………………126

第三十三章…………………………………………131

第三十四章…………………………………………135

第三十五章…………………………………………138

第三十六章…………………………………………142

第三十七章…………………………………………145

第三十八章…………………………………………148

第三十九章……………………………………151
第四十章………………………………………154
第四十一章……………………………………159
第四十二章……………………………………163
第四十三章……………………………………167
第四十四章……………………………………170

道 篇

第四十五章……………………………………175
第四十六章……………………………………179
第四十七章……………………………………183
第四十八章……………………………………187
第四十九章……………………………………190
第五十章………………………………………193
第五十一章……………………………………195
第五十二章……………………………………198
第五十三章……………………………………200
第五十四章……………………………………204
第五十五章……………………………………206
第五十六章……………………………………210

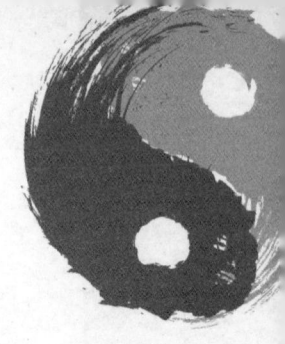

第五十七章……………………………………………212

第五十八章……………………………………………216

第五十九章……………………………………………218

第六十章………………………………………………221

第六十一章……………………………………………224

第六十二章……………………………………………227

第六十三章……………………………………………229

第六十四章……………………………………………233

第六十五章……………………………………………237

第六十六章……………………………………………241

第六十七章……………………………………………245

第六十八章……………………………………………248

第六十九章……………………………………………251

第七十章………………………………………………255

第七十一章……………………………………………259

第七十二章……………………………………………264

第七十三章……………………………………………268

第七十四章……………………………………………271

第七十五章……………………………………………274

第七十六章……………………………………………280

第七十七章……………………………………………283

第七十八章……………………………………………286

第七十九章……………………………………291
第八十章………………………………………294
第八十一章……………………………………297

后　记…………………………………………299

德篇

第一章

上德不德，是以有德；下德不失德，是以无德。上德无为而无以为也。上仁为之而无以为也。上义为之而有以为也。上礼为之而莫之应也，则攘臂而扔之。故失道而后德，失德而后仁，失仁而后义，失义而后礼。夫礼者，忠信之薄也，而乱之首也。前识者，道之华也，而愚之首也。是以大丈夫居其厚而不居其薄；居其实而不居其华。故去彼取此。

参考释义

有上德之人无名无为，是没有名号的，这种德达到了无上的地步，他不以德来教化万民，而是遵循自然，其德是看不见的，所以说是不德；但其德又与天地相合，故此是有德。有下德之人，是有名号的，其德是看得见的，实际是没有德。上德之人谨守清静无为，不求有所作为；上仁之人功成事就后，不执着于名号；有上义之人功成事就后，就是为了名号；上礼讲究的只是威仪，做事之时无人响应，只能举起自己的手臂来吸引别人。所以，失去了道而后才有德，失去了德而后才有仁，失去了仁而后才有义，失去了义而后才有礼。礼是忠信不足的产物，也是祸乱的开端。认为自己是先知之人，得到的不过是道的皮毛，是愚昧的。大丈夫要立身敦厚、

淳朴，而不居于浅薄，存心于朴实，不求虚华。所以，人们要舍弃浅薄虚华而立身于朴实敦厚。

☯ 说东谈西

老子在《德篇》的第一章就给了我们当头棒喝！

读了这一章是不是觉得有些惊奇？老子是得道之人，谨守清静无为，但本章中老子却使用了"大丈夫"这个非常有激情的词汇。这说明真正的大丈夫不应该仅仅是恪守"仁、义、礼"之人，而是谨守天地大道、遵循自然，能使天下达到大治之人，这就站在了最高的境界，谁还敢说老子的思想有避世、颓废的倾向？

这自然与老子所处的时代有关。

老子生活在大约公元前571年至公元前471年，这个年代最重大的历史事件就是弭兵会盟。弭兵会盟发生了两次，分别在公元前579年和公元前546年，宋国执政华元、向戌两次召集晋楚两国在宋会盟。公元前589年，楚国约集齐国、秦国等八国诸侯会盟于蜀（今山东泰安附近）；公元前586年，晋国也约集齐、鲁等八国诸侯盟于虫牢（今河南封丘北），晋楚两国率领两大军事集团处于对抗的局面。晋国为了打击楚国，派巫臣去吴国扶助吴人，吴国日益强盛，连番伐楚。楚国在吴国的牵制下，力量大为削弱。同时，晋国由于卿大夫势力强大，频发内乱，无暇争霸，而秦国和白狄也合并攻击晋国。在南有楚国，西有秦国、白狄的形势下，晋国受到夹击，处境也不好。所以，晋国和楚国都有意谋和，后经宋国大夫华元奔走斡旋，终于促成楚晋两国召开首次弭兵之会，盟约是：晋楚两国不再交兵。但三年后的公元前576年，楚国即首先背弃了盟约，战火再起。到公元前546年，宋国执政向戌代表中原各中小国家的国君向晋楚两国表达了休战的愿望，约晋楚两国在宋国结盟，这就是第二次弭兵会盟。此次大会一共约请了14

国，规定由晋楚两国平分霸权，除齐国、秦国之外，其他各国须向晋楚两国同样纳贡，此后数十年，中原战事减少。

之后就是吴越争霸的时间。公元前506年，吴国大举伐楚，节节胜利，一直打到楚都，这标志着吴国正式崛起。公元前475年，越国军队攻破吴国的都城姑苏，勾践成为春秋最后一位霸主。

晋楚争雄、吴越争霸的时候，周王室也没闲着。

老子出生时，周王室是周灵王（前571—前545在位）姬泄心执政，这一时期，周朝国势日益衰败，天子威信日益低落。周灵王之后，是其子周景王姬贵（前545—前520在位）执政，他老人家在位时，发生了成语"数典忘祖"的故事。周景王财政困难，连器皿都要向各国乞讨，有一次，周景王宴请晋国大臣荀跞，指着鲁国送来的酒壶问，各国都有器物送给王室，为何晋国没有啊？荀跞答不出来，让副使籍谈答复。籍谈说当初晋国受封时，周王室未赐以礼器，现在晋国忙于对付戎狄，自然送不出礼物来。周景王列数了王室赐给晋国的土地器物，讽刺其"数典而忘其祖"，这就是"数典忘祖"的由来。说明此时周天子的地位已经一落千丈，需要不断地向各诸侯国"化缘"。

周景王太子寿早死，后立王子猛（姬猛）为太子，却又宠爱庶长子王子朝（姬朝）。公元前520年4月，周景王病重，嘱咐宾孟要扶立王子朝，但还未来得及安排王位继承相关之事就死了。周景王死后，贵族刘卷、单旗杀死宾孟，仍拥立姬猛为帝，是为周悼王。姬朝当然不甘心，就带领失去职位的旧官吏和百工以及一部分兵士叛乱，争夺王位。在刘卷被打败之后，单旗保护着姬猛待在王宫内。姬朝的党徒乘深夜潜入宫中，劫走了姬猛，单旗突围而逃，姬朝的徒众又挟持着姬猛追赶单旗。可就在半路上，晋顷公派遣的由大夫荀跞、籍谈带领的晋军到了，救出了姬猛，将他护送到王城（今河南省洛阳市东北）。

不久，又护送他回到都城。

姬猛这王位得来不易，不承想去得更快，同年10月姬猛就病死了，在位不到一年的时间。

姬朝又有了登上王位的机会，可晋国依旧搅局。就在姬朝期待登上王位的关口，强大的晋国派兵攻打姬朝，姬朝自然还是抵挡不住，只能眼看着晋国拥立周景王的另外一个儿子姬匄登上了王位，这就是周敬王。姬朝当然更不服，与周敬王之间不断爆发冲突，最终在公元前516年，姬朝败逃到了楚国。到公元前505年春，楚国被吴国击败，险些亡国，周敬王趁机派人在楚地杀死了自己的兄弟姬朝。姬朝这一生，每天距离王位都很近，但就是摸不着，这都是命啊。姬朝虽然死了，但部下还不服，姬朝死后的次年，儋翩带领姬朝的支持者再次起兵举事，周敬王仓皇逃出都城，开始逃难之旅，到公元前503年，才在晋国的帮助下重又回到王城。

姬朝之乱牵连了老子。就在公元前516年，姬朝出逃楚国前夕，曾率兵攻下刘公之邑，周敬王危在旦夕之时被晋国所救。这时，老子蒙受失职之责，受牵连而辞职，老人家骑一青牛，欲出函谷关，西游秦国，并在函谷关写下了流传千古的《道德经》。

离开周王朝的都城洛邑，但见田野一片荒凉，四处都是断垣颓壁、井栏摧折、阡陌错断、枯草瑟瑟。想到周王室自相残杀、奢侈无度，天下诸侯为自己的欲望而互相争霸，让天下无法得到大治，由此也就不难理解为何老子要阐述"故失道而后德，失德而后仁，失仁而后义，失义而后礼"。周王朝是尚礼的时代，最终却走到春秋时期的堕落，以此说明"礼"是忠信不足的产物，也是祸乱的开端。

在崇尚仁、义、礼的时代，背后掩盖的是有为，是王公贵族的私欲。

仅仅讲"礼"本身就是内心欲望的一种表现，内心坚定、睿智之人自然有度，遵自然之道而行，无须风尘俗礼。

一个社会或也需要礼，但是需要什么样的礼呢？这种礼不是风尘俗礼，不是西周时期部分人为了满足自己的私欲而建立的礼，而是敬畏自然，敬畏天下苍生的生存需求，这才是真正的礼，这是普天之下最大的礼。所以，礼并不仅仅体现在形式上，更主要是体现在心中。我们最熟悉的师生之礼也不仅仅是外在的形式，而在于青出于蓝而胜于蓝，这才是对老师最厚重之"礼"，如果仅仅流于形式，就会成为风尘俗礼。

老子告诉了人们真正的大丈夫是什么样。以自然之道治国，舍弃浅薄虚华而立身于朴实敦厚，对天下行无言之教，行无为之道，还天下人以清静的生活，这才是真正的大丈夫！那些以"有为"的方式盗取了名誉的所谓"英雄"，不过是窃贼而已，那些为了自己的私欲而将百姓置于水火之中，无论君主还是王侯将相，在老子眼中，也都不是大丈夫。

在本章中，我们没有看到老子有避世、颓废的倾向，而是看到了他那"先天下之忧而忧，后天下之乐而乐"的情怀！

第二章

昔之得一者，天得一以清，地得一以宁，神得一以灵，谷得一以盈，侯王得一而以为天下正。其诫之也，谓天毋已清将恐裂，谓地毋已宁将恐发，谓神毋已灵将恐歇，谓谷毋已盈将恐竭，谓侯王毋已贵以高将恐蹶。故必贵而以贱为本，必高矣而以下为基。夫是以侯王自谓孤寡不榖。此其贱之本与，非也？故致数誉无誉。是故不欲禄禄若玉，硌硌若石。

参考释义

以往得道的：天得到道而清明，地得到道而宁静，神得到道而变化于无形，河谷得到道而充盈，侯王得到道而成为天下的公正。戒下述情形，天得不到清明恐怕要崩裂，地不得安宁恐怕要震溃，神不能保持灵性就会灭绝，河谷不能保持充盈就会干涸，侯王不能保持公正王朝就要倾覆。所以贵以贱为根本，高以下为基础。因此，侯王们自称为"孤""寡""不榖"，这就是以贱为根本，不是吗？侯王不以尊号来称誉自己才有高贵。不要认为自己是一块美玉，要把自己看作是一块石头。

说东谈西

"不穀"意为不善,是古代帝王的谦称。

"一"是什么?一是道之子,道生一。道是体,一是用。天地之始,谓之一;数之元,谓之一;道之德,谓之一;人之心,谓之一;等等。天下无处不是一。宇宙万物的生成变化皆源于一。万物能得此一,归于本源。人若能得此一,虚静恬淡,不偏不倚,道即是我身,我身即是道,不见有为之迹,用之无往而不宜。

在社会学中,什么是"一"?在自由经济体系下,法律就是"一",此时,社会的所有行为都围绕"信用"而运行,比如,人们通过科技创新、管理创新来赚钱,钱是信用的一种表现方式,但人们所有的行为都必须以法律为基础、在法律的框架内,此时,法律既约束所有人也保护所有人,法律是判定一个人或组织的行为是否正确的唯一标准。在以权力为主导的社会中,谁掌握这个"一"呢?当然是君王,所以,自古至今,历朝历代,争夺的就是这个"一",也就是公器。

在以法律为"一"的社会中,钱就代表了信用,代表了财富,代表了支付能力,理论上可以购买法律框架内的任何商品和服务,这是由法律这个"一"来保护的。但在人治社会中,皇权掌握着"一",普天下所有财产的所有权和支配权都属于皇权,钱不代表信用,也不是财富,并不能想买什么就买什么,比如不能真正拥有土地,也不能买与皇帝同颜色的衣服,等等。此时,钱是皇权为了稳定掌握国家机器而发行的一种凭证,这种凭证的价值一般也不稳定。

当今社会,每个人都希望建功立业,功成名就,当然更希望赚钱。"赚钱"两个字,实际就将自己和钱看做对立的两面,当钱成为自己对立面的时候,赚起来是很辛苦的,因为你和钱之间进行的是一种博弈,一不留神钱就会"溜走"。所以,当今社会的人们很辛苦。那么，为何不将自己与钱融为一体呢？融为一体时，就是一种归"一"。那么，如何实现归一呢？可以以范蠡经商为例子。范蠡经商的过程中从不间断地做善事，不间断地办粥厂接济那些吃不上饭的穷人，也坚守信义。有一次，一位债主年关来结账的时候，将借条掉在河里了，只能就近来到范蠡的家，范蠡不仅连本带息地归还，而且还赠予路费。范蠡这样做原因有二：其一，自己有动力，因为粥厂每天都要开支的，不能懈怠，时刻鞭策自己，看起来散出去很多（物质），但收获的更多（精神与物质），也将自己和那些百姓融为一体；其二，无论范蠡做什么生意，要"贷款"就有人送上门，更不愁客户（周边的人都是他的客户，因为他与百姓融为一体）。范蠡三次搬迁，每次搬迁之前都散去大部分钱财，而每次都能再次成为巨富，这就是归"一"的威力。

归"一"之后，范蠡与自己的消费者不处于对立面，让自己摆脱了"奸商"的角色，钱就与他融为了一体。为别人服务，对别人守信，最终让自己实现无为而无不为。

任何一个人的荣誉、地位和钱财，都只能来自社会，社会也是"一"，荣誉、地位、钱财等都是"一"始生的，无论贫贱阶层还是高贵阶层，都是"一"的组成部分。范蠡得到了"一"，就成了财富的化身，就虚静恬淡，不偏不倚，道即是我身，我身即是道，实现了抱元守一。范蠡不愧是老子的徒孙，深得祖师的真传。

范蠡看起来是个生意人，实际上他是求道之人。

道生一，一生二，"二"就意味着万物都有两面性。对于我们来说，生活中时刻都有得失，得到的时候一定要想想自己会失去什么，有得必有失，相反，失去的时候一定要找到所得，就会达到更高的境界，最终就会看淡得失，实现归"一"。"贵以贱为本，高以下为基"，积众贱而成贵，积众下而成高。人若能无分别之心，自会高下如一，贵贱如一，人我为一，玉石亦一，无往而不一。故有我与无我之间，乃是"得一"与"不得一"的关键所在，只有无我才能得一，最终才能实现自我。

有些人每天都想从别人那里赚更多的钱，作为老板来说，就会想方设法压榨上游供应商和下游销售商的利益，在生产过程中极力压低成本甚至偷工减料，还会不断压低员工的劳动收入，目的都是让自己的利益最大化，赚更多的钱。这实际都是伤害社会的行为，都失去了"一"。这样的企业，顺境之时可以赚钱，但一旦遇到挫折就会崩塌，因为它与社会是对立的。相反，有些企业考虑自己利益的同时，还会维护上下游经销商以及员工的利益，同时，以满足客户为自己的经营核心，企业与客户之间建立起充分的信任。经济危机发生的时候，全社会的需求减少，而有限的需求就会被它们所占有，在其他企业纷纷倒闭的同时，它们的市场份额还会逆势扩张，实现跨越式发展。所以，那些著名企业都可以跨越无数的市场波动周期，而且还会在危机过程中实现超常发展，因为它们怀中抱着"一"，这个"一"就是与社会、与人心融为一体，让自己努力为社会服务，与消费者之间建立无坚不摧的信任关系。

高贵与卑贱是对立统一，离开了卑贱，就没有高贵。对于高贵的理解，不同的文化氛围下是有所不同的。有些社会认为有钱是高贵，有些社会认为有权力和地位是高贵，真的是如此吗？中国封建历史上最有钱的人包括明朝的太监刘瑾、清朝的权臣和珅等，他们高贵在何处？中国历史上也有很多人拥有权力和地位，最典型的是西汉末年的王莽，最终甚至登上了新莽的皇位，可结局却是被百姓"共提击之，或切食其舌"，更谈不上高贵。中国封建历史上有很多王侯将相，虽然拥有权力和地位，但拥有为天下人谋福利的高贵品德的人并不多。

英国考文垂博物馆中有一名为《马背上的戈黛瓦夫人》的画，可释义老子所说"高贵"的含义。

据说在1040年,统治考文垂的利奥弗里克伯爵为筹军费,决定征收重税。善良的伯爵夫人戈黛瓦向丈夫请求减税,伯爵说,你若裸体围城走一圈,我就同意减税。

第二天,夫人真的一丝不挂,骑马上街。居民为尊重夫人,全城闭户,街上空无一人。事后,利奥弗里克伯爵信守诺言,宣布全城减税。

伯爵夫人戈黛瓦当然是高贵的,因为她在每个民众的心中都处于尊贵的位置,这才是真正的高贵!任何一个人如果要让自己高贵,都必须与卑贱融为一体,没有卑贱的尊崇,就没有高贵。

远古的帝王之所以称自己为孤、寡、不穀,都是把自己放在卑贱的位置,让自己进入万民之心,以实现自己的高贵。范蠡之所以被誉为商圣,是因为他在百姓心中占有尊崇的位置。所以,老子说,贵以贱为根本,高以下为基础。

第三章

上士闻道，勤能行之。中士闻道，若存若亡。下士闻道，大笑之。弗笑，不足以为道。是以建言有之曰：明道如昧，进道如退，夷道如类。上德如谷，大白如辱。广德如不足，建德如偷。质真如渝。大方无隅，大器免成。大音希声，大象无形，道褒无名。夫唯道，善始且善成。①

参考释义

上士闻道，信而且会勤勉竭力地执行；中士闻道，会欣然保存起来，但有时也会忘记得无影无踪；下士闻道，见道柔弱、质朴，认为道是恐惧、鄙陋的，会大笑不已。不被下士所嘲笑，道就不是道了。所以，古时立言的人这样说：越来越明白道却不彰显，在道上不断前行如同不断后退，平坦的道路好似崎岖。上德之人如深谷，洁白、显赫之人如同埋没一样不自彰显，德行广大之人觉得自己有很多不足，建立道德之人却甘愿做输家，质朴之人如同混浊未开。最方正之人，反而没有棱角，最大器之人，却认为自己没有成就，有大音之人会待时而动很少发出声音，有大象（最大的法象）之人，心中没有刑罚，所以道是幽隐而无名无声的。只有道才能使万物善始善终、有所成就。

① 源自《帛书老子校注》中的乙本，中华书局，1996年5月。

说东谈西

"大器免成"和"大器晚成"截然不同,"晚成"是成,而"免成"是不成,"免成"还有主动不成之意,而"晚成"虽然强调了"晚"但还是主动的成,一字之差谬之千里。

"士"是春秋时期的一个阶层,属于最低等级的贵族。春秋末年,士逐渐成为有知识、有能力者的代称,包括的范围比较广,有著书立说的学士,有为知己者死的勇士,有懂阴阳历算的方士,有为人出谋划策的策士等。这是对社会发展有重大影响力的阶层,可以说是社会的中坚阶层。比如主持百家文化发展的学士们在推动文化的发展,苏秦、张仪等人在主持列国的争霸大业,墨家的弟子们在行侠仗义、除暴安良,他们代表的是各国国君甚至都无法完全左右的一股力量。他们闻"道",但表现各异,也就是老子嘴中的上士、中士、下士。"立言"的含义可以在《左传》中找到:"太上有立德,其次有立功,其次有立言,虽久不废,此之谓三不朽。""立德",即树立高尚的道德;"立功",即为国为民建立功勋;"立言",即提出具有真知灼见的思想。此三者都可以流芳百世。

即便春秋战国时期"士"这个精英阶层,其悟性也是千差万别的(或者说很多人也都未得道),这与我们在生活中的感悟是一样的。在我们的生活中,有些人看见或遇到一件事,就立即可以抓住核心要点,并付诸行动;而有些人只是叶公好龙,或许知道某些东西是好的,会收藏起来,收藏之后就相当于遗弃了,也不会重复领会其中的要义,更缺少行动力;还有些人外在光鲜,但内在粗鄙,不仅抓不住事物的核心,还会自以为是、刚愎自用地讽刺挖苦别人,这类人是最不值得期待的一类人。

"是以建言有之曰:明道如费,进道如退,夷道如类",这一段比较难以理解,感觉在以往的解读中也鲜有很贴切的。本人希望用范蠡经商的经历来与大家一起感悟这段话中内在的哲学含义。

范蠡从越国隐退之后辗转来到齐国，变姓名为鸱夷子皮，在海边结庐而居。他勤力耕作，兼营副业（捕鱼、晒盐），很快积累了数千万家产。范蠡仗义疏财，施善乡梓，他的贤明能干被齐人赏识，齐王把他请进国都临淄，拜为主持政务的相国。他喟然感叹说：居官致于卿相，治家能致千金，对于一个白手起家的布衣来讲，已经到了极点，久受尊名，恐怕不是吉祥的征兆。于是，才三年，他再次急流勇退，向齐王归还了相印，散尽家财给知交和老乡。一身布衣，范蠡第三次迁徙至宋国陶邑（今菏泽定陶区南），在这个居于"天下之中"的宋国最佳经商之地，操计然之术（计然是范蠡之师，传说是老子的弟子）以治产，没出几年，经商又成巨富，遂自号陶朱公。

作为商人的始祖，范蠡三次散尽家财，为什么呢？

本人思考：范蠡认为商人经营的核心是人心，是为大众服务，人心不断聚集之后，无论未来做什么生意，都可以赚钱，而且会快速地发家致富，这就是"明道"的过程。"明道"之后，所有有形的财富都成了负资产或者说是累赘，将有形的财产散去，人心才能不断聚拢，就是自己在继续"明道"（明白道的内涵）。商人一般以家财的多少作为是否成功的标志，但范蠡在"进道"的过程中，不断地散去家财，而每一次将家财的散尽，按一般商人的标准来说，都似乎是倒退。积累了万贯家财的范蠡，看起来经商的道路是一片平坦，但散去家财之后，就没有了有形的资本，让经商的道路看起来又要变得坎坷了。

在这个例子中，可以生动地说明进与退、明与不明、平坦与坎坷之间的关系，得道者看到的是本质，坚信道而且会勤勉竭力地执行，未得道者看到的是外在，看不到道的精髓，对范蠡的做法讥笑嘲讽也就不足为奇。

因此，范蠡才被誉为"财神"，受到中华民族世世代代的敬仰。

"上德如谷，大白如辱。广德如不足，建德如偷。质真如渝"，与上述范蠡的例子所蕴含的道理是一致的。范蠡是得道之人，当然具有"上德"，他经商的过程是聚拢人心的过程，但人是形形色色的，而范蠡的内心"如谷"，装得下天下人的人心。范蠡希望自己的德越来越广，这意味着自己在明道的道路上继续前进，所以，时时刻刻都应该反思自己的不足，才能装得下天下更多人的人心。虽然自己已经成为"大白"之人，必须把自己放在被辱没的地位。虽然自己建立了德，但要把自己放在输家的地位，散去家财实际是手段或方式，等等。

"大方无隅，大器免成。大音希声，大象无形，道褒无名。夫唯道，善始且善成"又如何感悟呢？道是虚无，一个人得道之后，就达到了"大方""大器""大音""大象"的地步，他就是无形无名的，所以就会"无隅""免成""希声""无形"，这些都是无为。他们的心中根本就没有有为。顺自然之道，遵从无为之路，与天下万物融为一体，顺应了天下万物的需求，无论从事任何事情就可"善始且善成"。

妙哉！

第四章

> 反也者，道之动也，弱也者，道之用也。天下之物生于有，有生于无。

参考释义

往返于"本"者，是道的运动，弱于"本"者，是道之所用。天下的万物产生于看得见的有形质，有形质又产生于不可见的无形质。

说东谈西

在通行本中把"反也者，道之动也，弱也者，道之用也"写成"反者道之动，弱者道之用"，直接把"反也者"和"弱也者"中的"也"字省略了，这种做法是很值得磋商的。

"也"字的发展过程中，在语气上、运用上都是有变化的。在古文中，它主要表示语气强烈且果断，一般都是用在句尾当作肯定语气词。比如《史记·孙子传》："愿勿斩也。"《史记·淮阴侯列传》："用与不用，听与不听也。"可本章的"也"字却用在句中，显然不是肯定语气词，那又是什么含义呢？本人认为应该是"也"字最初始的含义，也就是象形字的含义。在象形字中，"也"的本义是"女舍"，而"舍"在古代代表阴，所以，"女舍"的含义就是女阴。《说文》中这样说："也，女阴也。象形。"所以，老子在此所说的"女㲾"与"玄牝"相近，可以理解成是天地的根，可以简单说成是"本"。反"本"者，是道之动，"动"生万物，万物有生就有亡，所以，反"本"也就意味着亡的开始，这是一个往返的过程。而道用柔弱，说的是只有柔弱才能长久。

世间的事物都是运动的，比如天地从始生到发展，再到灭亡；人生也从始生开始，然后是婴儿、青少年、中老年，然后到死亡……万物始生到死亡的过程，就是"反也"。这是无生有，有又归于无的过程；也是从柔弱到刚强，然后走向死亡的过程。而道居于柔弱，居于无形，所以常生。这就是无胜有、无形胜有形、柔弱胜刚强的道理。世间最柔弱的莫过于风，即便遇到树叶也会转向，再小的缝隙间也能屈身而过，但形成飓风时，则拔树倒屋，无坚不摧，当飓风足够强时，世间之物莫能抵挡。地上最柔弱者莫过于水，再微小的阻挡，都可以改变其方向，可以形成任意的形状，但水又是人世间最为强大的，一旦世界上没有了水，所有的生物都将不复存在；同时，洪水泛滥之时，巨大的岩石也都难挡其势。成语中有"水滴石穿"说的也是这个道理，在柔弱的水的冲击之下，再强硬的物质也难以抵挡。

这个原理用在人群中也一样。有的人总是保持谦卑，给人以如沐春风的感觉，这样的人往往是十分自信之人，在困难面前可以脸不变色心不跳，进而克服困难，一旦认准要做什么事，也会持之以恒并达到最终的目的。这类人看似外表柔弱，但内心极其强大。相反，有些人表面看起来刚愎自用，显得自己很强大，有时候甚至会通过吹牛来显示自己，但这样的人内心往往是懦弱的，从事工作的时候也往往不能持久，根源在于没有自信。这类人看似外表很强，但内心不堪一击。

一个人是自信还是自卑，当然取决于很多因素，比如家庭的文化底蕴、父母的身教等，但更与个人的经历有关。一个人遭遇过很多挫折，特别是用自己的努力应对了这些挫折之后，所形成的意志力和自信，往往是极为独特的。

我们知道，西周开始时大封诸侯，按照"公、侯、伯、子、男"五级进行分封，分封的对象是周王室亲族、功臣、上古先贤的后代等。其中，上古先贤的后代被封为一等公爵诸侯，包括炎帝后裔的焦国、黄帝后裔的蓟国、唐尧后裔的祝国、虞舜后裔的陈国、夏禹后裔的杞国、商汤后裔的宋国等。周武王的叔爷爷太伯和仲雍的后裔封在虞国、周武王的叔叔虢仲虢叔封在虢国，也是一等公爵国，然后是周武王的兄弟、开国功臣等人，多是二等或以下的诸侯。当时的诸侯国中，并没有秦国。秦国的始祖秦非子是商纣王手下名将飞廉（蜚廉）之子恶来之后。西周建立之后，到周孝王（前910—前896在位）时，秦非子因养马有功才得到赏识。公元前821年，秦庄公击败了西戎，被周宣王（前828—前783在位）封为西陲大夫，赐以今甘肃天水一块土地，由这个名字可知，这时的秦依旧不是诸侯，而只是大夫。公元前771年，周幽王被西戎所杀，秦襄公因率兵救周有功得到周平王的赏识。公元前770年，秦襄公派兵护送周平王东迁，因功被封为诸侯，又被赐封岐山以西之地。此时，秦国才正式成为周朝的诸侯国。

与其他诸侯国相比，秦国属于小字辈。而且秦国所居之地与犬戎交界，西周之所以灭亡，主要就是受到犬戎的不断攻击，秦国时时都面对灭国的危险。

然而，困境之中建立的秦国，后来之所以可以统一六国，最重要的原因是秦国不断地出现有为之君。而且恶劣的地理坏境和建国的艰难磨炼了嬴姓皇族的意志，让他们的内心强大，百折不挠。

在秦穆公（前659—前621在位）时，秦国就因此而受益。当时，各诸侯国都是一家一姓的天下，重要的职位也更愿意用本家人。但秦穆公不同，为了使国家强盛，他四处搜求人才，重用他国来的客卿，"西取由余于戎，东得百里奚于宛，迎蹇叔于宋，来丕豹、公孙支于晋"。这些来自四面八方的谋臣和勇士，助秦穆公成为春秋一霸。在当时，没有强大的内心和广阔的胸襟是难以做到的。这一时期，秦国先后灭掉西方戎族所建立的12个国家，开辟国土千余里。稳定了大后方之后，就奠定了争雄天下的基础。

秦献公乃秦孝公之父，其在位期间依旧是锐意改革，废除殉葬制度，把蒲、蓝天、善、明氏等边境地区改建成县，对工商业通过抽取营业税进行管理，建立把五户编为一伍的亦军亦民制度等，让秦国国力不断强大。然后，开始与魏国反复争夺河西地区。

秦国穆公和献公两代英主一直在变革，已经为秦孝公时期进行更大规模、更深入的变法打下了基础。

秦献公之后，从秦孝公（前361—前338在位）开始，秦国居然连续出现了六位有为的君王（秦惠文王只在位三天，忽略不计），终于实现了统一天下的大业。

变法改变的是什么？需要什么作为支撑？

秦献公的变法已经让秦国开始展现活力，到秦孝公主持的商鞅变法后，彻底改变了秦国。但在当时，不仅秦国进行了变法，魏国、楚国、齐国、韩国、燕国、赵国也曾经进行变法，但为何秦国的商鞅变法最彻底，影响最大，彻底改变了战国时期的天下大势呢？变法的笼统含义就是削弱王族和贵族的权力与地位，以往所有事情都是秦王说了算，变法之后绝大多数事情由"法"说了算，包括奖赏和惩罚，这严重地损害了秦王和士大夫阶层的权力和利益，也削弱了秦王个人对国家的掌控力，如果秦孝公等历代秦王没有强大的内心、充分的自信，就不敢放弃部分王权，就不能进行彻底的变法，这是秦国与其他诸侯国的根本差别。

或许可以说，艰苦的周边环境和艰难的建国过程，塑造了嬴姓王族更充分的自信和更加宽广的心胸，最终通过更深刻的变法击垮了关东各国。

通过困难锻炼出来的内心之自信和坚韧才是无坚不摧的，只有这样的人，才能用微笑面对天下的风云变幻。

嬴姓皇族内心的强大和自信有助于秦国统一天下，但任何事物都有两面性，所以秦朝的最终灭亡也与其有关。秦始皇统一六国之后，声望达到了极致，就会导致"威"过重，成为始皇帝之后更是一言九鼎，最终就很难听到不同的声音，国家难以不断涌现更多的治国理政的人才，也失去了国家政策上的纠错能力，最终让宦官赵高掌握了权力，这成为秦朝灭亡的主要根源之一。

秦国统一六国之后，天下经过长期的战乱，民力已经被严重透支，此时，就应该像老子所说的告别"有为"，对天下施以"大仁"，不再四处征战，取消严刑峻法，给百姓以休养生息的机会。这也就是老子所说的"圣人常无心，以百姓之心为心"，心中装的是天下百姓之时，想到的自然就是天下百姓的需求，就会对天下人展现无私的大爱，也可以积累自己的"德"，一代王朝才能持续长久。相反，秦国统一六国之后，继续南征岭南，北击匈奴，再加上修筑阿房宫和秦始皇陵墓，让百姓的生存愈加困苦。既然违背了老子的仁爱思想，最终二世而亡也就不是意外。

这就是历史的得与失。

第五章

> 道生一，一生二，二生三，三生万物。万物负阴而抱阳，冲气以为和。天下之所恶，唯孤寡不穀，而王公以自名也。物或损之而益，益之而损。古人之所教，亦我而教人。故强良者不得死，我将以为学父。

☯ 参考释义

道始生者为一，一生阴阳二气，阴阳交会相冲后产生中和之气为三，万物在这种状态中产生。万物背阴而向阳、中有和气，得以和柔。孤、寡、不穀等，都是不好的名字，但王公却以它们作为自己的称呼，让自己处于谦和的状态。世上所有的事物，如果减损它有时反而会增加，如果有意增加它有时却反而受损。别人的教导是去弱为强、去柔为刚。老子却教人去强为弱、去刚为柔。背叛道德、只信奉强暴的人被天命所绝，老子以此来禁戒自己。

☯ 说东谈西

可以理解本章的核心是教人致和守中。

"一"是道之子，万物众生皆源于此一。道家认为物由心生，心生万象，这个心就是一，也就是道。一生太极之两仪，两仪中含有阴阳二气，气之动为阳，气之静为阴。万物皆含有阴阳二气，二气交合冲荡之后产生三，三即是和气，万物由此产生。万物者，包含了天地日月、山川河流、动植物和飞潜，一切有形有色、有性有命者，皆在万物之中。以动植物来说，阴阳相合产生中和之气，诞生新的生命；男人与女人相合产生中和之气，诞生自己的后代；那么，我们在三维空间中所看到的所有物质都是阳，都是有形，对应的阴在何处呢？以往我们并不知道，但经过科学的不断发展之后发现，宇宙中不仅有这些有形的物质，还有无形的暗物质和暗能量，这就是对应的阴，阴阳相合才有宇宙。

"和气"就是天地之元气，无论动植物的出生还是孩子的降生，都是这股天地之元气所形成。万物得此元气，即可自育，养生之人修炼的目的就是强化自身的元气，以达到健身、长生的目的；修道之人达到"和"的境界，即可为圣人，否则就是凡夫俗子。

"和气"对人的重要性是独一无二的，是生命的基础。从健康来说，刚出生的婴儿有最旺盛的活力，身体也最为柔软，因为"和气"最为充沛；从思维能力来说，婴幼儿是一种天马行空式的思维模式，没有任何束缚，具有最强的想象力和创造力；由于"和气"是阴阳相交的结果，看待世界上的任何事物和任何问题都能做到不偏不倚，客观公正，也就能看到事物的核心内涵。所以，修行到"和"的境界，即为圣人。

王阳明说，人需在事上磨，方能立得住，方能静亦动，动亦静。动是阳，静是阴，动亦静，静亦动，就是和，这实际就是追求"和"的境界。1496年，王阳明在会试中再度名落孙山。有人在发榜现场未见到自己的名字而号啕大哭，王阳明却无动于衷。大家以为他是伤心过度，于是都来安慰他。王阳明脸上掠过一丝沧桑的笑容并说：你们都以落第为耻，我却以落第动心为耻。中第是动，不中第是静，中第不动心，不中第也不动心，这就是王阳明追求"和"的过程。

生意场上何尝不是如此呢？今天赚了一大笔钱，可以改善家庭的生活条件，可以让自己更有条件实现更高的物质目标，可以帮助更多的人等；但是，副作用也避免不了，有些人可能会小富即安，有些人可能会炫富，有些人可能会骄奢淫逸，更有可能会招来生意对手的冲击，等等。而受到挫折的时候，自然会遭受各种损失，但人在面临绝境时，才往往可以焕发出最顽强的斗志和破釜沉舟的精神，也可以强迫自己静心思考。得与失、阴与阳总是相伴相生。不被得失所左右，保持"和"的状态，客观地看待得失与荣辱，才是更高的境界。

古代的王公贵族，他们深知阴阳相伴相生的道理，明白没有民众就没有王公，没有低贱就没有高贵，没有山谷就没有万物的生机，所以，古代的王公用"孤""寡"来称呼自己，追求的也是"和"。所以，一个人有所成就的时候，需要看淡（减损）自己的成就，才能持之以恒取得更大的成就；遇到挫折的时候，应该看到"损"背后的"益"，就可以做到我心不动，将"和"植入自己的心中。

别人的教导是去弱为强、去柔为刚，老子却教人去强为弱、去刚为柔，最终的目的是致和守中，这就是老子讲述的道。

第六章

> 天下之至柔，驰骋于天下之至坚。无有入于无间。吾是以知无为之有益也。不言之教，无为之益，天下希能及之矣。

☯ 参考释义

天下最柔弱的东西，穿行于最坚硬最致密的东西中。无形可以穿透任何有形的东西，我因此而认识到无为的益处。不言的教导，无为的益处，普天下少有能赶上它的了。

☯ 说东谈西

老子认为，柔弱是万物具有生命力的表现，比如植物的幼苗是柔弱的，婴儿也是柔弱的，但其生命力也是最旺盛的，远比参天的大树和成人更有生机。但老子又并非一味要人"守柔""不争"，这就成了避世的观念，而是认为"天下之至柔，驰骋于天下之至坚"，即至柔可以战胜至强。每当读到这些话，都能让人感受到一种无形的"气"，这种"气"甚至可以形容为气吞山河！

水是至柔之物，却可以流淌在山川、河谷，可以孕育万物，没有了水，普天下将是一片静寂，毫无生机；空气也是至柔之物，却无所而不至，无所不能，没有空气，地球上就没有生命；思想是至柔之物,也是无形之物,却是人类进步的阶梯,左右了所有人的心灵和行为,每个人都希望聚集在思想家的周围,打开自己的思维和心灵之窗。所以,老子所说的"至柔",并不是避世,更不是心理安慰,而是一种积极进取的精神,是本身元气的发散,或者可以说是一种气场。

有一次,本人去了一趟美斯乐,这个地方大家可能不熟悉。这里原本是泰国北部非常穷困的山区,但海外华人通过不懈的努力安居在了这里,建立了自己的家园。在博物馆的外边,有很多售卖当地土特产的小店,他们与我们的经营风格完全不同,根本就没有拉客行为。每到一家商店的门口,就给人一种非常清新的感觉,店铺干净明亮,给客人喝茶的茶具和桌椅都非常干净、整洁。路过的客人到了门口的时候,主人会热情地让座,马上冲出一杯热腾腾的茶水端给你,以解旅途的辛苦。如果你有时间,完全可以坐下休息、喝茶、聊天。

虽然这些店铺都是经商的场所,但店主却不会把路过的客人当成消费者,而是当作远方的朋友热情相待。

或许你会说,他们是为了做生意,确实是如此。但如果你不买什么,他们也会微笑、热情地和你道别,没有丝毫的惆怅或埋怨的神情,这表明他们对待别人的热情和微笑是发自内心的。也许,他们在这样对待每一个人的时候,并没想到自己的生意,但却在无形之中完成了自己的生意。既然店主们热情地帮助我们解除了旅途的疲劳,我们自然而然地会购买一些当地的土特产,既满足了自己的需要,也帮助了他们的生意。他们确实是生意人,但却在用心做生意,善良、热情和明亮的心灵就是他们的"武器",他们征服的是别人的"内心"。

真正的生意人,经营的永远是人心,而不是有形的商品,这是更高的一种境界。

如果店主们向你喋喋不休地介绍自己的产品多么好,性价比多么高，或者用打折的套路，你很可能不会购买，这都是有形的老套路，人们见怪不怪，也丝毫没有内疚感，对他们的商品和服务也没有信任感。但他们用自己无形的真诚之心征服了客人之后，客人总会给自己找到购买的理由，或者出于对生存在异乡同胞的同情，或者出于对当地土特产的喜爱，或者出于对自己内心的安慰……总之，当别人用心待我们，我们也会用心去对他们，总能给自己找到购买的理由。

让客人自己找到购买的理由，这也是一种商业的境界。

经常有人说，信用需要很长时间去建立，确实，通常都是如此。但是，他们用笑容、热情和诚心待人的精神，像春风一样在瞬间传递出彼此间的信任纽带。主动向客人介绍商品是有形，是有为（逐利），客人往往是被动购买（更可能不购买），主动释放真诚是无形，是无为（不追名逐利），客人会自己给自己找到购买的理由，无形永远胜有形。

这才是真正的商业。也就是老子所说的："天下之至柔，驰骋于天下之至坚。无有入于无间。吾是以知无为之有益。"

大千世界，用有声的语言所传递的信息是有限的，有形的力量也是有限的。用心、用气、用感悟去传递的信息和能量才是无限的。法道不言，师之以身。法道无为，治身则有益于精神，治家则长久传承，治企业则发展壮大，治国则有益于万民。

中国有句俗话，叫作"富不过三代"，这句话是值得深究的。中国封建社会一直是通过权力治理的社会，由于有权力做助力，一些人往往可以快速地致富，这种致富的速度往往会远超过全社会财富增长的速度，实际上，这种致富的过程都带有不同程度掠夺的性质，因为或多或少地都借助了权力，最终就会将多数人推入贫困，导致贫富差距严重分化。当这种贫富差距发展到一定阶段之后，广大的贫困阶层就无法生活，社会就会产生巨大的要求均贫富的动力，也就形成了

"富不过三代"的魔咒。但也有些大家族，可以兴旺数百年甚至上千年，比如东晋时期的江东望族王导至明朝的王阳明、五代十国时期的吴越王钱镠等大家族都传承了千年，做到了长盛不衰。其根本的原因是，后者传承的是无形的财富。虽然这些大家族也有一些家训之类，但这些文字所传承的东西是极其有限的，否则，谁家都可以按照他们的家训去做，进而传承几百年甚至上千年。真实的情形是，这些底蕴深厚的大家族，是通过一代代的身教来传承的，这就是不言之教。这些大家族也不刻意去积累物质财富，也就是不追求有为，而是努力让自己的后代达到更高的境界，为国为民，实现"无为之益"。

不言之教，无为之益，天下希能及之矣。

第七章

名与身孰亲？身与货孰多？得与亡孰病？甚爱必大费，多藏必厚亡。故知足不辱，知止不殆，可以长久。

参考释义

名声和生命相比哪一样更重要？生命与货利相比哪一样更贵重？得与亡哪一样更有害？深陷名利之中就必定要付出更多的代价，过度积敛财富必定会招致更大的损失。所以说，懂得满足就不会受到屈辱，懂得适可而止就不会遇见危险，这样才能保持长久的平安。

说东谈西

人生在世，有此身就有此名。身只有一个，是本质，名可以有很多，比如每个人都有"名"，包括父亲、母亲、儿子、女儿、工程师、教师等名分，名实际是身的过客，有时来有时去，今天的名可能是处长，明天是厅长，后天又可能是办事员，小时是孙子、儿子，长大后变成父亲、爷爷，所以，名是虚而不实的东西，来无所加，去无所失。但人们很热衷于贪图虚名而不顾其身，最终招致祸端和屈辱。

大道无名无相，空无一物，顺天地之自然，才是万物的根本，执着于虚名就成了舍本求末。

老子在本章中讲述了得失辩证之道，本人的理解有如下三个方面：

第一，名利、财货等都是身外之物，切不可殉物而害真，因小而失大，以至于自取其辱。财货本质上是流通之物，天赐人以财物，在于养人性命，无财不足以养命，所以财是很重要的。但如果背天理而强求，就会损害更多人的性命，最终招致祸端。为什么会出现"富不过三代"的现象？有可能根源在于违背了大道，当一个人借助所有的资源（当然也包括权力）掠取社会财富的时候，就会损害社会，损害其他人的生存权，最终被清算，中国历朝历代的转变都是清算的过程，在王朝的延续过程中这种清算也无时不在，比如和珅、刘瑾之流都是被清算的对象。只有顺自然之道，抱着与社会所有人共赢的态度去积累财富，才符合道的要求，才能跳出"富不过三代"的怪圈。

第二，有此身，才有此财，无此身，此财又有何用？不能本末倒置，贵财而轻身。

追逐财富是为了什么？每个人都来自虚无，最终又归于虚无，用俗话来说就是赤条条地来又赤条条地去，所以，人生就是一个旅程，在缤纷多彩的社会中展现自己的价值，实现属于自己的精彩，这才是"身"的价值。如果一味强行追逐财富积累，必然损害社会，也就会损害自"身"，让自己的人生丧失意义。

中国人总希望给后代留下一点物质财富，美其名曰爱他们。其实，为他们留下的物质财富只有在留下精神财富的前提下才会发挥作用，否则就可能是祸害。只有培养后代拥有良好的人生观、进取精神、百折不挠的毅力，这些物质财富才会起到好的作用，有助于他们事业的进步并晋升到社会的更高等级。如果没有精神素养的培养，留下的物质财富往往就会害了他们，让他们懒惰、不求进取。

第三，学道之人，当求真富贵，这个真富贵就是自身的修养。应当摒弃得失之心，忘名绝利，大公无私，只在一个"舍"字上下功夫。只有舍去名利贪心，才能"舍"出一个真正的自我。

我过去经常说，财富有两层含义，一种是有形，一种是无形。当代的人们执迷于有形的财富，有形的财富是时时变化的，但无形的财富却不同，它体现为为社会、为周围的人群服务的能力，体现在人心之中，比如范蠡，可以用自己的无形财富时刻实现自己的购买力，永远不会消失，更不会贬值。所以，自身的修养和服务社会的能力才是属于自己的真富贵，也可以常保自己的名誉。

在当代社会中，许多人在追逐名利和钱财。这些外在的名利或许是重要的，但支撑名利的内在因素更重要，这些内在因素包括修养、知识、见识、勇气、胸怀、济世的情怀等。

财富是流动的，就像银行的流水账一样，如果去追逐，很辛苦，而且往往所得也十分有限。所以，实现财富的积累，并不是追逐的过程，而是个聚拢的过程。自古至今，名垂青史的人不少（自然包括很多商人），皆是广积厚德，广累善行，为天下万民造福，为世人所难忘，故而代代相传。而实现财富的聚拢，就不能将得到的财富完全视作己有，必须有济世的情怀，将它们视为社会所有，为社会服务。所以，财富是生命修行过程中的一朵浪花，浪花的大小取决于我们对别人有多少用处。如果修行的高度和财富的多少无法匹配，就会对财富的得失患得患失。但对智者来说，自身修行的高度和财富的多少相匹配，无论财富是得还是失都是好事，得到是社会对自己的认可，失去则实现了普济众生，自己时刻可以保持淡然。

当代社会，总会看到一些怨天尤人的人。其实，任何社会都没有绝对的公平，这是一种客观存在。可是，怨天尤人永远改变不了什么，只有行动才可以改变自己，必须从修身开始，这是财富聚拢的第一步，然后就是坚持。百里奚可能是春秋战国时期唯一可与管仲并肩的宰相，青年时期离开家乡南阳，妻子将家中唯一的一只老母鸡杀了为他饯行。在齐国时曾乞食于人,被蹇叔收留,因得不到齐国的任用,百里奚投奔了虞国,为大夫。公元前655年,虞国国君不听百里奚之言,为晋国所灭,百里奚被俘,此时的百里奚已经七十岁。秦穆公向晋国求婚,晋献公将百里奚作为陪嫁臣送到秦国。百里奚不堪其辱,逃到南阳,被楚人擒获,然后以牧牛为生。秦穆公知道百里奚的贤能,遂以缉拿逃奴为由,用奴隶身价——五张羊皮将百里奚赎回,拜为大夫,号"五羖大夫"。百里奚在秦国担任七年宰相,勤理政务,平易近人,生活俭朴,使秦国得到大治,帮助秦国建立了霸业。百里奚过世之时,"秦国男女流涕,童子不歌谣,舂者不相杵",《左传》《史记》均有相关记载。

  修身然后坚持,这是对生命最大限度的珍惜,名、利、物都是人生的一道风景而已。

第八章

> 大成若缺，其用不敝。大盈若盅，其用不穷。大直如诎，大巧如拙，大赢如朒。躁胜寒，静胜热，清静可以为天下正。

☯ 参考释义

道无名无象随物而显，似有缺，但没有有为之害。道乃虚无，无所不至，至虚至灵，所以用之不尽。道生万物，却无私无欲，心地正直如一，但无争而谦柔；道生万物巧夺天工，但自身无为而守拙；得道的圣人以不言而教天下。燥热胜严寒，清静解燥热，能清静则为天下之长。

☯ 说东谈西

得谊之人，遵循自然，任天地万物争奇斗艳而不彰显自己，道行愈高，其心愈下，德愈大，心愈卑，总是似有残缺，大道至虚至无，用之无穷无尽，永无枯竭之弊。

平凡之人认为人生是追求完美的过程，但完美是永远无法企及的，一旦自认为实现了完美，残缺就会无限放大，所以完美的人生是不断寻找残缺的过程。任何一个人，无论成就大小，一旦忘记了寻找残缺的使命，就再也不会有所作为，甚至就此衰落或步入平庸。

有些人的人生之所以精彩，是因为时时可以看到自身的残缺，永远保持着进取精神，时刻保持谦卑。而一旦自认为很完美之后，就会永远看到自己的优点和别人的缺点，骄狂自大，与周围和社会产生剧烈的冲突，这是失败的起点，历史上这样的例子数不胜数。前者就是睿智之人，后者就是俗人。

天地虽不言，但却善应于万物，万物遵循天地的四季更替成长，圣人不言但却教化天下。天地以不辩而自得，圣人之教以不辩而道自行，万物以不辩而自成。人之"若讷"，即不与人争，遇事谦柔，可屈可折，则道行于其中。

公孙弘（前200—前121）为西汉名臣，是西汉建立之后第一位以丞相封侯者，也是行不言之教、不争之德的典范。

公孙弘生于汉高祖七年（前200），年轻时曾在薛县做狱吏，但因触犯法律而被免职。汉文帝执政的公元前179年，他因通晓《诗》《书》而闻名郡国，被汉廷征为博士，一年之中升迁为太中大夫之职，后因故回乡。公元前140年，60岁的公孙弘以"贤良"之名被菑川国推介给汉廷。汉武帝刘彻派遣公孙弘出使匈奴，因复命之言不合刘彻的心意，认为公孙弘没有才能，被免官后再次回到家乡。

已经60多岁的公孙弘，如果是一般人，这一生也就基本无望了，但公孙弘不是一般人，属于他的精彩还未开始。

公元前130年8月，菑川国再一次推荐公孙弘赴京，公孙弘却推辞说自己应天子之命曾经西入函谷关，因为无才能而被罢官回家。希望大家推选别人。而菑川国国人一意推举公孙弘，公孙弘只好再次入京。公孙弘来到长安后，刘彻向众贤良发下制书策问天人之道，公孙弘的应答得到武帝赏识，再一次被拜为博士，此时的公孙弘已经是70岁。公元前126年，公孙弘被擢升为左内史，治理京畿。公元前126年，公孙弘为御史大夫，公元前124年，被任用为丞相。

作为丞相，公孙弘位高权重，但生活上却很节俭，常盖布被，一时传为美谈。但时任主爵都尉的汲黯有些看不惯，于是向刘彻打小报告说："弘位三公，俸禄甚多，然为布盖，此诈也。"

汲黯这一状告得很严重，如果公孙弘不能好好解释，就是欺世盗名之罪，最轻也会被再次赶回家乡。

然而，公孙弘听了并不争辩。

公孙弘当起了闷葫芦，刘彻却忍不住，只好发问道："汲黯所说的都是事实吗？"公孙弘回答道："汲黯说得一点没错。满朝大臣中，他与我交情最好，也最了解我。今天他当着众人的面指责我，正是切中了我的要害。我位列三公而只盖布被，生活水准和普通百姓一样，确实是故意装得清廉以沽名钓誉。如果不是汲黯忠心耿耿，陛下怎么会听到对我的这种批评呢？"

面对汲黯的指责，无论他如何辩解，旁观者都已先入为主地认为他会继续"使诈"，最后，就没法解释清楚，让自己坐实了罪名。公孙弘深知这个指责的分量，不做任何辩解，承认自己沽名钓誉，还对指责自己的人大加赞扬，认为他对皇帝"忠心耿耿"，让皇帝知道了自己沽名钓誉。

这带来的是什么效果呢？第一，公孙弘确实是"宰相肚里能撑船"，宰相的心胸确实不同常人啊！当众人有了这样的心态后，公孙弘也就用不着去辩解什么沽名钓誉了，因为如此大度之人根本就用不着沽名钓誉。第二，在封建时代，以公孙弘高居相位，最危险的就是"不忠"的罪名。公孙弘赞扬汲黯让皇帝知道了自己沽名钓誉的真相，汲黯当然是很忠，而公孙弘赞扬汲黯的做法可以让皇帝更清楚自己，自己更是赤胆忠心，不忠的问题当然也就不存在了。刘彻对于赤胆忠心之人，当然不会责罚。公孙弘以不辩轻描淡写地化解了危机。

在赞誉汲黯一番后，公孙弘又列举了管仲越礼及晏婴勤俭做齐国丞相的例子。

有一天，齐桓公为文武大臣们摆设酒宴，约好了在中午准时开宴，结果，宴会如期开始，作为一国之相的管仲却迟到了。齐桓公也没计较，而是礼貌地举起酒杯向仲父（齐桓公称管仲为仲父）敬酒。君王敬酒，当然要全干，不能随意。然而，管仲却很随意，不仅不饮光，还当着全体官员的脸，把剩下的半杯酒倒掉，这等于是把君王的面子扔地上。齐桓公按捺不住问道："寡人跟你约好时间喝酒，你迟到，迟到也就算了，不仅没半点歉意，反而喝半杯倒半杯，你如此作为符合礼吗？"越礼的人既有小人也有君子，管仲显然不是前者，如果他哪一天越礼了，绝对有深刻的用意。果然，管仲说开了："我听说酒一入口，舌头就出来了，话也就出来了，话一出来就有闪失，会失言，说错了话就会惹祸上身，导致自身不保，这是所谓的'身弃'。我心里估计了一下，与其自身不保，不如把酒给倒了，这就是所谓的'弃身不如弃酒'，两害相权取其轻。"管仲的意思是说，克制自己的言行是一种智慧，不仅在忠告自己，也在无言之中劝谏了齐桓公。

晏婴也是齐国的丞相，但和管仲相比，晏婴的运气不大好，管仲伺候的是齐桓公，无论什么事一点就透，而且从不自己主动找事，但晏婴伺候的齐景公除了爱玩之外，时不时就惹出事端，晏婴需要去"擦屁股"。晏婴当了三年丞相后，齐国就达到了政治清平、百姓安居乐业的地步，但他自己却十分简朴。有次，梁丘据见到晏婴吃午饭，肉却不够，便告诉了齐景公。第二天，齐景公割了一块地要分封给晏婴，晏婴却推辞而不接受，他说道："富贵了而不骄横的人，我没听说过；虽然贫困但不怨恨的人，我晏婴就是这样的。之所以贫困却不怨恨的原因，是用善良来作为老师。现在如果把封地给了我，是给我变换了老师，那样就是老师为轻，封地为重了啊，所以请不要分封。"

刘彻听了这些之后，认为公孙弘谦让有礼，愈加厚待他。

公孙弘跟汲黯等人针对某些问题已经达成统一的处理意见之后，就会把处理意见呈交给刘彻。但刘彻有时却不同意方案上的处理方式，于是公孙弘就会完全地背离之前的处理意见而站在刘彻一方。汲黯等人认为，你和我们商议了，就得按商议的结果办，可你却临时改变，也太不地道了，这是对皇上不忠，自然会对公孙弘大加指责。但面对汲黯的指责和众人的误解，公孙弘也不争辩。

后来，刘彻知道了这些事，就问公孙弘，"事实证明你所陈述的事情是对的，可当大臣们诘难你的时候，你为什么不争辩呢？"

公孙弘淡定地答道："知臣者以臣为忠，不知臣者以臣为不忠。"汉武帝听了连连点头，认为公孙弘很谦虚，愈加信任公孙弘。

"夫唯不争，故莫能与之争。"不辩是一种智慧，不争才会拥有更大的空间。

这也就是教育的精髓。我们在教育子女时经常告诉他们应该这样做或不应该那么做，这实际也是争的一种方式，对孩子的成长是不利的，因为这时他们即便接受了我们的建议，也不过是记住了一点知识而已，对他们的未来可能起不了太大帮助。相反，父母的行为就是孩子最好的老师，当父母努力修行，努力完善自己的思维与行为方式时，就是对孩子最好的教育。同时要鼓励他们按自己的想法去尝试，无论最终的结果是好还是坏，是成功还是失败，最终他们都会得到自己的感悟，建立自己认识问题与解决问题的方法论，将来面对其他问题时就有自己独到的分析与判断方法，让自己睿智起来。

不言之教，才是教育的至尊，既用于教育子女，更可用于教育自己。

第九章

> 天下有道，却走马以粪。天下无道，戎马生于郊。罪莫大于可欲，祸莫大于不知足，咎莫憯于欲得。故知足之足，恒足矣。

参考释义

天下有道，人民生活就可安定，战马退还田间耕种，天下无道，怀胎的母马也要送上战场，在战场的郊外产下马驹。最大的祸害是淫欲无度、永不知足，最大的过失来自无限贪婪的欲望。知道坚守道之根本之人，才永远是满足的。

说东谈西

通行本中将"恒足矣"改为"常足矣"，应该是为了避讳汉文帝刘恒的"恒"字。在这里，却有节制欲望或退的意思，"却走马以粪"可以理解为：战马从战场退回田间进行耕种。

本人猜测这一章的内容与老子从东周都城出走秦国的感受有关。老子被誉为思想家、文学家、史学家，但最重要的还是哲学家，很多人会认为哲学家似乎不食人间烟火，这种概念是十分错误的，哲学就是生活，产生于生活，所以也最贴近生活，哲学家必须有济世的情怀，为天下人的苦乐而苦乐。周敬王四年（前516），老子离宫归隐，骑一青牛，欲出函谷关，西游秦国。当时，周王室内乱不已，天下诸侯的争霸越来越激烈。老子离开周王朝洛邑不远，但见四野一片荒凉，枯草瑟瑟，田野里已经不见耕种之马，但大道上的战马却奔驰不息，有的马还挺着大肚子艰难地尾随其后。目睹此景，可能老子内心想道，夫兵者，不祥之器也，非君子之器。不得已而用之，适可而止，恬淡为上。胜而不必自美，自美者乃乐杀人也。夫乐杀人者，不可以得志于天下矣！以道佐人主者，不以兵强天下。兵之所处，荆棘生焉；大兵之后，必有凶年。天下有道，却走马以粪；天下无道，则戎马生于郊。戎马生于郊，则国乱家破矣。

然后又想到，这些都是欲望导致的。

欲望是人类最难以琢磨的东西，而且是与生俱来的。欲望有其有益的一面，人类几乎所有的发展都与欲望有关，比如，战争带来军事科技的发展，激发人类的勇武精神；人类希望生活得更好，才有不断的发明创造，才有今天的生活环境。

然而，无度的欲望却会带来社会的残破与百姓的疾苦。

所以，老子一直倡导"和"与"守中"，要共赢，为一己之私的欲望只能是国破家亡、百姓困苦。

在此，什么是有度、什么是无度就成了关键。老子说要抓住事物的根本，也就是坚守大道。国家富强是称雄世界的基础，是核心内涵，必须以百姓生活富足为基础，离开了这一根本，就谈不上争雄天下，就会导致国破民困。

伟大的军事家孙武曾与吴王论述晋国六卿的前途，即深合大道。

孙武到了吴国之后，一天，吴王同孙武共同讨论起晋国的政事。吴王问道："晋国的大权掌握在范氏、中行氏、智氏和韩、魏、赵六家大夫手中，将军认为哪个家族能够强大起来呢？"

孙武回答说："范氏、中行氏两家最先灭亡。"

"为什么呢？"

"根据他们的亩制、收取租赋以及士卒多寡、官吏贪廉做出判断的。以范氏、中行氏来说，他们以一百六十平方步（步作为长度单位，其平方即面积单位）为一亩。六卿之中，这两家的田制最小，收取的租税最重，高达五分抽一。公家赋敛无度，人民转死沟壑；官吏众多而又骄奢，军队庞大而又屡屡兴兵。长此下去，必然众叛亲离，土崩瓦解！"

吴王见孙武的分析切中两家的要害，很有道理，又接着问道："范氏、中行氏败亡之后，又该轮到哪家呢？"

孙武回答说："根据同样的道理推论，范氏、中行氏灭亡之后，就要轮到智氏了。智氏家族的亩制，只比范氏、中行氏的亩制稍大一点，以一百八十平方步为一亩，租税同样重，也是五分抽一。智氏与范氏、中行氏的病根几乎完全一样：亩小，税重，公家富有，人民穷困，吏众兵多，主骄臣奢，又好大喜功，结果只能是重蹈范氏、中行氏的覆辙。"

吴王继续追问："智氏家族灭亡之后，又该轮到谁了呢？"

孙武说："那就该轮到韩、魏两家了。韩、魏两家以二百平方步为一亩，税率还是五分抽一。他们两家仍是亩小，税重，公家聚敛，人民贫苦，官兵众多，急功好战。只是因为其亩制稍大，人民负担相对较轻，所以能多残喘几天，亡在三家之后。"

孙武不等吴王再问，接着说："至于赵氏家族的情况，和上述五家大不一样。六卿之中，赵氏的亩制最大，以二百四十平方步为一亩。不仅如此，赵氏收取的租赋历来不重。亩大，税轻，公家取民有度，官兵寡少，在上者不至过分骄奢，在下者尚可温饱。苛政丧民，宽政得人。赵氏必然兴旺发达，晋国的政权最终要落到赵氏的手中。"

到了战国后期，晋国已经不在，范氏、中行氏和智氏家族已经灭亡，魏、韩两家也残喘不已，赵国成为秦国最后的劲敌，这其中就是孙武所论述的道。

吴王听了以后，深受启发，高兴地说道："将军论说得很好。寡人明白了，君王治国的正道，就是要爱惜民力，不失人心。"

这背后更深的含义是，君王必须控制自己的欲望，给百姓富足，才有国家强盛。

当今世界，各国之间也不断争霸，很多人以为有些国家是因为在战场上失败了，所以在争霸的过程中倒下。事实却不然，世界争霸的过程中，败因主要都来自内部。一战、二战中的德国，因为国家内部的人力、物力无法再支持战争，最终战败！

老子离开东周洛邑之时，看到田野荒芜，戎马生于郊，也看到了丧失了大道的各国诸侯心中几乎无度的欲望。既然人民已经万分疾苦，那么距离周王室的灭亡和穷兵黩武的各家诸侯的衰落也就不远了。

今天处于商业社会，每个人都希望过得好，都要赚钱。什么是有度？什么是无度？什么是有道？什么是无道？其核心是能否与社会、与周围的人实现共赢。如果为了实现自我的利益，手段无所不用其极，就是无度，比如借助权力之手肆意敛财，就会严重损害其他人的利益，就是与社会为敌，最终必然被社会所不容，也会被社会反噬和清算。如果时刻与社会共赢，就会在人们的心中建立信任，常住于别人的心中，财富就会自动聚拢到自己身边，这就是有度，也就是有道，就可以传承长久。

第十章

> 不出于户，以知天下。不窥于牖，以知天道。其出也弥远，其知弥少。是以圣人不行而知，不见而名，弗为而成。

参考释义

圣人足不出户，以己心知人心，所以能推知天下事；不一定通过观望窗外，就可以认识天道，天道就是人道，所以圣人也知道人世的运行规律。忽视自身观察别人之身，忽视自家却去观察别人之家，向外走得越远，他所知道的道理就越少。所以，圣人不出行却能够推知天下事理，不需看见就能明了天道，不妄为而可以有所成就。

说东谈西

古代院落由外而内的次序是门、庭、堂、室。进了门是庭，庭后是堂，堂后是室，室门叫"户"，室和堂之间有窗子叫"牖"。上古的"窗"专指开在屋顶上的天窗，开在墙壁上的叫"牖"。

本人认为这一段主要讲哲学上的认识论。其核心思想是说，感性的经验是靠不住的，由表及里才能认识事物的内涵。认识事物只能靠自身的内省，下功夫提升自我修养，然后才能领悟天道和人道，洞察事物的变化规律。

这段内容用于今天非常贴切。

在互联网时代，每个人每天可以接收到海量的信息，绝大多数人会不辨真假贸然利用这些内容，甚至用这些信息到处夸夸其谈，既扰乱自己也扰乱别人的内心，最终的结果就只能是让自己越来越肤浅。

与其如此，还不如让自己静下来，通过多次阅读一些书籍，提高自己的修为和认知能力。知晓了社会、经济的内在规律之后，在互联网浩如烟海的信息中，就可以屏蔽掉大量的垃圾信息（提高时间效率），高效率地观察到有价值的东西，洞悉事件背后的真正内涵，让自己更睿智。所以，对大多数人来说，一动不如一静。互联网上无数碎片化的信息，对于不具备方法论的人来说，只能是毒草，将你大量的时间浪费掉。

通过阅读历史书籍并体会其中的哲学原理和应用实例，对理解以《道德经》为主的东方哲学是比较有效的办法。

一些人或许认为老子是唯心主义，完全摒弃了实践的过程，这是错误的。感性的知识指的是未经过自己思考所得到的表观现象，不断地积累这些表观现象，对人无益。实践是获取对事物认识的第一步，这些知识并不完全是感性认识，而是经过自己的亲身参与获得的对事物的第一步的认识，在此基础上才可以不断地升华到理性的认识。

老子自幼勤学好问，十三岁就被推荐到东周洛邑的太学深造，十六岁入朝为官，成就日日精进，成为皇家图书馆馆长，声名远播。他接触阅读了大量的书籍，如果只是泛泛而读，自然只能形成感性的认识，但以老子的辩证思维能力，所得到的知识却不会是感性的。

同时，老子也绝不会闭门造车。《吕氏春秋·当染》记载："孔子学于老聃、孟苏、夔靖叔。"孔子四次向老子问礼，都在不同的地方。有年代可考的第一次是孔子17岁时问礼于老子，即鲁昭公七年

（前535），地点在鲁国的巷党(今山东西部)。第二次是在春秋昭公二十四年（前518），地点在周都洛邑（今洛阳），这一次很出名。第三次是孔子53岁时，即周敬王二十二年（前498），地点在一个叫沛的地方，就是如今的江苏徐州。第四次在鹿邑，在今天河南与安徽交界的地方，具体时间不详。这次拜见老子，也有出土实物可证。1992年安徽省亳州市文物部门在鹿邑太清宫镇东北方向5公里的安溜镇发现了"问礼宫石刻"，所指即孔子问老子的故地，说明孔子也曾到过老子的故里鹿邑。孔子四次向老子问礼都有史籍记载。

由此可见，老子的足迹非常广泛，不是闭门不出的书生。

读万卷书与行万里路同等重要。读万卷书的过程要身临其境保持思考，行万里路的过程中要不断加深认知，都必须避免感性化。

有些人每天都想自己快快发财，最好明天就中彩票。时刻充斥这种功利之心，就很难保持客观，或者说时时都在偏颇，要有所成就也就更难。

做不到清静、少欲，屏蔽奢华之害，就不能认识社会的本质，一切都是妄谈。

用独立的方法论时时进行深入思考，抓住社会的本质，对任何事件的运行过程进行客观的逻辑推理，预知未来的结局，不就是今天的人们需要追求的吗？如果静心深入思考，凡事都会有答案。或许时间会稍有偏差，但结果就在那里！

第十一章

为学者日益，闻道者日损。损之又损，以至于无为，无为而无以为。取天下，恒无事；及其有事也，不足以取天下。①

参考释义

求学的人，其情欲和浮华一天比一天增加，求道的人，其情欲和浮华则一天比一天减少，减少之后不断再减少，就会达到"无为"的境地。自然无为，就是无所不能为。将欲取天下当成"无事"，则天下归心，如果当成"有事"，则天下不会归心。

说东谈西

西周开始，是"政教礼乐"盛行的时代，学校等机构并没有深入到民间，只有官宦子弟才有资格读书学习，所学习的内容当然最主要的也是"政教礼乐"，所以此处的"学"可以理解"学习政教礼乐"。"为学"反映的是探求外在的知识，因为学好"政教礼乐"就可以当官，增加的自然是情欲和浮华。道是万物之本，为道就是探索事物未分化时期的状态，即探索事物的本源。所以，不断学习"政教礼乐"的结果就是情欲和浮华日盛，而闻道者则"政教礼乐"日损，

---

① 源自《帛书老子校注》中的乙本，中华书局，1996年5月。

达到"无为"的境界。

自然无为，就会无所不为，就是老子所说的大"道"。对于这一点，可以从国家、企业与个人多层次来理解。国家、企业与个人在某个方面做好无为就会获益良多。

"取天下，恒无事；及其有事也，不足以取天下"，可以用楚汉相争来说明。

秦朝末年的大起义中，项梁和项羽的目标是最清楚的，就是恢复旧秩序，还关东诸王的王位和众多贵族的地位，摆脱秦朝的统治，这是典型的"有为"，其目的就摆在那里，这是项羽的"有事"，也就是欲望。

放在今天，刘邦应属于地痞流氓。刘邦是十分粗鲁的人，他见功臣的时候，经常是一边洗脚一边说话，即无礼貌也无规矩，骂人的时候也特别狠。到了刘邦登基称帝的时候，功臣们也一样毫无规矩，经常席地而坐，一群一群地围在一起互相交谈、骂街，在刘邦面前也大呼小叫，和在沛县的时候差不多。直到叔孙通为刘邦制定了一系列礼仪规矩后，西汉朝堂才像个样。但就是这样一个人，却建立起大汉的基业，根源就在于"无为"！"无为"最终才能实现"无不为"。

或许大多数朋友并不同意这种说法，因为刘邦在秦都咸阳服徭役时见到秦始皇出游，发出了"嗟乎，大丈夫当如此也"的感叹，这自然是希望有为。

很多人将这句话解读为刘邦有鸿鹄之志，这是对的。

在当时秦末战争中，任何人都不敢保证能活下来，刘邦也一样。如果最终有其他人登基称帝，刘邦自己怎么办？刘邦最终既可能战死，也可能成为一方诸侯。如果他可以活下来（有机会当皇帝，也可能成为诸侯），自然可以实现有为，但按照概率来说，更可能在一系列的战争中阵亡，但面对未来的各种不测，他只做大丈夫应该做的事情,让自己像个大丈夫,不去过多思考结果。这里的核心还是要有无为之心,用无为的意识去做拯救天下之事,只有拯救天下人于水火之中时,最终才能成就自己的"大丈夫"之志。

然而,"无为"就无不为。结果"沛县政府办主任"萧何、沛县监狱的典狱长曹参、马车夫夏侯婴、屠夫樊哙、曾受胯下之辱的韩信、逃犯张良、土匪英布、编织养蚕器具的小手工业者周勃、贩卖丝织品的小贩灌婴、刘邦最恨的人雍齿(沛县豪强),等等,都希望自己像个"大丈夫",都建立了卓越的功勋,最后出将入相。而拥有"无为"思想的刘邦最终登上了帝位。

在垓下之战前,韩信被封为齐王,封地包括陈(淮阳)以东至大海的广大地区,这是普天下最为富裕的地区,同时还要记住,燕赵等地都是韩信打下来的,他既有强大的兵力也有充足的粮草,还有当地的民望,拥有统治这些地区的基础。如果韩信有足够的才能、信心和野心,自己登基称帝并不是什么不可能的事情,刘邦也深知这一点。但即便如此,刘邦依旧封韩信为齐王(当然也是形势所迫),兑现了"大丈夫"的诺言。

真正的大丈夫,自己当然会自强不息,还会不断推动别人建功立业。

项羽被誉为中国历史上最强大的武将,号称霸王,但他的"有为"在刘邦的"无为"面前,面对众多的"虎狼",只能被打下擂台。在楚汉相争的过程中,不是项羽太无能,而是刘邦的"无为"太强大。西汉建立后,刘邦在国家的治理上也是无为而治。

大汉的基业是刘邦挥舞着"无为"之剑打下来的。

这也是企业经营之道,核心就在"无为"。归根结底就是企业所有者要抛弃以自己的利益(利润)为核心的思维模式,给所有有才能的员工以不封顶的工资、不封顶的奖金、不封顶的展现自我之路和晋升之路，让他们充分展示自身的才能。欧美很多企业的所有者把企业运营的最高职位——董事长的位置——让给那些有才能的人出任，也是出于这样的思维模式。忘记和淡化自己对利润的追求时，就会将经营的核心落实在如何服务消费者、如何服务社会上，就会不断提升本企业服务社会的能力，强化自身的信用，形成自身忠实的消费群体并被社会所爱戴。从对企业利润的追求来说，这就是一种无为的思维模式。但当一个企业被消费者和社会所爱戴后，利润自然就会随之而来，成为著名企业并长盛不衰，这依旧是无为无不为的一种体现方式。所以，利润是一家企业追求自身经营目标的"副产品"，这个目标的核心是如何更好地服务社会，建立并不断强化自己的信用！

对于个人也一样，我们上小学、中学的时候都有理想，一般希望做科学家或艺术家，这些都是"有为"之心，这没有错，因为谁都应该有自己的理想。但有为之路注定是坎坷难行的，因为个人的特长是成就自己的基础，一旦个人的特长与理想不匹配，悲剧就会出现，而且会体现在绝大多数人的身上；同时，自己的理想能否实现还与环境、经历等因素有关，就有了更大的变数。相反，更合理的做法是不要以"有为"之心去规划未来，而是以"无为"之心规划自己的人生，我们的目标就是展现自我，将自己的天赋发挥出来，在自己感兴趣、有专长的领域不断精进，持之以恒，就会实现优势不断强化，最终让自己站在本领域的高端，走出属于自己的精彩人生，这也是"无为"最终无所不能为之路。

对于大多数人来说，认识自己的长处所在，展现出自己的长处，实现优势不断强化，足矣！

所以，对于任何企业或个人，"无为"最终才能无所不能为。

第十二章

> 圣人恒无心，以百姓之心为心。善者善之，不善者亦善之，德善也。信者信之，不信者亦信之，德信也。圣人之在天下，愒愒焉，为天下浑心。百姓皆属耳目焉，圣人皆孩之。

☯ 参考释义

圣人行自然之大道，没有自己的私心，以百姓的心为自己的心，以天下万物之心为自己的心。善待善者，也善待不善者使之向善，不遗弃任何人，公平对待每一个人才是圣人之善。信任守信的人，也信任不守信的人使之守信，不遗弃任何人、公平地信任每一个人是圣人之信。圣人与天下所有人和睦和谐并融为一体，以百姓的耳目为圣人的视听，圣人爱百姓如爱护婴孩一般，养育而不求回报。

☯ 说东谈西

有的人可以得道并成为圣贤，流芳千古，但多数人只能混迹于市井，最根本的差别在哪里？是因为得道之人的心中想的是别人的心愿，心中装的是天下的苍生。这是与家文化格格不入的。因此，在汉武帝之前，中国出现了很多圣贤，我们今天所熟知、敬重的先贤基本都出自那个时期，如老子、孔子、孟子、孙子、鬼谷子、墨子、韩非子等。那是中华民族群星璀璨的时代。从秦始皇开始，一家一姓的小家文化和等级文化开始逐渐登上至尊的地位，此后就难以出现那样的风流人物了。因为在一家一姓的小家天下和等级文化之下，人们心中首先想的总是自己，这偏离了圣人之道，也就难以涌现圣人。

一个企业家，如果全心全意为消费者着想，估计想不成功都很难，一些企业家几十年甚至几代人都这样做，所以成就了著名企业；一个人如果能压制住自私的欲望，总能想到别人，全心全意为别人做事，估计想不建立自己的声望都很难。

自我是天性，但如果优先利他，就可以进入更高的境界，就可以不枉一生，取得成功。

"圣人之在天下，愉愉焉，为天下浑心。百姓皆属其耳目焉，圣人皆孩之"，表面看起来是得道之人将自己放在很高的位置上，实际是将自己放在很低的位置。包容别人、信任别人就是对别人最大的鼓励和关怀，只有内心像慈母一样的人才能做到这一点。

我们在对待自己的孩子的时候，往往苛责很多，期望很高，这并不是什么好办法。有时甚至与孩子们比高低，这更愚蠢。应该是鼓励他们、包容并准许他们犯错误，独立地取得成绩或者犯错误的过程才能最大限度地激发他们的潜能、勇气，也才能提高他们的悟性，他们才能聪明而自觉，父母要做的是放低身段隐身在他们身后，只在需要时进行点拨、提醒，就能成就他们。这和老子所说的道理是一样的，也就是老子所说的水德，水处于低下之地却养育了万物，父母也只有处于低下的位置才能成就自己的孩子。

本人认为这一章讲了"浑厚"两个字，只有"浑厚"之人才会甘居幕后，才会在背后推动孩子成长，也只有"浑厚"之人才会"不敢居天下人之先"，让自己成为孩子们成长过程中的一块"沃土"。或许有人说，这很容易呀，但是几乎没有人可以做到，因为知易行难。

任何一个人都会有"自我、好恶"之心，这些都是先天与生俱来的，非有大智慧之人很难做到完全摒弃自我以及自我的好恶。真正得道之人，不仅平等地对待所有人，还要平等地对待万物，包容天下所有的事物。为什么要这么做？因为只有如此，才能摒弃主观，客观地看待百姓的需求，才能代表百姓之心、天地之心。只有代表了百姓、天地之心，才能够达到"浑厚"的极致。

要做到这一点，其实也很简单，每当自己对任何人或事情有喜好或偏见的时候，马上将自己设身处地地换到对方的角色上想一想，一切都会释然，当自己的孩子犯错误的时候，就会多给孩子一些宽容与鼓励。这其实是摒弃自我的过程。长期经过这样的锻炼之后，就会平等地看待世上的所有事物，也就会客观地看待孩子们的所作所为，逐渐摒弃自我之心，多了包容之心，就实现了"浑厚"。

到此，无数人都会想成为"沃土"，这块"沃土"不仅可以成就自己的孩子，还可以成就自己身边的人。如果自己心中充斥的都是名利和欲望，就会失去宽容，也失去客观，就注定无法成为"沃土"，只有清空自己内心的欲望、实现了虚无，才是成为"沃土"之路。

道家的思想和佛家的思想，在很多地方是相通的。

有个年轻人，到一座禅院去，在路上他看到了一件有趣的事，于是就想以此考考禅院里的禅师。来到禅院，他与禅师一边品茶，一边闲聊，冷不防问了一句："什么是团团转？"

"皆因绳未断。"禅师随口回答。

年轻人听到禅师这样回答，顿时目瞪口呆，原来他在路上看见的那件有趣的事情就是一头牛被拴在树上，牛欲挣脱束缚去吃草，所以围着树团团转。

禅师见此，问道："什么事让你如此惊讶？"

"不，师父，我惊讶的是，你怎么知道的呢？"年轻人说，"我今天在来的路上,看到一头牛被拴在树上,牛想离开这棵树去吃草,谁知它转过来转过去都不得脱身。我以为师父既然没看见,肯定答不出来,哪知师父出口就答对了。"

禅师微笑着说:"你问的是事,我答的是理,你问的是牛被绳缚而不得解脱,我答的是心被俗务纠缠而不得超脱,一理通百事啊。"

年轻人恍然大悟!

一只风筝,再怎么飞,也飞不上万里高空,是因为被绳牵住;一匹马,再怎么烈,因为被绳牵住,也无法在宽广的草原上肆意驰骋;一个人的心被拴住,也就没有快乐,无法迸发出思想的火花。那么,拴住人心的那根绳子是什么?是什么让我们团团转,既无法自拔也难有成就?在今天,它就是名利。因为名利,看待不同的人有差别,也就不能包容所有人,就会不断与人争(做不到浑厚,成不了"沃土")。名利过重是本源,更深的本源是自我的欲望太强。看淡名利、放下自我的时候,就可以共赢,那些所谓的名利,不请自来,虽然那时的你已经不会在意名利。

名是绳,利是绳,欲是绳,所有的诱惑都是绳,解不脱它们的时候,就只能蝇营狗苟,解脱了之后,才有快乐,才能自由驰骋,才有思想的光芒不断绽放,才有不断对自己的超越,才有精彩的一生。

每个人的人生不同,最终取决于境界和视野的差异,核心就在这里。

第十三章

> 出生入死。生之徒十有三,死之徒十有三,而民生生,动皆之死地之十有三。夫何故也?以其生生也。盖闻善摄生者,陵行不避兕虎,入军不被甲兵。兕无所投其角,虎无所措其爪,兵无所容其刃,夫何故也?以其无死地焉。

参考释义

人一生出来,就开始进入死亡之旅。人以四肢九窍活着为生,人以四肢九窍死去为死,不善于执生(机)的人,以四肢九窍将自己的生命送到死地。不善于执生(机)的人为什么会这样?听说善于持生(机)的人,(不入险地)行路不会遇到犀牛和老虎,(不妄动刀兵)就不会在战争中受到伤害;在善执生者面前,犀牛不知怎么投射它的角,猛虎不知怎么扑张它的爪,敌兵不知怎么挥舞他的刀。为什么会这样?因为他站在生地,远离了死亡之地啊!

说东谈西

本人认为,以往的很多解读脱离了帛书版本的《道德经》的本意,比如很多书中将"十有三"解释为"十个当中有三个",这种解读问题比较大。在春秋战国时期,"十有三"表示的是"十加三",

如果表示"十个当中有三个"应该写作"十之有三",古人的文字是十分规范的,不能随意曲解。

生生,是"生疏于执生"之意。

这一章,对于中国后世的古典哲学有着极为深远的影响。孔子所说的"危邦不入,乱邦不居,天下有道则入,无道则隐""防祸于先而不致于后伤情。知而慎行,君子不立于危墙之下,焉可等闲视之"等,都可以从这一章中找到痕迹。

今天,很多人都认为这一章是养生的内容,源于韩非子的言语:"人始于生而卒于死。"其实韩非子的这句话也是哲学,表明生死之间是一个过程,生死是相伴相生的,没有生就没有死,没有死也就没有生,和养生风马牛不相及。

《道德经》体现出了哲学的精髓,这是有史以来的公论,在这样的文章中仅仅谈论养生的内容,是不可能的。哲学文章中会讨论生死,讨论如何看待生死,如何穿越生死,这是辩证法和方法论,而养生,着眼的是生理上的生命,仅仅是医学。哲学的作用展现在无形之中,而养生(当然也包括养心和精神)侧重的则是有形,这是根本的区别。

历史上,《道德经》的注者如云,甚至有几位皇帝都为其作注,仁者见仁,智者见智,取舍之间,互有同异。但公认影响最大的是河上公作注的《道德真经注》。河上公是历史上真正的隐士,也只有真正的隐士,才能贴近《道德经》真正的含义,因为一旦出世,就很容易被各种欲望所影响。老子的《道德经》一直在倡导清静无为,只有真正的隐士才能体会到清静无为的含义和妙处,才能彻底放下名利和欲望,理解《道德经》的精髓。他对《道德经》的注释,自然远非那些在尘世间追逐名利之人的注释可比拟。所以,本章在解读的过程中借鉴了河上公的解读。

"不善于执生（机）的人，以四肢九窍将自己的生命送入死地"，是本章的核心部分。本人认为老子在说，生，是因为四肢九窍展现活力而生；可因为各种无穷无尽的欲望，导致四肢九窍的衰竭，将自己送入死亡。

当今社会，许多人有无尽的欲望，让社会充满浮躁。可是，越浮躁，诱惑也就越多，心神永远无法安宁，也就无法静心思考问题，无法按照事情的内在逻辑去做事，更不可能持之以恒，最终，就把自己从"生地"（成功）送入"死地"（失败）。越是要求"生"，就越是容易入于死地。生与死的可能性原本是相等的（人生下来的时候，成功与失败的机会是均等的），但许多人往往选择了"死地"。

怎样才能打破这种悖论？老子让我们先沉静下来，凝视生命的真相。人始生于虚无，这是生命的活力之源，如果要保持活力，就要清静无为，回归本真的状态。

我们在今天的社会上生活，会看到一些成功的人，但看到更多的是一生碌碌无为的人。每一个成功的人都有其独到之处，而碌碌无为的原因基本相同，这是为什么？本人在《如松看财富之道》中曾经讲过一个例子，那就是巴菲特。巴菲特为什么成功？源于两点：

第一，他所处的社会准许索罗斯存在。索罗斯是典型的空头，无论股指、美元还是商品，只要出现泡沫，他就会集合对冲基金去做空，这实际就是给商品价格、股指、美元"挤水分"，让它们时刻都处于合理的估值上。

第二，巴菲特站在索罗斯们建立的金融基础上（金融要素的合理估值），建立并运用自己独立的投资理论，坚持长线（这就是持之以恒），最终获得成功。

无论索罗斯还是巴菲特，都是深刻研究美国社会的制度、金融环境、投资环境之后，按自己的理论实践取得的成功。没有索罗斯们存在的社会基础，以及他们所建立的金融基础，金融要素就会时刻处于泡沫状态，如果用巴菲特现在的投资理论长期投资五十年，到今天他还不如一个普通农民。

当然，巴菲特这样的人是极少数的，但那些静心观察、持之以恒走完自己一生的人，即便没有惊天动地的业绩，也是成功的，因为他们铸造了属于自己人生的丰碑，演绎了属于自己的精彩旅程。

每一个人的成功，都有其独到之处，每一个死寂，都是雷同。做到这一点，就需要让我们先沉静下来，研究社会特征、法律环境，建立一套自己的投资理念，这就是生路。如果每天的头脑中装的都是奢华、攀比、面子、享受和欲望，就会让自己浮躁无比，就是死路。

世上从没有无缘无故的成功。

凝视生命的真相，生死只在一线间。实现清静的内心，走自己的道路，你就可能是一块丰碑。巴菲特在美国社会成为巨富，然后又将绝大部分财富捐助给了社会，他就是在走属于自己的那个过程。相反，如果时刻希望复制巴菲特，让自己成为巨富而满足自己无穷无尽的欲望，就会永远处于心神不安之中，也不会有自己独到的见解和理论，就只能走向死寂而碌碌无为。

每个人都可以实现自己的成功，走向自己的生地。

第十四章

> 道生之而德畜之，物形之而器成之。是以万物尊道而贵德。道之尊，德之贵也，夫莫之爵，而恒自然也。道生之、畜之、长之、育之、亭之、毒之、养之、覆之。生而弗有也，为而弗恃也，长而弗宰也，此之谓玄德。

☯ 参考释义

道创生天地万物，德养育万物，使万物内具本性，蓄涵其中，孕育其体，形成时势（也就是我们所看到的生机盎然的大千世界）。所以，天地万物莫不遵道而又贵德。道之所以被尊崇，德所以被珍贵，就是由于道生万物而不加以干涉，德畜养万物而不加以主宰，顺其自然。道生万物，德育万物，使万物生长发展、成熟结果，直至死亡，道、德成就了万物生命的整个过程。生万物而不据为己有，抚育万物而不自恃有功，导引万物而不主宰，这就是玄德（上德）。

☯ 说东谈西

宇宙间的事物，是一步步演化的，从无到有，这个过程可以归纳为四个步骤：道、德、形、势。这里，道与德，是精神的范畴，形与势，是物质的范畴。

道，是宇宙间最根本的原则。道是变与不变的统一，所以宇宙万物不断地变化，也不断地诞生新的事物，这是"道生"，道的具体表现是"德"。再进一步，成为有物质的形体，有了"物形"，具备了形体的条件后，再遇上时与势，一个新的事物就诞生了，这是"势成"。

讲道，说的是生；讲德，说的是容；讲物，说的是外形；讲势，说的是所成。因此，万物没有不以道为尊、以德为贵的。

生养万物却不占有它们，做了事情却不倚仗它们，更不居功，统领万物却不主宰它们，一切遵循自然的法则，这就是德。

今天，有很多家，比如经济学家，真的配得上"家"字吗？所谓"家"的含义是持续创新知识，解决新问题，并对未来进行判断，这些东西都必须是客观的，并对别人起到借鉴和帮助作用。所以，"家"应该是属于道与德的层面。我们可以看到，一些"家"社会地位很高，受到社会的尊重，就源于他们是站在这样的层面去做事，客观是基本的准则，在他们眼中只有对与错。可是，另外一些"家"，热衷于门户之争就会失去客观，也就没能力对问题进行探本溯源，更有些人将"家"当成是政治投机、财富投机的手段，而不是来源于对事物本源的探索能力，所以这些"家"也就没有真正的价值。虽然这些"家"并没有从事创新知识、探索新问题的工作，但却热衷于主宰和控制，那些通过站台进行牟利的行为本质上是利用自己主宰和控制的地位，忽悠大众，为自己谋取私利。

真正的"家"是不断超越自己、突破自己的一个过程，在不断超越自己的过程中寻找自己的乐趣。这些乐趣包括能力不断提升，为后人留下越来越多的文化财富，给周围的人提供帮助，等等，核心就是一句话：照亮四周！此时，他希望的是周围人群的素质和能力不断提高，在各行各业展现自己的才华和作为，进而影响这个社会，最终展现的是自己的高贵。所以，真正的"家"永远是高贵的代名词，因为他处于道、德的层面上。

高贵是别人赋予的，因为其思想可以照亮四周，同时也推动别人发光。相反，一些人热衷于自己有多少"粉"，这个"粉"字的确切含义也很难说清楚，但就本人理解，"粉"应该是僵化的代名词，亦步亦趋。为什么如此热衷于"粉"的多少呢？无非是争夺话语权，以便自己主宰和控制，核心是可以获得私利，这与"家"的本来含义相距甚远。

有些人说，做生意的人，很难做到高贵。就因为此，中国很多富人被称作土豪，这显然是个贬义词，因为土豪有很多意味，比如，财富来路不正，除了有钱之外头脑空空，没有责任感，也没有正义和信用在身，等等。但真正的生意人是非常高贵的，他们以社会的需求为己任，与社会和周围的人群实现共赢，在改善人们生活的基础上实现自己的财富增值，他们是精英而不是土豪。

道、德、形、势的关系也体现在生意场上和逐利的过程中。比如，你卖一件商品的时候，实际是承担了一份信托责任，当你的商品保证了质量和服务，就兑现了自己的信托责任，长此以往，你就会在别人的心中树立自己的信用和价值观，这就是高贵。所以，有这么一句至理名言：不要做金钱的奴隶，而是要让金钱为你服务。如果为金钱服务，经营的就是商品，核心只是赚钱，这仅仅停留在有形的层面上。当让钱为你服务、经营生意的本源的时候，经营的就是自己的价值观和信用，会聚拢越来越多的有形与无形的资源，这就深入了道、德的层面，生意的规模会越来越大，机会越来越多，而"德"就赋予了自身的高贵。有一些企业主本身就是高贵的代名词，他们不是控制和主宰客户，而是用价值观和信用将其紧紧地聚拢在一起。一些百年以上的企业之所以取得如此的成就，关键是哲学修为决定的经营理念的不同。

或许很多人认为这是说教，但最近两年却有很多实例。现在一些企业经营得比较艰难，甚至有些凄凄惨惨，但也有朋友在这种形势下让自己的生意更上一层楼，根源就在于经营的核心是不同的。有些凄凄惨惨的企业和个人经营的是商品，追求的是自己的盈利；而有些人经营的是生意的本源，经营的是价值观和信任，他们出售的东西本质是无形的，所以，危机实际上就是大浪淘沙的过程，是强者淘汰弱者的过程。当很多企业在危机中倒下的时候，就主动让出了市场份额，这是市场所提供的千载难逢的机会，没有危机这些企业怎么可能主动让出市场份额呢？那些经营信用和价值观的企业就可以实现逆势扩张。所以，一些著名的企业管理学家总会将危机当作自己企业的节日。

很多人对今天的教育方式有所反感，反感那些僵化的、灌输式教育方式。未来是人工智能时代，重复性和低智力的劳动很可能会被智能机器所取代，只具备僵化的知识，意味着这些学生毕业就可能会失业。如果教育只停留在有形的层面上，远离了事物的本源，只是传授一些僵化的知识，就会让学生丧失创造力。

无疑，在这个时代，只有拥有自己独到"权力"之人才会有更广阔的空间，但这种"权力"是怎么构造的呢？只能通过提高自身的哲学修养来开发自己的创造力，让自己对事物的认识上升到"道生"的层面。未来，通过哲学修养来开发创造力的行业必然会崛起，因为在生存面前，任何人都没有退路。

当一个人步入了"道、德"的层面之后，很多东西就可以无师自通。无论原来学的专业是化学、数学、物理、生物、天文、文学、医学还是别的什么专业，本质上都是一样的，都可以在其他领域达到很高的高度，因为他们手中的武器是哲学，是辩证法和方法论，是自身对事物的感悟和探索能力，他们拥有的是创造力。

第十五章

> 天下有始,以为天下母。既得其母,以知其子;复守其母,没身不殆。塞其垸,闭其门,终身不勤。启其闷,济其事,终身不救。见小曰明,守柔曰强。用其光,复归其明。毋遗身殃,是谓袭常。

☯ 参考释义

万物都有开始,这个开始就是根本——母(道)。既然知道了根本(母),也就知道了万物的本身——子(一),正确的做法就是返回去守着万物的根本——母,这样终生都不会迷失。塞住欲念的孔穴不妄视,闭起欲念的门径不妄言,终生就不会有祸端。如果打开欲念的孔穴,情欲日重,终生都不可救治。能够洞察细微叫作"明",能够持守柔弱叫作"强"。运用其光照耀四方,然后反照自己的"明"。离道失德就会遭遇灾祸。

☯ 说东谈西

垸有墙堕之意,《说文》:"堕,败城阜曰堕。"墙堕可以理解为破败的城墙,有倒塌,从而形成向外望的空缺。这里引申为孔穴。

本章有教人"知子守母"的要义,告诫人们不可徇物而忘本,不可舍本而逐末。

老子见世人迷失根本,重子而弃母,失去了大道而导致灾祸。最典型的是在他所处的时代,诸侯穷兵黩武,天子骄奢淫逸,百姓困苦不堪,都失去了天下的根本,走的都是覆灭之路。所以,老子以道明示天下,让人们回归本源。从养生来说可以保身、强身,从治国来说可以让国家长治久安并不断地走向强盛,从个人来说可以成就自己的事业。道是万物之母,道德是虚静之体,所以,唯有安静自然,遵循自然之道,才是正途。

可是,世人由于私欲不断膨胀,多妄视徇物,忘言寻名,终日不离喜怒哀乐,在是非烦恼中无法自拔,在欲望膨胀中无法自制,这就让人陷入浮躁之中,也就远离了本源。最终就会被妄想所障,被欲望左右,迷失了自己。

所以,闻道易,得道难,得道易,守道难。老子告诫世人,人生就是修身的过程,即得其母,就要岿然不动,坚守本心。

我们为什么有那么多的欲望?是因为我们心中想的是名与物,追逐的也是名与物,目的是要让自己的一生有所成就,这种"有为"的欲念不断强化之后,就会被眼花缭乱、色彩缤纷的世界扰动得内心波动不已,终身也无法"治愈",最终也就会无所成就。所以老子说,既然知道了万物,就要返回去,坚守万物的本源,摒弃欲念,守护内心,这才是成就自己的大道。

王阳明有一句名言是:"此心不动,随机而动。"说的是一样的意思。坚守本心实则是坚守天道,而天道即人道。

王阳明是中国历史上最伟大的哲学家之一。同时,他还可以当之无愧地被称为伟大的文学家、政治家和军事家,他将哲学在自己的一生中演绎到了极致,历史上几乎无人能出其右。

"此心不动,随机而动"是王阳明在江西平叛时对自己的部下伍文定所说的一句话。当时,宁王的心在不断地"妄动",作为反叛者,既要保护自己的根据地(现今南昌一带的地域),又要尽快攻下南京,因为自己名不正言不顺,一旦朝廷的大军聚集,他的反叛计划就无法实现。

然而,王阳明的"心"不动,他的心就是一面空明的镜子,宁王的"妄动、意念"会清晰地映照在这面镜子上,宁王的缺陷也就会暴露在王阳明的眼中。结果,王阳明可以随时抓住宁王的漏洞,从而做到"随机而动"。面对宁王的妄动,王阳明甚至还可以调动其行动。宁王也清楚,一旦离开自己的老巢,最担心被优势兵力围攻,结果王阳明用番薯私刻公章,伪造了一些传单,号称有16万大军正在向洪都(南昌)聚集,贴在了洪都的大街小巷,害得宁王在洪都待了十多天,"等待"这些朝廷大军的到来。可朝廷的大军"久候不至",王阳明却聚集了足以和宁王一战的七八万人马。

一个"心"不动,一个"心"不断妄动,最终只能是处处被动,不挨揍才怪。

王阳明为什么可以做到"此心不动"?根源在于他没有私欲,既不为升官也不为发财,只为守护一方百姓的平安,"心"就可以岿然不动。而宁王则不同,他叛乱的目的是要当皇帝(这是他的欲望),所以他的心不能不动。

动与不动,最终取决于是否有私欲。

在此,也就可以看到王阳明一生最强大之处在哪里,那就是临终时所说的一句话:"此心光明。"因为自己的"心"光明,没有"为己"的欲念,只为天下苍生,所以,就可以做到"不动",面对对手随时的"妄动",对形势的判断就可以做到了然于胸,自然就百战百胜。这使王阳明在一生中时刻都处于"主"的地位,既可以以不变应万变,又可以随机而变,这就是用"无形"对"有形",作为王阳明一生中的任何政治与军事上的对手,都只能哀叹自己生错了时代。

王阳明说:"素富贵,行乎富贵;素贫贱,行乎贫贱;素夷狄,行乎夷狄;素患难,行乎患难。君子无入而不自得焉。"这段话的意识是说,一个人无论处在怎样的境遇之中(富贵、贫穷、顺境、逆境),都能保持自在安详与平和的心境,并始终保持内心如水。只有摒弃了自己的私欲,才能忘却荣辱得失,最终才可以做到心静如水。

所以,人与人的差别实际就是心胸与境界的差别。

当今社会,我们都需要吃饭穿衣,生活压力在肩,要压制欲念、坚守本源,有时确实很难,这也是客观现实。但更因为人们有太多的奢侈之心,也让欲望永无止境,从而脱离了本源。所以,那些成大事之人,无一不是简朴之人,他们坚守本源,最终成就了自己的事业。

很多人认为王阳明是典型的官二代(尚书大人的儿子当然是官二代),不愁吃不愁喝,当然可以"此心光明"。其实,拜朱元璋老人家所赐,明朝官员的待遇是比较惨的,日子也很清苦,这在历史上都有记载。王阳明父子都不是什么贪官,以尚书大人的待遇,或许吃穿不愁,但难说是富人。事实上,王阳明的父、祖、曾祖几代,也经历了生活非常困苦的时期。何况,王阳明在去贵州龙场的途中不断受到追杀,不仅衣食有忧,小命都朝不保夕。这个官二代比较惨,甚至在一些时候还不如很多普通百姓。所以,任何人的人生中都有自己的忧心之事,只是程度有差别,关键是不改心中的志向,不被奢侈之心所左右,也就能控制自己的欲望。

控制欲望当然很难,大多数人做不到"此心不动",所以,只能将哲学家的岗位、青史留名的机会,让给王阳明这些先贤。

第十六章

> 使我挈有知,行于大道,唯迤是畏。大道甚夷,民甚好径。朝甚除,田甚芜,仓甚虚。服文采,带利剑,厌食而赀财有余。是谓盗竽,非道也哉!①

参考释义

离道失德就会遭遇灾祸。这使人坚信不疑地认识到,要行于大道,唯一担心自己会不自觉地将"有为"施加于天下("有为"背离了道,也就走上了邪路)。大道虽然平坦,但人们却喜欢走捷径(邪径)。朝政腐败,农田荒芜,仓库空虚,而人君仍穿着锦绣的衣服,佩锋利的宝剑,饱餐精美的饮食并搜刮百姓的财货,这就是强盗,人君如此做法,非道也。

说东谈西

本章中,老子强调要坚守自然大道,可老子也说,人君经常放着平坦的大道不走,反而喜欢走邪径。君王以"有为"治理国家,无非是为了实现自己的欲望,即便朝政已经腐败,农田已经荒芜,仓库已经空虚,人君依旧要穿着锦绣的衣服显示华丽,佩戴锋利的宝剑显示自己的英武,饱餐精美的饮食并搜刮百姓富余的财货以满足自己的享

---

① 源自《帛书老子校注》中的乙本,中华书局,1996年5月。

受，实际上，这已经沦为强盗，距离灭亡不远了。

不只是人君，任何人都面临着如何在自然大道和邪路之间进行选择的问题。我们知道有一句非常经典的话，如果任何人静下心来专注自己的事业，持之以恒，最差也能实现"大器晚成"，这是世人皆认可的结论。"大器晚成"也是"成"，只是早一点晚一点的差别。但"成"与"不成"却有本质的差别，可我们放眼四周，能够做到一生有所"成"的有几个？绝大多数人都是一生碌碌无为，这实际就是每个人自己选择的结果。

在此，老子帮助天下人做出合理的选择：要保持清静无为的心态（只有如此才能做到"持之以恒"），克制自己的私欲，不追求奢侈，诚实守信，等等，最终就会有所"成"。看起来这些都是容易做到的，所以，老子说大道是平坦的。但有多少人长期走在大道上呢？因为这条大道平淡无奇、不刺激、少激情，无法放纵自己的欲望，也无法实现自己对名利的追逐，所以多数人就会走上所谓的捷径，自以为能比别人更快地到达目的地，从而走上了邪路。为什么世上的人都喜欢耍小聪明，凡事投机取巧走捷径？原因就在于此，结果，世人总是搬起石头砸自己的脚，把自己置于"死地"。

这里有一个核心是"唯迤是畏"，意思是说，要从道出发，遵道贵德，要有敬畏观。

智者、圣人之所以不凡，正是因为有畏惧观，才充分地尊重自然，顺应自然，保持谦下之心，在大道上坚定地一步一步前行，最终成就自己。而平凡之人，如果常怀敬畏之心，一样不会轻易浮躁，坚定地走自己的道路，内心自然生养出浩然正气，建立强大的内心和信心，成就自己的一生。人很渺小，正是因为有了信仰与敬畏之心，反而让我们的内心清澈而庄严，拥有自己人生的精彩。

有些人之所以会失败，是因为不懂得"畏"字的含义。事业上如此，家庭教育中也是如此。当我们对自己的孩子居高临下或态度强硬的时候，当我们要求孩子达到自己的主观要求的时候，尤其要谨慎，我们是不是失去了畏惧观？因为孩子的天性中拥有创造力和想象力，在这个视角上我们没资格居高临下，也没资格用强硬态度抹杀他们思维中天马行空的一面，这会毁灭他们的创造性和未来。所以，很多教育家、文学家说，孩子是我们最好的老师。因为他们像一张白纸，可以天马行空地画出最伟大的作品。居高临下和强硬态度，是在污染这张白纸。我们对孩子们的主观要求，自己是否首先做到了？如果我们自己未做到，有什么资格让他们做到？我们自己做不到的原因又是什么？只有明了了这些内容之后，才能帮助他们进步，对他们提出客观的要求。这些都是老子所说的"唯迤是畏"的具体体现。

中国的家长总是担心，如果对孩子不保持强硬态度，他们误入歧途或造成灾祸怎么办？只要家长在道德品质上以身作则，孩子怎么可能误入歧途呢？这是身教重于言教的道理。如果孩子发挥自己的想象力或创造力，即便家长告诉他们最终很可能得到坏的结果，他们也可能半信半疑，知其然不知所以然，这对他们的一生所带来的益处很有限。相反，让他们去尝试，正确了，会增强他们的自信，将发挥自己的想象力与创造力形成习惯，这自然有助于塑造他们的未来；即便错误了，也会提升他们的反思能力和思考能力，之后对任何事物都拥有更强的感悟能力，这些才是陪伴他们一生的宝贵财富。

对孩子们的天赋要保持敬畏之心。

第十七章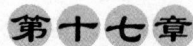

> 善建者不拔，善抱者不脱，子孙以祭祀不绝。修之身，其德乃真。修之家，其德有余。修之乡，其德乃长。修之国，其德乃丰。修之天下，其德乃博。以身观身，以家观家，以乡观乡，以邦观邦，以天下观天下。吾何以知天下然哉？以此。

参考释义

善于立国、立家、立身、立业者，身心应深植于道德之中，有牢固的根基；天下之物，凡见于外、抱于外者，皆易脱，唯大道立于心，身心合一，才能永固；人若能立道抱德，自可流芳百世，被人们怀念，何况子孙？把这个道理付诸自身，他的德行就会是真实纯正的；把这个道理付诸自家，他的德行就会是丰盈有余的；把这个道理付诸自乡，他的德行就会受到尊崇；把这个道理付诸自邦，他的德行就会丰盛硕大；把这个道理付诸天下，他的德行就会无限普及。所以，要用自身的修身之道来察看别身；以自家察看别家；以自乡察看别乡；以自邦察看别邦；以天下之道察看天下。我怎么会知道天下的情形如此丰富多彩呢？就是因为我运用了以上的方法和道理。

💬 说东谈西

本人认为,在通行本《道德经》中,将帛书版《道德经》中的"善建者不拔"中的"建"字改为"剑"字是不妥当的,可以说是一字之差谬之千里。

俗人之"建""抱",皆从私欲出发,或为了名,或为了利,是利用自己的智巧而欲达到目的,心建于外部,抱之于外物,就像浅根之草,自然不能长久。这些人从自我的欲望出发,追求的也是外在,也就患得患失。而"善建者"和"善抱者"本质是首先去修身立德,用自己的道德去"建"和"抱",以天下人的需求为自己的追求,在认识事物的过程中掌握的是事物的内在本质和根本属性,自然就成为"善建者"和"善抱者"。

或许我们说,这些东西太"高大上"。事实则不然,数千年来让人们敬仰的是些什么人?无非就是那些思想家,其丰功伟业代代传颂,相反,如果仅是单纯的富商大贾或者王侯将相也只是匆匆数十年而已,很快就会被人遗忘。前者通过修身立德,造福万世;后者着重于有形,形散则湮灭。这就是内与外的差别。

到今天,世界各地的华人还会拜财神范蠡,但多少富商大贾却已经成为过眼云烟。这缘于范蠡是修道者,追求的是财富的本源,他所积累的巨额财富只是其求道过程中的外在表现,他也不断地把自己获得的财富归还给社会,而其他人不过是逐利者,一个追求的是内在,一个追求的是外在,结果自然不同。

今天,很多人希望在互联网上建立自己的事业,其好处也是明显的,因为互联网是个开放的平台,可以延伸到社会中的每个角落和每个人,这个市场空间几乎是无限大。从哲学来说,最容易的事情恰恰是最难的,一个无限大的市场空间,凭什么建立自己的"权力"呢?如果没有自己独到的"权力",没有自己的核心竞争力,就很容易被驱逐。所以，从21世纪互联网开始繁荣以来，那些风云人物如大浪淘沙，很少有人长久。

造成这种现象的根本原因是什么呢？

第一，很多人认为互联网是实现自我的舞台，因为它几乎有无限宽广的空间，可以延伸到世界任何一个角落。但如果大家都抱着这个目的，都是为了自我，利益又从何而来？还有一些人为了商业的目的而抄袭、炒作、伪造，甚至用阴暗的手段为自己立名，最终就只能成为匆匆过客。

互联网有无限广阔的空间，但核心问题是怎么将自己与这无限广阔空间中的每一个人联系起来，唯一的方式只能是服务。抱着为所有人服务的目的从事各种活动，保持淳朴，建立彼此之间的共赢和信用模式，才可能在互联网上长期存活并发展壮大。

因此，在互联网时代更需要做一个"善建者""善抱者"，完善自己的道德修为，以信用为纽带，建立利他之心，强化自己的服务能力，然后才能有所作为。本人有时在想，互联网实际是考验每个人感悟"道"、修行"德"的大舞台。

第二，任何一个人建立了自己在互联网上的平台，面对的就是社会的所有人，这些人来自各行各业，性格也是千姿百态。如果要服务多数人，就必须首先修身，只有修身才能让自己理解不同性格的人群，包容天下人，同时，还需要提升自己的哲学修养，因为只有哲学，才能不断地创造新知识，不断地更新自己，然后才能长久服务多数人。如果没有持续超越自我的能力，就无法长期、持久地服务别人，也就难以做到持久生存。

哲学、思想和文学是社会进步的沃土，可以提高所有人的辩证思维能力，提高所有人解决问题的方法论，进而让每个人不断地更新自己、超越自己，在政治、经济、科学等领域不断深入，进而不断地服务他人，让自己有所作为。而《道德经》能培育一个人持续更新自我、超越自我的能力，它就是辩证法和方法论，因为它在告诉人们如果由表及里地研究问题，如何掌握事物的核心内涵，如何洞悉事物的变化规律。

有些人很睿智，对天下的事情都有深入的见解，我们往往会认为这样的人见多识广，这种认识很不全面。一个人即便再见多识广，也不可能走遍天下，更不可能见遍天下的所有事物。真正的原因在于，他们有举一反三的思维能力，有自己的方法论，面对一件事情可以看到深处的内涵，并以此推演天下的人与事。老子说："以身观身，以家观家，以乡观乡，以邦观邦，以天下观天下。吾何以知天下然兹？以此。"说得非常深刻。

大多数人将互联网看成是一项科技成果，是传播信息的舞台，这固然不错；也有人把互联网作为逐利者的舞台，这是大错特错。在本人眼中，互联网是有德者的舞台，只有扎根于道德之中的人，才可以长久在互联网这个大舞台上驰骋，无德者会不断地被淘汰出局。

老子强调自然大道，这是天地万物的本源，掌握了道，就达到了修真的境界，天道与人道本相合，自然就可以以道观天下，互联网搭建的就是这样的平台。

第十八章

> 含德之厚者，比于赤子。蜂虿虺蛇弗螫，攫鸟猛兽弗搏。骨弱筋柔而握固，未知牝牡之会而脧怒，精之至也。终日号而不嗄，和之至也。和曰常，知和曰明，益生曰祥，心使气曰强。物壮即老，谓之不道，不道早已。

参考释义

道德浑厚的人，就好比新生的婴儿（赤子）。赤子与人、物无害，人、物亦不害他，毒虫不螫他，鸟兽不伤害他。他的筋骨柔弱，但拳头却握得很牢固，他虽然不知道男女交合之事，但他的生殖器却可以勃然举起，这都是因为精气充沛的缘故。他整天啼哭，但嗓子却不会沙哑，这是因为和气淳厚的缘故。知道和、静是自然的生之态，知道自然的生之态而不忘为叫作"明"。增益生命的手段如果违背了冲气为和的状态就叫凶祥，心如果使气妄作叫强。万物强壮到鼎盛就会走向枯老，枯老就是不得道，不得道就会早死。

说东谈西

"祥"指的是吉凶的预兆，有吉祥和凶祥两种，那些千方百计增益生命的手段，都代表了人的奢望，属于纵欲，恰恰不能增益生命，都属于凶祥，因为这些手段违背了冲气以为和的状态。只有养成顺应四时、适应寒暑变化、保持阴阳调和清静之心，才是顺应大道，才能增益生命。

这一章告诉人们道德涵养浑厚之人保有和气，看起来弱小，看起来无形，但却是强大。

气者，乃人之根本，人之所以有生命，全赖此气。气分为先天气与后天气。先天气即为元气，阴阳相冲以为和，元气也就是老子所说的和气。先天气，先于天而本有，虽无形，却能生有形之天地万物，是万物之本来，以无形之质而生有形之人，生万物及众生。后天气，是指后于天地才有。先天气与后天气是辩证的统一体。

天地有自然无为之道，赤子有自然含蓄之德，赤子的和气与天地万物相合，与天地万物无害，故而有旺盛的生机，所以就像婴儿一样，虽然柔弱但实则生命力旺盛。而含德之妙，可同天地，可比赤子，持守道德，就能增益自己。反之，就会枯老而走向死亡。

一般人都会将本章内容通过道家养生的理论来解释。本章也确实是养生的要旨，老子要人们远离各种欲望给人们带来的损害，比如过度饮酒、纵欲、暴饮等都是欲望，无度地追逐名利也是欲望，损害的是和气，最终都会损害自己，要懂得保护先天的和气，让自己清静内虚回归婴儿般的状态。养生之道最宜谦下柔和，若心静神清，其气自然柔和深长，益寿延年。

姑射仙子为中国古代传说中的神话人，"天姿灵秀，意气殊高洁"。关于姑射仙子的文字最早见于《庄子·逍遥游》："藐姑射之山，有神人居焉。肌肤若冰雪，绰约若处子。不食五谷，吸风饮露，乘云气，御飞龙，而游乎四海之外。其神凝，使物不疵疠而年谷熟。"《列子·黄帝篇》中也有记载："列姑射山在海河洲中，山上有神人焉。吸风饮露，不食五谷；心如渊泉，形如处女；不偎不爱，仙圣为之臣；不畏不怒，愿悫之使；不施不惠，而物自足；不聚不敛，而已无怼。阴阳常调，日月常明，四时常若，风雨常均，字育常时，年谷常丰；而土无札伤，人无夭恶，物无疵厉，鬼无灵响焉。"

上述文献意思大致是说：姑射吸风饮露，不食五谷，心境像深泉一样清澈，形体似闺房的少女一样柔美；她不偏亲不偏爱，不威不怒，自己从不困乏，可以遨游四海内外。所处之地阴阳常年调和，日月常年明亮，五谷常年丰收，而且没有瘟疫，万物没有灾害……

宋朝的全真教道士长春真人丘处机在《无俗念》中也说道："浑似姑射真人，天姿灵秀，意气殊高洁。"

这描述的是得道之后"和气"充盈的状态。

道的潜力是无限的，"和气"是生命之本，保养、充盈"和气"，就可以达到真人的境界。人们之所以将很多事件归结为神话，根源在于对世界认识的肤浅。

然而，如果仅仅将本章的内容局限于养生，就偏颇了。

养生之道就是处世之道，也是了解和认识社会之道。

我们知道，货币代表的是信用，信用是客观的，无偏无爱，公正地对待世界上的每一个人。当一个国家的货币信用稳定时，经济和社会的运行就会很正常，人民安居乐业，社会处于祥和的状态，这也是一种"和"。但是，当货币加速贬值时，货币内含的信用就会加速丧失，这意味着劳动者的劳动果实被盗取，如此就会造成社会的贫富差距不断恶化，穷人的日子就会日趋艰难，甚至出现"朱门酒肉臭，路有冻死骨"的时期。当太多的穷人生活不下去的时候就会揭竿而起，战争与动乱就会不断发生，最终让社会出现剧烈的动荡。根源在于货币的信用不再稳定时，就不能公正地对待每一个人，让社会失去了"和"。

为什么等级社会是十分腐朽落后的呢？社会是人类生存的一种形态。当一个社会展现平等的时候，体现的就是"和"。当一个社会被划分为多个甚至无数个等级的时候，人与人之间就失去了平等，社会也就失去了"和"。在这样的社会中，上层阶级为了维护自己的统治地位，就会不断强化国家机器，造成财政支出不断膨胀，以至于远超过社会所能提供的税收。此时，统治阶级必然需要通过加印"钞票"来弥补财政支出的不足，让货币连续贬值，让底层人士的生存日趋艰难，造成社会动荡，所以，等级社会是落后的。中国一些伟大的人物一直都在旗帜鲜明地反对等级的存在，根源就在此。等级社会失去了"和"，也就丧失了道德，所以，中国的封建王朝都不能长久，短则数十年长则两三百年。

个人在社会上的生活也是如此。比如，一个商人只为己，不可能将生意做大，因为他与消费者和合作伙伴之间失去了"和"，我们一般将这类商人称为奸商；一个商人心中总想着消费者和合作伙伴，与他们共同发展，就会建立自己的商业帝国，这个帝国是以自己的商业信用构建的，我们一般认为这类商人感悟了道，让世人敬仰。

"和气"是生命之本，"和"是天下大道，"和"是社会与个人之本。

第十九章

> 知者弗言，言者弗知。塞其兑，闭其门，和其光，同其尘，挫其锐，解其纷，是谓玄同。故不可得而亲，亦不可得而疏；不可得而利，亦不可得而害；不可得而贵，亦不可得而贱；故为天下贵。

参考释义

知者贵行而不贵言，所以得道的人不会强施号令，话语不多，强施号令之人并未得道，也不明白道的内涵。塞住嗜欲的孔窍，关闭嗜欲的路径，有独到之明却保持暗昧，与天地日月和尘世水乳交融，就是与天地保持同道。与天地保持同道，就超脱了亲疏、利害、贵贱的世俗约束，为天下人所尊重。

说东谈西

通过对这章的感悟可以知道：身教重于言教，知者贵行而不贵言，得道的人不会强施号令。相反，一个人之所以喜欢强施号令，无非是因为物欲和名欲，这样的人并未得道，也不明白道。如何做到贵行而不贵言呢？只有不断修行自己，让自己得道才行。得道的人会压制甚至消灭自己内心的欲望，并消除因此而带来的内心的纷扰，保持道法自然的清静之心，以天地和社会的要求为自己的行为方向，达到玄同的境界。达到这样的境界之后，无论思考问题还是行动的时候，就不会受到亲疏、利害、贵贱等的约束，而是以天地、社会和周围人的要求为自己的思维和行动准绳，最终被天下人所敬重，流传千古，这就是圣人之路。

到此要问一问，流芳千古是不是"名利"？当然是！但这不是私利，而是普天之下的"名与利"。这是天地和社会赋予的，属于"公"，所以才能流传千古，被天下人代代传颂。当自己被亲疏、利害、贵贱所左右的时候，即便建立一些功名，也属于"私"，注定只能是历史上的匆匆过客。所以，历史上有很多王侯将相，但都只能显赫一时，能够流传千古的就剩下像老子、孔子、孙子、范蠡这样的伟大人物，其差别也就在这里。

普天之下没有天生的圣人，任何人都会受到私利和欲望的影响，而圣人可以解开这些心结，化解其对自己内心带来的纷扰。世上有"阳"必有"阴"，内心的修行和外在的表现是相对应的，就像阴阳相对一样，相辅相成。因此，古代的圣人一直在讲人需要修行，只有修行，才能让自己的内心平静如水，淡泊如水。老子所讲的修行，主要是修自己的内心，而不是不断地对别人进行说教（显得自己居高临下），这是老子比其他人高明的地方。

这也是经商的根本逻辑。

如果一个人以名利、贵贱、亲疏的观点经商，目的就是为了自身的名利，或为了自己身边人得利，为了让自己更富贵，这些都属于"私利"的范畴，就无法充分地与社会和周围的人保持融洽，无法充分地让社会和自身实现共赢，从而使自己的商业之路受到限制。

很多人研究范蠡的经商技巧，研究范蠡对社会需求的判断，包括天时、地利、人和等，但都是偏颇的。范蠡经商的核心是如何经营自身，就是一个"和"字，不断实现与社会融合、与社会共赢，就是其经商的精髓。因此，范蠡可以三次散尽家财，然后再成巨富，这是不断实现"和"的过程。范蠡也曾经遭遇困难，由于与社会和周围完全相和，所以周围的富商、钱庄主动借钱给他，让他可以东山再起，这就是"和"的结果。在商业活动中，"和"与"信"紧密相关，当一个人在商业活动中以信为本的时候，就是公平对待所有人，就会与所有人相容，就会体现出"和"。

所以，范蠡经营的不是商业、不是金钱、不是商品，而是自身，而是"和"，因此范蠡无论经商到了哪里，都会开粥铺接济周围的穷人，不断地散尽家财，这就是他修行的过程，也是他努力经商的目的。

反之，许多商人经营的都不是自身，即便为国出力（比如胡雪岩支持左宗棠收复新疆），最终的目的还是为自己的商业行为服务，无法跳出这个怪圈，一旦遭遇挫折的时候就只能是倾家荡产，这也就形成了"富不过三代"这个古老的典故。所以，范蠡注定是中国商界的鼻祖，被后世所敬仰，这缘于他所经营的核心和其他商人所经营的"核心"不在一个层级。

因此，范蠡实现了只属于自己的"名与利"，他的"名与利"与天下共享，为天下后世所敬仰。

上天有好生之德，物聚必散，天道使然，只有那些经营自身之人，才能成为"富贵"家族并代代传承。

有人在经商过程中出现波折，就会低迷，事实上，如果理解了"和"字，就会彻底解脱。将遭遇波折甚至亏损，当成"物聚必散，天道使然"，就会让自己的商业思维和行为更上一个台阶，达到新境界。因此，有人说，一个人是否成功，不在于自身有多高的成就，而在于失败之后可以反弹多高。

之所以遇到挫折会让很多人灰心丧气甚至一蹶不振，根源还是在于纠缠在"私利"之中无法自拔，自然就难以反弹到新的高度，难以更上一层楼。那些拥有更高境界的商人,自然会有很高的经营水平,一般不会遭遇伤筋动骨的波折,因为他们总会从事一些与社会相"和"的行为。

在历史上,有些人取得了一些成就之后就会骄横并高高在上,违背了"和其光"的要旨,脱离了自己建立功绩的"土壤",最终导致身败名裂。

第二十章

以正治邦，以奇用兵，以无事取天下。吾何以知其然也哉？夫天下多忌讳，而民弥贫。民多利器，而邦家滋昏。人多知，而奇物滋起。法物滋彰，而盗贼多有。是以圣人之言曰：我无为也而民自化，我好静而民自正，我无事民自富，我欲不欲而民自朴。

参考释义

治国当走堂堂正道，用兵当以巧诈奇谋，以不扰民来取得民心。我怎么悟出这个道理呢？天下的法禁多了，百姓就愈加贫穷；民间的武器多了，说明国家在陷入混乱；人们的智巧越多，稀奇古怪的事情就都出来了；法令越是森严繁多，说明盗贼在不断增多。所以，有道的圣人说："我若无为，百姓就会自我化育；我好静，百姓自然就会走上正道；我若无事，百姓自然富足；我常无欲，百姓自然就变得淳朴。"

说东谈西

这一章演绎了辩证法。

治国靠的是什么？是公信力。

有了公信力，对内可以将人民团结在一起，对外可以调动武装力量进行抵御，进而实现天下大治。

怎么才能让国家或个人拥有公信力呢？只有浩然正气。当一个国家的管理者永远为全民福祉着想，为国家与民族的前途着想，心中充满浩然正气的时候，才能表现出公信力。当个人的生产与经营活动总是与社会共赢，推动社会发展水平不断提升的时候，就有个人或本企业的公信力。所以，老子说必须以正治国，必须正大光明，比如现在很多国家推出法律或行政规章的时候，要向社会公示征求反对意见，甚至还要进行全民公投，这都是正大光明的体现方式，避免"黑屋"操作。同时，也必须以"正"治理自己，只有如此才能展现个人的公信力，立身于社会，这是修身的基础内容。

以奇用兵是什么？实际也是"正"，只是这个"正"的表现方式不同。

将军是一个非常特殊的职业，他们的任务看起来是消灭敌人，取得战争的胜利。这样看当然是对的，但又不完全对。更核心的任务是用最小的代价换取最大的胜利，最小的代价是核心。所以，孙子说"不战而屈人之兵，善之善者也"。将帅珍惜士兵生命的时候，自己的士兵就会团结在统帅的周围，让军心凝结在一起，号令严明，无往而不胜，就可以瓦解敌方士兵的士气。伟大的军事家孙武和吴起，都非常爱护自己的士兵，他们率领的军队，也都是战无不胜。

怎么才能做到最大限度地爱护自己士兵的生命呢？

必须训练出一只战无不胜的军队，只有训练有素、战斗力强大，才能在战场上得胜，士兵的生命才更有保证。所以，所有伟大的军事家都特别注重练兵，以致孙武会铁面无私地砍掉吴王宠妃的人头，只有如此才能严肃军纪，才能训练出战无不胜的军队，才能实现珍惜士兵的生命。

同时，一旦被迫交战，就必须用奇，以最小的代价换取胜利。

王阳明不仅是哲学家，还是军事家，他作战的时候有个十分突出的特点，无论敌众我寡还是我众敌寡，都是计谋百出，即便自己占据绝对优势的时候（比如攻打洪都的战役中），一样使用计谋，为什么不能一鼓作气直接拿下而非要倒腾计谋呢？因为使用计谋瓦解了对方的军心士气和战斗力之后，就可以用最少的士兵生命换取胜果，最好是不损一兵一卒，也可以减少对对方的杀戮，达到珍惜生命的目的。

所以，王阳明在一生的征战中，虽然大多时候率领的是"民兵"，甚至有时是一群散兵游勇，但百战百胜，就来自于心中的浩然正气。王阳明的心学，核心是"此心光明"，以生命为中心，才能理解其军事上的奇谋百出。

另外一个典型的军事家是戚继光，虽然戚家军光耀历史，但数量只有区区三四千人。传说戚大帅一生也敛财，但那些钱财是用于改善军队的伙食和增强军事装备。改善伙食可以提高士兵的体质，增加己方的火力可以最大限度地建立自己的战场优势，都可以减少士兵在战场上的损失，用最小的代价击败敌人。士兵的生命在他心中占有最核心的位置，所以，戚家军也是百战百胜。

当领兵将帅把士兵的生命放在第一位的时候，军心就会凝聚在一起，就容易打胜仗，历史上著名的军事家都是如此。

兵家认同老子为兵家之祖，是因为那些军事家理解了老子思想的内涵。奇就是正，对敌的手段用奇，为的是珍惜士兵的生命。

那些百战百胜的将军，都号令严明、军纪森严。这是因为战争是残酷的，很多时候需要决战，几乎没有丝毫投机取巧的余地，所谓狭路相逢勇者胜就是这个道理。只有号令严明的军队才有决死的战斗力，才有资格享受胜利，士兵才有最大限度的生存下来的权利。相反，战败者是难有生机的。

号令严明、军纪森严也是"正"。

在兵家，奇就是正，就是将军们的浩然正气，其"正"的核心是爱惜生命。

"以无事取天下"依旧表现的是无为而治的观点。民众没有苛捐杂税的时候，生活富足，自然就可以自己治理好自己，在今天就是社区自治。当管理者非要强行去治理社区，去推行某种方式的时候，无非是为了索取，为的是满足自己的私欲，当然无法实现大治。

"夫天下多忌讳，而民弥贫。民多利器，而邦家滋昏。人多知，而奇物滋起。法物滋彰，而盗贼多有。是以圣人之言曰：我无为也而民自化，我好静而民自正，我无事民自富，我欲不欲而民自朴。"就相对好理解些。比如，"天下多忌讳，而民弥贫"，当天下的约束很多的时候，就限制了人们的生产活动，同时，约束越多人们头脑中的条条框框越多，限制了人们思维的发散性和创造力，制约了生产力的发展，民众当然就只能越来越穷。反其道而行之，当然就可以让民众富裕，当民众富裕之后，国家也就富裕。当一个国家所有人都按规则行事的时候，就没有智巧，整体的生活和生产效率就高，经济就能得到持续发展，人民就能富裕。相反，太多人都使用智巧，就会破坏社会规则，就会造成效率低下和社会混乱。

智巧本身就体现的是自己的贪欲，或者希望体现自己的地位，让别人感谢自己，这都是名利欲望的体现。

全社会执行统一的规则，屏蔽掉个人心中的智巧，守护规则，就可以实现高效率，社会就会不断进步。

智巧，与个人在工作生活中发挥自己的主观能动性是截然不同的，发明创造最本质的是感悟，是洞悉事物内在规律的过程。前者是浅薄，后者是睿智。

其实，上述的道理很多人都懂得，但却无法形成一种社会氛围，根源是说教多，身体力行者少。所以，老子说："是以圣人居无为之事，行不言之教""我欲不欲而民自朴。"

第二十一章

其政闷闷，其民惇惇。其政察察，其民狡狡。祸，福之所倚；福，祸之所伏，孰知其极？其无正也，正复为奇，善复为妖，人之迷也，其日固久矣。是以方而不割，廉而不刺，直而不肆，光而不耀。①

 参考释义

政治清明，人民就淳朴、忠诚；政治黑暗，人民就狡黠、抱怨。福因祸而生，祸因福而来，谁知道福祸更替相生的根源呢？邦国的治理是没有绝对正确的方略的，必须适时而变，正奇、好坏是会互相转化的。人们对此的迷惑，已经有长久的时日了。因此，为政者要与民众同舟共济，深植于民众之中，不伤害民众，推行任何政策（即便未来有光明的前景）都不能实行强制手段，而是顺应自然。

说东谈西

本章在帛书版《道德经》与通行本《道德经》中差异较大，本人的理解也与大多数版本的解读有非常明显的差别。

《说文》中说，"惇，厚也"，"其民惇惇"可以理解为人民淳朴、忠诚。

---

① 源自《帛书老子校注》中的乙本，中华书局，1996年5月。

《说文》中说道:"方,并船也……割,剥也。谓残破之。""方而不割"有为政者要与民众同舟共济的意思。既然与民众同舟共济,一些法令即便在为政者的眼中有光明的前景,也不能强行推进,而应该是顺其自然,这样才能体现为政者深植于民众之中的本意。如果强行推进,怎么能体现自己深植于民众之中呢?如果这些法令规章适应了民众的需求,民众就会顺应自然地执行,如果不适应,就需要改正,只有如此,才能体现出"深植于"这三个字的含义。

老子在这一章中,深入地讲解了辩证法和方法论。

春秋战国时代的各国,比拼的不仅是土地的大小,更是民众的多少,为政者只有深植于民众之中,民众才能不断聚拢,国家才能强大。所有的政策要适时而变,但万变不能离根本,那就是与百姓同舟共济,顺应百姓的要求,这是变与不变的核心,只有如此,国家才能不断走向强大。为政者的所有法令要清晰,国家的发展要顺应自然,为政者要以民众的利益作为自己的利益,国家才能长治久安。

国家与个人都一样,福与祸是辩证的关系。每个人一生中都会遇到好事与祸事,这是相伴相生的,人之间的差别在哪里呢?圣人通过正身,让所有的事情都演化为中性,也就没有了好事和坏事。比如:今天将钱包丢了,这可以算作祸事,但这也督促自己努力工作,将金钱损失补回来,将来可以得到更多,因为内心变得更强大,能力也得到了升华;再进一步,丢钱包是"舍",虽然这是被动的"舍",但如果理解为"可能可以帮助一下贫困的人",就可以感悟到主动"舍"对自己的意义,让人的境界和修为得到升华,这些都可以将祸事变成好事。"舍",有人会认为接受者是得益的,事实上,舍出人是同等得益的,甚至得益更多,因为"舍"的过程能让人达到更高的境界,超越自我(超越自我可是人生最难的一件事)。再比如,小时候(或某些时期)生活很困难,吃不饱穿不暖,普通人会当成是坏事，但成大事者却不这么看，认为这是成大事的阶梯。《孟子》说："故天将降大任于斯人也，必先苦其心志，劳其筋骨，饿其体肤，空乏其身，行拂乱其所为，所以动心忍性，曾益其所不能。"

通过上述感悟，就会理解到，世界上本没有好事与坏事，简单地将一件事理解成好事与坏事，不过是俗人的思维。通过修身达到更高的境界之后，所有的事情都是中性的。

人生的根本差别就是如何看待福与祸、舍与得的差别。天命无常，唯有德者居之。也就是说，天下是天下人的天下，惟有德者才能居之；财富是天下人的财富，惟有德者才能居之；物华珍宝（千千万），也惟有德者才能居之。得到这些之人，不应兴高采烈，不应骄狂不已，不应忘记自己曾经的贫困，更不应忘记很多人还处于贫困之中，才有资格承载自己的所"得"。

人能够做的，就是恭敬、认真地对待别人的"舍"，然后将自己的所"得"再真诚地传递给其他人，就能成为"德者"的一员。

正是不变，奇是变，这也是辩证的。没有正就没有奇，没有奇也就没有正。同时，正与奇又是相互转化的。诸葛亮唱空城计的时候，本身没多少兵马，却大开城门，正到了极致，而对于足智多谋的司马懿来说，就是奇，因为他不会相信一生谨慎的诸葛亮以三军统帅之身、在没有多少兵马的情况下，却大开城门迎战。所以正到了极致是奇。相反，奇到了极致就是正。有些军事家一生用奇、计谋百出，但战场风云变幻，有时却需要堂堂正正地正面出击，此时，对于对手来说就成了奇，因为他们根本就预料不到。

老子有别于很多思想家和哲学家，自始至终讲的都是自己去怎么做，从不要求别人怎么做。与老子类似的还有明朝的王阳明，王阳明奉行的是"此心光明"，只论自己的内心，修行自己的内心，而不去要求别人怎么做。真正高尚的人，总会让自己的智慧造福社会，福泽他人，然后让别人去发光，而自己甘愿隐身乡野。所以，真正的光芒既是柔和的，又是隐淡的，但它又在所有人身边。

让周围的人群发光，你就是巨人。

第二十二章

> 治人事天莫若啬,夫唯啬,是以早服,早服是谓重积德。重积德则无不克,无不克则莫知其极。莫知其极,可以有国。有国之母,可以长久。是谓深根固柢,长生久视之道也。①

◎ 参考释义

治理民众要用天道,用天道莫过于像园丁那样勤奋耕耘,节俭朴素,慈爱生命。唯有爱惜民力民财,才能得天道;得天道就是给自己积德,不断积德则无不胜;无不胜后忘记了自己的德,忘记自己的德就可以有社稷;有了社稷之母(道),就可以长治久安。所谓国运长久,就是根深蒂固,是长久之道。

◎ 说东谈西

啬有节俭、爱惜之意。

无论治国还是治身,都要用天道,天之道是什么?

我们知道,没有天地,就没有大自然。天道体现在总是顺应自然的要求,对普天下的人与物一视同仁,"顺应"和"一视同仁"是天道的核心。为什么天道总是顺应自然的要求而从不去强行改变自然

---

① 源自《帛书老子校注》中的乙本,中华书局,1996年5月。

呢？因为大自然可以自然地实现平衡中的发展，也就有了今天生机盎然、多姿多彩的世界；为什么天道总是一视同仁呢？因为有偏爱，也就有了矛盾，就会导致天下的动荡，就会让天下失衡。同时，天道还体现在只有付出，没有索取，而且这种付出是从不求回报的，是发自内心不求回报的"付出"。因为天道从不求回报，也就有了人类社会对天地至高无上的崇敬。

治理国家要遵循天道，就要求君主遵循自然的要求，以天下百姓的要求为自己的要求，节制自己的欲望而不求回报。当天下人回归淳朴、实现富足之后，民众自然会互助友爱，以国家为核心形成民族向心力和凝聚力，并自觉地维护国家的稳定和安全，形成一个多方共赢的社会。

所以，治国实际就是治身，君主需要治身，节制自己的欲望，以百姓的需求为自己的需求，在付出的同时不求索取；百姓需要回归淳朴，将为己和为人有机地结合起来，实现彼此共赢。当一个社会具有兼爱的氛围之后，社会就会稳定，经济就会发展，每个人都有稳定美好的生活，每个人都可以实现自己的价值。

以德治国、治身重在勤奋地实践，只有不断地实践才能不断修道进德，才能不断积德，而不断积德之后才能不断接近天道的要求，当不断接近天道的要求之后，就能建立起"上德"，也就有了天下人的拥戴。

大地之德就是母德。普天下称职的母亲对待自己的子女总是只有付出而不求回报，总会期望他们可以健康成长而不会强行干涉，总会希望激发他们最大的潜能从而实现属于他们自己的成就，对所有的子女总会一视同仁并扶助弱者，等等。母爱是世界上最伟大的爱，它就是母德。

现代社会的核心也在于积德。

我们知道，从人口和国土面积来说，瑞士只是当今世界的一个小国，但在经济发展水平和人们的生活水平上却是典型的"大国"，其综合经济竞争力长期位居世界的前三位，人民的生活水平处于世界的前列。瑞士经济有一个最突出的特点，那就是在欧美主要央行都执行2%（在20世纪甚至更高）的通胀目标时，该国的通胀率长期维持在零附近。我们知道，当一国维持零以上的通胀率的时候，就意味着货币的购买力在不断下降，由此也就产生了铸币税，货币发行部门和部分富人就可以在货币贬值的过程中不断实现自己的利益，实际是在分享铸币税。可我们还知道，全社会的财富并不会因为货币的过量发行、通胀率更高而增长，在部分人和机构分享了铸币税的同时，就会损害最广大中下层人群的利益，剥夺了他们部分的劳动果实，这个社会就不是在一视同仁，也没有顺应自然，也不是在佑助所有人。所以，欧美社会近年来不断暴露问题，社会不同阶层之间的冲突愈演愈烈，这以法国的"黄背心运动"最为典型，一个直接的结果是让西方在全世界的领导力不断下降。可当通胀率长期维持在零附近的时候，任何人都无法通过货币的过度发行来实现自己的利益，这就会推动全社会的所有人聚焦于本职工作，最终为社会创造越来越多的财富，推动全社会的经济发展水平不断提升，综合竞争力不断提高，让所有人的生活水平都得到提高；同时，由于在经济生活中不存在通过铸币税来剥夺部分人的劳动果实的现象，就让社会更加平和，形成互助的氛围，所以瑞士是当今时代社会最稳定的国家之一，虽然瑞士是由德语区和法语区所组成，但其国家向心力很强，民族认同感和凝聚力也很强，人民会自觉地抵御外部入侵或干预，这就让瑞士可以在两次世界大战中执行中立的外交政策，其他大国、强国都不敢轻易地对瑞士产生窥视之心，让瑞士免遭战火的蹂躏，实现长期稳定发展。瑞士之所以有今天的成就，本质上是社会有德的一种表现。

任何一个国家，有德就可以长治久安，就可以国运长久。

德是国家之母，也是个人之母。

每个人的人生主要是由什么阶段组成的？多数人会认为是由人生的高峰阶段所组成，一般人也很愿意炫耀自己在高峰阶段的风光。可我们也知道，任何人的一生都会面临很多的波折，波折才是人生的主旋律，只有在低谷时可以反弹甚至反弹得更高，才会形成高峰阶段，才会不断形成高峰阶段。所以，一个人的成就不会取决于他辉煌的时候，而是取决于他陷入低谷时期是否可以立即反弹，也取决于他反弹的高度。当一个人陷入人生低谷时可以立即反弹，而且反弹得更高，这个人的人生无疑会取得很高的成就，也会得到社会的尊重。那么，当一个人陷入低谷的时候，如何实现快速反弹而且反弹得更高呢？这就取决于自己的德！取决于在以往是否积累了厚重的德。

当一个人有德而且在不断地积德后，一旦遇到低谷时期就会有无数人伸出自己的手，就可以立即实现人生的反弹，周围帮助的力量越大，反弹得也越高。甚至当一个人的德足够厚重的时候，一旦遇到问题时就会适时得到帮助，避免陷入人生的低谷，让自己长期处于高峰状态。

所以，在一个人的一生中，除了自身需要不折不挠、奋斗不息之外，其成就的大小取决于自己的德，更取决于自己建立有多厚重的德。

中国人一般愿意相信福报，那么福报该如何解释呢？从某种角度看，当一个人有德尤其是积累了厚重的德之后，无论进行任何人生活动或商业活动都会得到很多人的佑助，甚至陌生人都会提供佑助，当人生出现挫折时就会有一只手适时抛来一块垫脚石，让你重新走上上升的旅途，这就是福报。所以，福报并不是取决于别人，更不取决于那些虚无缥缈的运气，而是取决于自己的德。要建立自己厚重的德，就需要有宽广的胸怀，有兼爱之心，将社会和别人的需要时刻装在自己的心中，佑助别人，然后就会让自己时刻处于别人的心中，当有需要时别人就会佑助我们，这就是一个人的福报来源。

　　佑助别人，建立自己的德，长期佑助别人，让自己建立厚重的德，佑助别人而且不求回报，是本章的核心内涵之一。

第二十三章

> 治大国若烹小鲜,以道莅天下,其鬼不神。非其鬼不神也,其神不伤人也。非其神不伤人也,圣人亦弗伤也。夫两不相伤,故德交归焉。

参考释义

治理大国,要像烹小鱼一样。以道治理天下,鬼神发挥不了作用,不是鬼神丧失了本身的能力,而是说其"能力"伤害不到人。不是其"能力"伤害不了人,而是因为圣人在位鬼神不敢伤害人。鬼神和有道的圣人都不伤害人,就可以让人民享受到德的恩泽。

说东谈西

我们烹饪小鱼的时候,既不去鳞也不去内脏,而是直接放入锅中加热,这就是说,治国的过程中要保持自然,不要去力图改变什么;同时,烹饪小鱼的时候轻易不能翻动,防止其碎烂,同时还要用小火慢慢加热,因而可知治国的过程中,政策要缓慢推进,不能急躁,更切忌随意改变政策的方向,这会让人民无所适从,造成社会的混乱。

治国就像养生。一个人身体虚弱,不能用燥热之物去强行推动,而应该循序渐进地培育元气,让自身的身体机能恢复到健康的状态,具有强大的自我修复能力之后,就达到了益生的目的,实现强身健体，反之就是自我伤害。

这也是修身的道理。有些人羡慕那些成功人士或财务上获得了自由的人士，结果就到处寻找一夜发财的机会，炒房、炒股、买彩票等都成为热门的话题。事实上，所有的成功人士或获得了财务自由的人士，都经历过持之以恒积累的过程，如果希望以一夜发财的方式实现追逐，注定是徒劳的。

只有静心建立属于自己的"权利"才是正途，任何外在有形财富的积累其背后的支撑都是无形的财富，这是旷古不变的道理。

这也是西医和中医的区别。西医主要局限在表的层次。今天，癌症患者很多，西医一般是切除癌变组织，然后进行化疗。看起来效果可以立竿见影，但并没有驱逐形成癌症的内因，没有改变人体的生理机能，复发的概率很高；同时，化疗会严重损害人体自身的免疫机能，让自己的免疫力减弱或丧失，未来患其他疾病的概率更大，所以，是得不偿失的，甚至会加速死亡。而中医对癌症的治疗（包括所有疾病）都是从培养自身的元气入手，提升身体的免疫能力，让人体的生理机能恢复正常，以此抵御、治愈疾病。西医与中医的差别在于：一个是表，一个是里；一个是外在，一个是本质；一个是术，一个是生命科学。

当然，西医也有自己的优势，比如对于一些急症的处理、病理的分析等。应该辩证地看待中医与西医，实现优势互补，这才是尊重生命的态度，是医者之德。

天下有阴阳之分，阴阳相伴相生，又有正邪之别，一样相生相克。

那么，"邪"又是什么呢？从笼统的含义来说，不符合"道"的都属于"邪"的范畴。病症是"邪"，浮躁的心态和无尽的欲望是"邪"，只有自我而没有他人是"邪"，等等。

"邪"之所以侵入人体形成病症，是自身的抵抗力太弱，也就是生命的根本——元气——过度损耗，免疫力低下，本质是"正"被削弱，当不断培育自己的元气，提高免疫力之后，就实现了扶正，正邪平衡，人体就会康健。

对于治国来说也是一样的道理。

之所以"邪"可以发挥作用，都是"正"被削弱，脱离了养生、治国或成就自己的根本之道，脱离了事物的本源——道。圣人永远持有道，不断提高自己的德，"正"就不断得到扶强，就会与"邪"共生共存。此时，不是"邪"不能发挥作用，也不是"邪"失去了伤害人的能力，而是无法伤害到人，最终达到百姓安居乐业、人身健康长寿或成就自己的结果。

第二十四章

> 大邦者，下流也，天下之牝。天下之交也，牝恒以静胜牡。为其静也，故宜为下。大邦以下小邦，则取小邦；小邦以下大邦，则取于大邦。故或下以取，或下而取。故大邦者，不过欲兼畜人；小邦者，不过欲入事人。夫皆得其欲，大者宜为下。

参考释义

大国要像江海一样居于下游，这是天下雌柔的地位，也是天下人交汇之处。雌总能以柔屈强，是因其淑静，所以宜居下。大国对小国谦下，就可让小国团聚在周围；小国对大国谦下，就可被大国兼容。大国用谦下团结了小国，小国用谦下取得了大国的包容。大国不过想令小国归附，小国不过想取得大国的庇护。两者用谦下各取所得，所以大国宜谦下。

说东谈西

原文中的"牝恒以静胜牡"，"牝"字的本义是指鸟兽的雌性，与"牡"相对，此处"静"与"靓"通用。按《说文》来理解：靓，召也；按《广雅》来理解：靓，呼也。雌性可以召、呼雄性，进一步就可以理解为"屈"，用以形容雌性胜雄性的方式，这种胜不是打败，不是靠力量，而是靠"屈"，让雄性自己屈己而来。

一般人很容易对老子文章的理解表面化。老子本章以雌雄举例讲治国之道，人们就顺着这个思路理解雌雄关系和国家的治理。这种思考方式是有弊端的。不要忘记，老子整本《道德经》讲的内容充分体现了辩证法和方法论，所以每一章的思想都是可以无限引申的，也可以以生活中的实例来理解。

哲学产生于生活，体现在生活的点点滴滴之中，然后升华为理论，反过来又会指导人们的生活和生产活动，它是属于大众的一门学科，既然属于大众，就必然是通俗易懂的。

具体到本章来说，老子也在讲做人的道理。这会让人想起一段话："大智者必谦和，大善者必宽容，唯有小智者才咄咄逼人，小善者才斤斤计较。有大气象者，不讲排场；讲大排场者，露小气象。大才朴实无华，小才华而不实；大成者谦逊平和，小成者不可一世。真正优雅的人，必有包容万物、宽待众生的胸怀；真正高贵的人，面对强于己者不卑不亢，面对弱于己者平等视之。"这些内容与老子所讲述的是一致的。真正的强者，永远是安静、谦和、谦逊、包容之人。中国有句古话，叫作"宰相肚里能撑船"，当一个人能包容天下人，心中想的是天下人的时候，才能登上宰相的高位；反之，如果一个宰相的心中只有自己，天下人就会反对，皇帝也不干，因为这会让自己的天下动荡不安，甚至让一代朝廷倾覆。怎么才能做到这一点呢？只能像老子所说，将自己摆在最谦下的位置，将百姓摆在高位，并时刻将百姓的需求装在自己的心中，为百姓谋福祉，才能实现自己的高贵。

对于企业经营也是一样。如果老板想的是员工的利益和社会的需求，就会不断为社会提供更高层次的供给，市场空间不断扩大；如果长期保持自己的企业信用，就会进入所有人的心中形成品牌效应；如果善待员工，给他们充分的发展空间，员工就会积极向上，形成团队的力量，自己的企业就能长盛不衰。这样的老板实际是将自己摆在谦下的位置，面对社会保持谦下，面对员工保持谦下。相反，如果是一个吝啬的老板，永远想的是自己的利益最大化，就会压榨员工的收入和晋升空间，自己的产品也很可能偷工减料，企业就不会有前途，因为老板把自己摆在了高位。

在生活的细节中更能体现谦下、淑静的好处。有些女人很淑静，温柔体贴，笑容常在，往往有美满的家庭生活，在职场也可以如鱼得水，因为她们有高贵的气质和宽阔的心胸，可以"召、呼"周围的人群（无论男女还是家庭成员）的力量，形成一股无形的合力，得到幸福的一生。相反，火爆性格的女人，看整个世界都不顺眼，就丧失了淑静，自己的一生会过得很辛苦，生活、职场也往往难以如意。

无论国家、将相、商人还是普通人，只有保持"谦下"之德、"雌柔"之美，才能成功。

第二十五章

> 道者万物之主也，善人之宝也，不善人之所保也。美言可以市，尊行可以加人。人之不善也，何弃之有。故立天子，置三卿，虽有拱之璧以先驷马，不若坐而进此。古之所以贵此者何也？不谓求以得，有罪以免与！故为天下贵。

◐ 参考释义

道是万物的归宿，善，人们珍视它，不善，人们也要依靠它，需要的时候要依靠它们的庇护。美言可以在交易市场中用于交易，庄重的行为能显示尊贵。人虽不善，当以道教化之，也没理由遗弃。所以，天子即位时置三公，虽有拱璧在先、驷马在后的献礼仪式，还不如把道进献给他们。自古以来，人们之所以把"道"看得这样宝贵，不正是由于求它庇护一定可以得到满足，犯了过错也可得到它的宽恕吗？就因为这样，天下人才如此珍视"道"。

◐ 说东谈西

"美言可以市，尊行可以加人"在一些通行本《道德经》中改为了"美言可以市尊，美行可以加人"，这样的改动是明显有问题的。集市是中国存续了数千年的交易市场，现在的乡下依旧普遍存在，在交易过程中，卖家总会强调自己商品的优点，也就是"美言"，但这种"美言"往往并不诚实（或有所偏颇），因为卖家总会回避自己商品的缺点，所以这种"美言"是不善。"尊"字的基本含义是"敬重、尊崇"，所以，"尊"是用于修饰"行"的字，"尊行"就可以引申为庄重的行为，庄重的行为让自己尊贵，对别人也是一种恭贺和尊重，这是"善"。

老子有言："信言不美，美言不信。"通行本中"美言可以市尊"一般被解读为"美好的言辞可以换来别人对你的尊重"，与"美言不信"是互相冲突的，也与老子的思想体系背道而驰。所以，一些版本对《道德经》的改写和解读都是不妥当的。

"美言可以市"表面看只是以集市交易举例而已，老子说这句话有很深的含义。既然集市上卖家的美言不可信，那些阿谀奉迎、溜须拍马等"美言"就更不可信，这些人之所以总把"美言"挂在嘴上，奉承对方，无非希望像集市的卖家一样获得利益而已，当然是"不善"。如果招标之前，你的竞争对手不断地对你说你有无数的优势，给你灌迷魂汤，说你可以轻松中标，这些都是"美言"，无非是想麻痹你，以获得他的利益。这些"美言"就是"不善"。

老子说："道生一，一生二，二生三，三生万物。"道包容万象，道为体，一为用，故"昔之得一者，天得一以清，地得一以宁，神得一以灵，谷得一以盈，侯王得一而以为天下正"。"二"可以看作互相对立的两个方面，说阴阳、正反、雌雄都可以，也说的是名与实的关系，老子说："无名，万物之始也，有名，万物之母也。""三"是什么呢？名与实是相互作用的，这种相互作用就产生三，也就是阴阳相冲以为和（和气），有了相互作用，就可以生出万物，天下万物的产生都是这个道理。到此也就知道，"善"与"不善"也是矛盾的两面，善与不善互相作用，形成了形形色色的大千社会。如果遗弃了

"不善"，那"善"应该如何自处呢？善不存在了，良好社会也就不存在了，所以，不能遗弃"不善"，这就是哲学。

不仅善人与不善人对立统一，即便同一个人本身也是善与不善的对立统一，战国时代的魏文侯很善于利用这一哲学思想。

吴起为了在鲁国当上大将（抵御齐国），杀害了原籍齐国的妻子，从家庭和为人来说，应该算作"不善"的人，但其目的是为了当上鲁国的大将以抵御齐国的侵略，对于鲁国来说又是"善"，"善"与"不善"就同时体现在吴起身上。后来吴起逃到魏国，魏文侯用他当大将，在与秦国征战的过程中，吴起爱惜士兵，大小七十余战未遭败绩，为魏国的霸业建立了卓越的功绩。乐羊也是个比较骄狂的人，原籍中山国，而且他的儿子就在中山为大将，魏文侯却力排众议启用乐羊为将征讨中山国，最终大胜而归。为什么这些人在魏文侯的麾下都可以发挥有益的作用？关键是魏文侯掌握了用人之道。为了招揽段干木，魏文侯曾多次上门，即使路过他的茅屋还要行注目礼；为了向段干木讨教，可以像弟子一样站立几个小时。如此，魏国贤士聚集，即便秦国想向魏国发动进攻，但听说魏国贤士聚集也只能打消主意。这就让文臣武将对魏文侯充满了敬畏之心，同时又可以充分展现他们的才华，压制自身的欲望。也只有魏文侯这样的懂得用人之道的人，才能使吴起和乐羊这样的人展现出"善"的一面，抑制"不善"的一面。核心是他自己掌握了道，贤士聚集就聚集了人心，而聚集了人心就得到了人道，而人道就是天道，魏文侯由此就得到普天之下的敬重，吴起、乐羊等人也就只能展现"善"的一面。

魏文侯知道，国家的强大，不是拥有坚固的城郭和险峻的山川，而在于人心。当时魏国的地理位置，处于其他诸侯列强的包围之中，如果四面守卫，国家的消耗会很大，很难建立霸主的地位。没有魏文侯，魏国很可能就无法崛起。

魏文侯去世之后,魏武侯即位。一次,武侯泛舟黄河顺流而下,船到半途,回头对吴起说:"山川是如此的险要,壮美啊!这是魏国的瑰宝!"但吴起回答:"国家政权的稳固,在于施德于民,而不在于地理的险要。从前,三苗氏左临洞庭湖,右顺彭蠡泽,因为它不修德行,所以夏禹能灭掉它。夏桀的领土,左临黄河、济水,右靠泰山、华山,伊阙山在它的南边,羊肠坂在它的北面。因为他不施仁政,所以,商汤放逐了他……如果您不施恩德,即便同乘一条船的人也会变成您的仇敌啊!"

魏武侯显然没有文侯的见识,没有得道,后期的魏国就显示了衰败之象,连吴起都逃到了楚国。

当今时代,我们都知道圈子很重要,怎么让自己建立或进入很高贵的圈子呢?如果建立或进入了这样的圈子,有利于开阔自己的视野和心胸,提升自己的境界,一生都会受益,这是显而易见的。老子和魏文侯都在告诉我们有效的办法,那就是:第一,必须修身,提高自己的道、德修为水平,这是基础;第二,树立谦下之德,有包容之心,放下自我;第三,"善"与"不善"是共生的,与阴阳共生一样,需要用辩证的观点看待所有问题。

第二十六章

> 为无为，事无事，味无味，大小，多少，报怨以德。图难乎其易也，为大乎其细也。天下之难作於易，天下之大作於细，是以圣人终不为大，故能成其大。夫轻诺必寡信，多易必多难，是以圣人犹难之，故终於无难。

参考释义

努力研究事物初始的状态，预防尚未发生的事情，体会尚未显现的变化。没有小就没有大，没有少就没有多，没有局部就没有整体，要重视少、小和局部，要以德来化解怨。欲成难事要从容易之处入手，要做大事要从小事做起，缘于天下的难事以容易的事组成、大事由细小之事组成，有道之人始终不贪图大事，所以才能成就大事。那些轻易发出的诺言就难以兑现，把事情看得很容易就会遭遇困难。因为有道之人总是看重困难，所以也就没有困难了。

说东谈西

通行本《道德经》中大多将"於"改写为"于"，在一般情形下，这两个字可以通用，但并不完全相同。"于"一般都是用于介词，而"於"则丰富得多。本章中，"於"以"于"代替虽无不可，但此处的"於"尚有"依靠""依附"之意，似乎忠实于帛书版《道德经》更好。比如，大来自小，没有小就无法成大等，这就是相伴相生的关系，互相依靠或互相依附。

本章原文中的"味无味"，后一个"味"字通"未"。"未"在甲骨文中就开始使用，本义是古代的一种树木，或表达茂盛的意思，此后引申用于表达"味"。此外，在五行中，木老于未，《天文训》说："木生于亥，壮于卯，死于未。""未"在此处不代表"味"，而是茂盛的意思，说的是将要老死的一种状态。所以，"味无味"就是体会事物的萌芽状态或事物尚未显现的变化。

本人经常说，中医就是中国古代文化和思想的集中体现，也可以简单地认为是古代思想和文化在生命科学中的实践与运用，本章就是集中的体现。"不治已病治未病"是中医的精髓，原文出自《黄帝内经》，古代名医基本都遵循这一理论。寓意是要防病于未然，不要等病入膏肓了才四处求医。原因就在于疾病有孕育、产生、发展、恶化的过程，需要防微杜渐。

在战国时，名医扁鹊兄弟三人，全部行医济世，扁鹊更是中国古代著名中医，为中医的发展做出了杰出贡献。据《鹖冠子·卷下·世贤第十六》记载，魏文侯问扁鹊，家中兄弟三人，都精于医术，到底哪一位最厉害呢？扁鹊回答，大哥最好，二哥次之，自己最差。魏文侯又问，为什么扁鹊最出名？扁鹊回答，大哥治病，是治病于病情发作之前。由于一般人不知道他是在事先就铲除了病因，所以他的名气无法传出去，只有自己家的人才知道。二哥治病，是治病于病情初起之时。一般人以为他只能治轻微的小病，所以他的名气只及于本乡里。而自己治病，是治病于病情严重之时。一般人都看到他在经脉上扎针放血、在皮肤上敷药等，所以以为他的医术高明，因此自己的名气响遍全国。魏文侯听了，深有感悟，这就是治国之道啊！所有的问题都要从萌芽状态开始重视并处理。

或许扁鹊有自谦的因素，但仅从故事本身来理解，无疑是对"上医治未病"的最佳解读。扁鹊大哥治病不露痕迹，在未病的阶段就给病人消除了隐患，实现防微杜渐、未雨绸缪。比如依据人们的生活习惯、生活方式等因素就能发现疾病的萌芽，使病没有机会发展到成形的阶段。扁鹊大哥使疾病消弭于无形，就是上工。《黄帝内经》里将医生划分为两个等级，即上工与下工，上工指医术高明的医生，下工指普通的医生。"上工守神，下工守形"，说的是高明的医生可以从一个人的神态等因素发现隐患或萌芽，将病患消弭于无形之中，而普通的医生要等到人体出现变化之后才能察觉，然后治疗。

其实，这个道理很多人都懂的，没有对小事的专注，一生注定会无所作为；没有在挫折之后的站起，注定度过的是平庸的一生。但为什么又做不到对小事的专注？缘于不能放下。无论实现大目标，还是做成大事业，无法清除心中的欲望和功名利禄的时候，就无法对小事保持专注，从而就很难实现目标或成就事业。在此，诸事放下，一切皆胜，放不下，就挣不脱；能释怀，才能释然；能在内心修篱种菊，自不必担心车马喧哗；走千里万里，逃不出自我的喧嚣，就逃不脱世俗的喧嚣。

人生一世，草木一生，权衡自己的优势与缺失之后，走自己的路，忘掉目标，才有专注，最终才有目标。

任何人的一生，不可能没有挫折，没有是不正常的，有才是正常的。对于智者，挫折是良药，可以让人脱胎换骨、浴火重生，让所有的挫折都成为成就自己的阶梯。因为他眼中没有功名利禄，也就没有挫折感，只有完成一件件小事的喜悦。最终，功名利禄会只属于那些将自己视为粪土之人，这就是"圣人"之路，当然也是所有成功者之路。

老子本章的内容对教育具有极其重要的意义。孩子的坏毛病是从什么地方形成的呢？比如孩子不爱读书，是为什么？古人说，身教重于言教，父母就是孩子最重要的老师，如果家长不爱读书，怎么可能让孩子形成爱读书的习惯呢？孩子从生下来的那一天开始，就在观摩、学习父母的行为，家长爱读书，孩子就会形成良好的读书习惯，长大之后就不必担心学习问题；父母遇到困难的时候不后退，勇于面对困难，孩子自然就会形成坚毅的性格；父母有包容之心，孩子自然有宽阔的心胸；等等。所以，教育就在父母一言一行的小事之中。如果不从生活中的小事对孩子进行潜移默化的教育，等孩子形成了坏习惯之后才思改变，难矣。

成就自己、成就后代，都必须从一言一行的小事开始。

第二十七章

其安也，易持也。其未兆也，易谋也。其脆也，易破也。其微也，易散也。为之于其未有也，治之于其未乱也。合抱之木，生于毫末。九层之台，作于蔂土。百仞之高，始于足下。为之者败之，执之者失之。是以圣人无为也，故无败也；无执也，故无失也。民之从事也，恒于几成事而败之，故慎终若始，则无败事矣。是以圣人欲不欲，而不贵难得之货；学不学，而复众人之所过；能辅万物之自然，而弗敢为。

参考释义

事情安定的时候容易掌控局面；事情没有变坏之前容易处理；祸乱尚未发动时很脆弱就容易破除；问题尚处于萌芽期容易化解。如果要有所作为，必须在事情处于萌芽状态时采取行动，防患于未然。合抱的大树，来自细小的嫩芽；九层高台，起于泥土；高贵的德行，始于足下的每一步。以有为的态度做事会招致失败，以执着的心态面对事情就必有所失。所以圣人以无为的态度做事，也就没有失败，不执着，也就不会失去什么。人们做事情，总是在快要成功时失败，当事情快要完成的时候，也要像开始时那样慎重，就没有办不成的事情。所以，有道的圣人追求人们所不追求的，不稀罕难以得到的货物，学习人们所不愿意学习的，补救众人所犯的过错。圣人辅助万物循自然之道，不敢有为。

☯ 说东谈西

老子在本章中所说的这些道理几乎所有人都懂，核心问题是为什么众人做不到，只有圣人才做得到。

在问题处于萌芽状态时即化解，好不好？当然好，然而却很难。慎终好不好？当然好，然而亦很难。为什么？因为有执，有自我的欲望。

在古代，如果一个皇帝时刻想的都是有为，要满足自我无尽的欲望，比如建多少宫殿、纳多少嫔妃、享受什么样的生活，或者频繁出兵对外征战给自己树碑立传，他当然就看不到天下即将动荡的萌芽，因为他的目光聚焦于有为。但圣人不同，圣人以无为看待天下的事物、没有自我的欲望，一旦国家管理违背了自然规律之后，就会察觉天下即将动荡的细微信号，当然就可以做到未雨绸缪。同时，对那些有为的帝王来说，他本身的有为就是问题的开端，就是问题的萌芽，所以，也就很难做到将问题化解于萌芽之中，关键是他心中有执念，有欲望。

有没有欲望是两者的分水岭。

对于企业管理也一样。如果一个管理者以盈利的多少为唯一目标，就很难在问题处于萌芽状态时予以清除。最典型的是研发投入和质量管理，与企业年度利润最大化经常会产生冲突，许多企业只有到了研发投入不足从而影响企业持续运营，或质量开始影响产品信誉的时候才会采取行动，有些企业甚至在质量开始影响信誉的时候还会想方设法推诿，欲盖弥彰。但高超的企业管理者则不同，他们会将本企业的研发水平、基础创新能力作为企业生存与发展的基础，将质量管理作为本企业的生存之本，自然就会更早地发现问题。因为企业所有经营活动的核心都是为社会提供更好的服务、服务于消费者，利润就成了企业经营活动的"副产品"，那些百年甚至数百年的企业莫不是如此。

从某种角度看，前者是有为，后者是无为，前者执，后者无执。

这里的差别是企业管理者如何看待企业的"财富"问题，前者看到的仅仅是利润，后者看的是本企业对社会的服务能力。企业管理者如果换个视角看待问题，思路就会大开。

同理，欲成大事，必从最基础的小事做起。当人们总希望有为的时候，就往往会忽视这些基础的小事，因为这会延缓自己欲望的达成。故此，这个道理几乎所有人都懂得，但也几乎所有人都做不到。只有为了自己的乐趣去做事，才能乐此不疲，才能最终成就自己。

原文中的"百仞之高，始于足下"在很多版本中被写成"千里之行，始于足下"，是不妥当的。按老子的思想，这本身就属于执，因为你的目标无论是千里万里，都是一种有形和有为。此处的"仞"通"仁"，"仁"可理解为表示天地，指做人要效法天地，天地养育万物而不居功。所以，将此句理解为"高贵的德行始于足下的每一步"，强调的是无为，强调德配天地，会更好些。如果改为"千里之行"虽不能说错，但与老子所说的本意却有所偏离。

所谓"欲不欲"，可以理解为"以常人不欲之欲为欲"。人欲好彰显，圣人欲隐伏；人欲饰华表，圣人欲内朴；人心欲于色，圣人欲于德，圣人贵德而不求财物。所谓"学不学"，可以理解为"学常人不学之学"。常人学获取功名利禄的有为之学，圣人学无为；常人学治人，圣人学修己；常人学智巧，圣人学自然。所谓"辅万物之自然"，可以理解为以德化天地，使万民回归淳朴。所以圣人最大的欲望是没有欲望，不以物喜，不重视难得的财货，不把学问当作学问，以修补众人所犯的过错，以辅助万物的自然生长，而不敢有所作为也。

修己达到了圣人的地步,就没有自我的欲望,就可以在事物处于萌芽状态时未雨绸缪。因为没有了自我的欲望,也就没有了"失败"这个词汇。因为没有欲望,就可以按自己的乐趣做事,就可以成就自我。

无为而无不为。

本人认为,老子在本章中集中讲述了"行"的内涵。王阳明说知行合一,但我们知道知易行难,怎么才能更好地行呢?老子说了几个方面:

第一,从细微之处入手,从小事着眼,任何导致失败的结果,都是从细微之处开始的,必须防微杜渐;任何成功,也都是从小事开始并持之以恒之后得来的。

第二,人们做事情之所以经常失败,是因为执迷于成功之后的所得(名利等),越接近成功,这种执迷就越严重,就无法静心,也无法善始慎终,更无法做到持之以恒,最终就会导致失败。

第三,每个人都有特长,有些人善于宏观掌控,也有些人善于处理很多细微的事物,但老子要求"学不学,复众人之所过",当自身完善之后,才能取得理想的结果。

第四,放下心态和身态,保有谦下之德。

最首要的是压制或消除自己的欲望。

不奢求,不妄为,绝圣弃智,保持谦下,就可以做好每件细微的小事;不贵难得之货(淡看最终的名利),致虚极,守静笃,无为无欲,也就可以做到善始善终;持之以恒,放下自我的欲望,也就不会有失败,最终会得到一个"副产品"——成就自我。

最后要说说汉文帝。按说,历朝历代的开国君主都具有最高的地位,汉朝的刘邦也是,以"农民"之身最终登上了皇帝的宝座,其能力用任何词汇来形容都不为过,司马迁对刘邦十分推崇。但司马迁对汉文帝的评价却并不在刘邦之下,这对一个守成的皇帝来说是很难的，因为在和平时代没有那么多机会让他建立光耀历史的"丰功伟绩"，但他却做到了。

司马迁评价汉文帝："汉既初兴，继嗣不明，迎王践祚，天下归心……孔子言'必世然后仁。善人之治国百年，亦可以胜残去杀'。诚哉是言！汉兴，至孝文四十有余载，德至盛也。廪廪乡改正服封禅矣，谦让未成于今。呜呼，岂不仁哉！"

"天下归心""德至盛也""廪廪乡改正服封禅矣""仁"……这些词语都用在了汉文帝身上。汉文帝是从吏治、安民、教化、赋税、外交、军事、廉政等无数细小事物的处理中，让汉朝走向欣欣向荣，也奠定了自己的历史地位。汉文帝真正演绎的是无为最终实现无所不为的境界。

希望我们也从修身开始，建立属于自己的功业。简洁地说，诸事放下，一切皆胜。

第二十八章

> 故曰：为道者非以明民也，将以愚之也。民之难治也，以其智也。故以智治邦，邦之贼也；以不智治邦，邦之德也。恒知此两者，亦稽式也；恒知稽式，此谓玄德。玄德深矣，远矣，与物反矣，乃至大顺。

参考释义

所以说，善于为道的人不会教导人民智巧伪诈，而是以德化民顺应自然。民众之所以难以治理，是因为智巧多。使用智慧之人来治理国事的人，是国贼；不使用智慧之人治理国事的人，是国家之德。洞察这两种治国方式的差别是最基本的要求，深知治国、治身的方式，就具有了天地之德。天地之德极其深远，与万物相伴相生，直至顺应天理。

说东谈西

一直以来，本章的内容争议颇多，有人因此认为老子在倡导愚民之术。其实不然。

首先，老子倡导无言之教，而在封建时期许多统治者总是从治民的角度出发，核心在于"治他"，而有道的圣人是从修身的角度出发，核心是"治己"，并在此基础上行无言之教。所以，老子的思想中完全没有教育别人、引导别人的概念。当然,也就不可能通过创立一种学说来实现愚民的目的,因为愚民依旧意味着教育别人,向别人说教,目标还是"治他"。

其次,本章的内容讲了君主和为道者,并没有涉及民众,也就谈不上愚民。"故曰:为道者非以明民也,将以愚之也。民之难治也,以其智也。"这句的主语是为道者,或者就是君主,只有为道者或君主才会涉及"民之难治"的问题,如何解决这个问题呢?老子说应该让自己摆脱智巧,修身修德,达到顺应自然的目的。也只有如此才能将这一句与后面接续起来。"故以知知邦"显然指的也是君主或为道者。

再次,这里的"愚"字显然没有愚笨、愚昧的意思。《说文》中说:"愚,戆也。"戆有两个意思:其一是憨厚和刚直,与愚蠢、愚昧并不沾边;其二指的是愚笨和鲁莽。如果为道者或君主修身的目的是让自己"愚蠢""愚昧",显然是不符合逻辑的。这里的"愚"字指的是大智若愚一样的大智慧,也就是顺应自然的淳朴,而且是为道者和君主修身要达到的目的。

所以,将这一章解读为愚民之术是错误的,或者说就是历史上有些人故意而为之,目的是为了实现自己的利益而已。

由本章可知,以"智"治国,还是以"愚"治国,是治国理念中的根本差别,明白了其中的差别,当然就会以"愚"治国,就可以达到与天地之德同等的高度。达到了天地之德的高度之后,就会与万物相容,万物欲益己、利己,有玄德的人利他、益他;万物争奇斗艳是为名,而为道者修身求道;万物以刚为强,为道者以柔为美,最终让普天之下阴阳调和、顺应天理。

在老子文章所描述的大道通行的时代,人们所做的一切都合乎天道,达到这样的境界必须首先从圣人或统治者开始,自己要首先得道,然后才能以不言之教引导社会,实现大道通行。当人民日出而作、日落而息，秩序井然时，不需要圣人或统治者颁布繁杂的法令，社会按自然的要求和谐运转，这种情形叫作"愚"。

以"智"治国还是以"愚"治国是不同君主的根本差别，这何尝不是人与人之间的根本差别呢？人与人之间的差别根源就在于认知水平的不同。

我们经常说，一个人所处的圈子会影响一个人的作为，主要指的就是认知方面，圈子不同，就会决定认知不同。如果一个人处于高认知的圈子，对社会的洞察更深入，对社会的财富分配方式认识更清楚，就可以在认知方面不断提高自己，无论在仕途还是商业运营过程中就可以事半功倍。

第二十九章

> 江海之所以能为百谷王者,以其善下之,是以能为百谷王。是以圣人之欲上民也,必以其言下之;其欲先民也,必以其身后之。故居前而民弗害也,居上而民弗重也。天下乐推而弗厌也。非以其无争与,故天下莫能与争。

参考释义

江海之所以能容纳百川,是因为它善于处在低下的位置,故能成为百川之王。圣人要教导人民,必须对人民保持谦下;圣人要带领人民,必须把自己的利益放在人民之后。有道的圣人虽然居于人民之上,但人民不会受到伤害,人民也不会感到有沉重的负担,人民乐融融地生活,不会厌倦于拥戴圣人。因为圣人不与人民相争,天下也就没有人能与他相争。

说东谈西

很多人对本章的内容产生误解:原来圣人也不过如此,也希望"欲上民也""欲先民也"。可是,老子是圣人,如果老子也是功利的心态,为什么又要写出本章?这不是把自己内心的想法昭告天下吗?

其实,不仅今天人们会有这种想法,封建时代的部分读书人也是这样想的。所以,这一章经常被人认为是老子在讲述"御人之术"或

"君人南面之术"（"君人南面之术"是史学家班固所言）。老子既然将这一章摆在了桌面上，天下人都可以通读本章的内涵，如果仅仅看作是"御人之术"或"君人南面之术"，就是肤浅的。

没有任何人会心甘情愿地受别人摆布，但事实上，人们对圣人或君主的言行往往是心悦诚服的。本人认为，老子要表达的意思不是"御人之术"，而是让人宾服之术，同时，老子在《道德经》中不断阐述圣人是清静无为的，如果要阐述"御人之术"或"君人南面之术"，显然有违老子的思想。

然而，按老子所说，又可以达到"欲上民也""欲先民也"的最终目的，这是什么原因？

这就是真正的辩证法，是思维哲学，对我们最为重要。每一个人，无论是圣人、君主还是平民，都希望自己的一生能够有所作为，能够让一生闪光，实现自己人生的价值，往小了说，对得起自己人生的几十年；往大了说，对得起生养我们的这个社会，这点是毫无疑问的。但如果每个人都想到的是自己，让自己闪光，最终的结局就是谁都不能闪光，因为每个人发挥的都仅仅是自己的才能、智慧与力量，这点才能、智慧与力量与社会整体相比，就像萤火虫与皓月相比一样，微不足道，也就根本不可能让自己的一生闪光，只能是碌碌无为。圣人与君主也要遵从这个道理。历史上所有伟大的事业，都不是圣人或君主一个人可以完成的，都是社会集体的力量所推动的，这无须多言。

《道德经》从某些方面来说，体现了共赢之术。没有张良与萧何，成就不了刘邦的霸业，成就了刘邦的霸业之后，张良与萧何最终也青史留名；没有卫青和霍去病，也没有汉武帝的威名，没有汉武帝的知人善任，卫青与霍去病也不能彪炳史册；没有后世人们对《道德经》的推崇，也没有老子今天伟大思想家和哲学家的历史地位；没有老子智慧的闪光,就没有中国如此伟大的思想史观和哲学史观。

只有成就别人,最终才能成就自己。因为只有如此才能将自己的志向与社会的需求、大众的需求紧紧地结合在一起,成就了大众和社会之后,令人崇敬的地位也就建立起来了。这样,就可以通过无为最终实现无所不为。

清空自己,保持无为之心后,就可以把自己放在谦下的位置,才可以容纳百川,包容善恶美丑,才可以把自己的利益放在人民之后,才可以用谦下的态度去引导人民,最终就会被人民所推崇、拥戴。圣人无为,内心虚空,心甘情愿地做尘埃,最终是人民将他们推举到最尊贵的地位。

常人追求的是有为,希望通过有为实现自己的欲望,而圣人没有欲望,追求的是无为,最终受到拥戴,这是圣人与常人的根本不同。因为圣人不与人民相争,最终,天下也就没有人能与之相争。

所以,老子一直主张虚心处下、先民后己之德,犹如江河善下之道。圣人道隆德厚,自有德化众生、为天下造福之心。可圣人决不以此为高,也绝不自夸自傲。圣人普惠天下众生,但从不自居其功。人之所不知,圣人就不敢视为己所知;己之所知,不敢视为民之所不知。言语愈谦下,而心愈虚空。心愈虚静,则言辞愈谦。当今一些人或许会说,这些东西不过是骗人上当的虚情假意而已,但圣人却是真心的,这又是普通人与圣人之间的根本区别。

王阳明是明代的大哲学家,他一生做出了让世人觉得不可思议的大事。其一,以一己之力、在朝廷没派一兵一卒的条件下,平定了宁王朱宸濠叛乱。宁王朱宸濠叛乱之前,朝中大臣没有一人有所察觉,唯独王阳明窥见,事先预防。叛乱之后,王阳明随机应变,仅数月就平定叛乱,为朝廷挽回江南半壁江山,还百姓以安定的生活。其二,江西、福建等地的匪患久禁不绝,已成地方大患。王守仁到任之后,在江西、福建等地征战，剿灭多年的叛乱，还一方平安。其三，嘉靖四年（1525）之后，广西田州、思恩土司多次叛乱，朝廷派兵征剿多年无功，王阳明前往安抚，土司徒手来降。其四，广西八寨多年都有土匪聚集，王阳明利用投降的田州、思恩土司的士兵剿灭之，解决了两广的心腹大患。王阳明独创的心学体系，在中国古代思想中熠熠生辉，对于提高整个民族的文明水平起到了一定的推动作用。本人认为，在中国历史上，在文的方面有所建树之人很多，在武的方面有所作为之人更不少，但在文武两方面都取得如此巨大的成就，王阳明独树一帜，可以当之无愧地称为圣人。

王阳明为什么可以取得如此不可思议的成就呢？王阳明临终之时，已经告诉了弟子答案。

平定广西叛乱时，王阳明实际是带病出征。经过此番作战，王阳明的身体更加不好。他向皇帝上奏，说明叛乱已经平息，准备回老家。因担心自己病重无法回到家乡，所以，王阳明未等皇帝的旨意下来，就踏上了回家的船。嘉靖七年（1528）十一月二十九日走到江西南安，王阳明对弟子周积说："我要走了。"弟子听后泪如雨下，就问："先生，您有何遗言？"王阳明说："此心光明，亦复何言。"说罢，与世长辞。

因为我心中想的是天下的黎民百姓，没有自己的私欲，没有有为，所以内心光明，所以亦复何言。而只有内心光明之人，才可以建立难以企及的功业，才能无所不为，才被后世尊为圣人。

内心是否光明，就是俗人和圣人之间的藩篱。

第三十章

> 小邦寡民，使十百人之器毋用，使民重死而远徙。有车舟无所乘之；有甲兵无所陈之；使民复结绳而用之。甘其食，美其服，乐其俗，安其居，邻邦相望，鸡狗之声相闻，民至老死不相往来。

参考释义

圣人治理大国，却当成治理小国一样谨小慎微。民众虽多，却不敢滥用民力，不使用需要动用相当人力、物力的器具，让民众安居，民众才不会去冒险向远处迁徙。君主虽有舟车，却不轻易动用民力去使用，虽有甲兵，却为节省民力不轻易使用，使百姓返璞归真、童叟无欺。百姓自食其力不去盘剥别人，以朴素为美不追求华丽，安于质朴的风俗不见异思迁，安心自己的居所不追求奢华的居室。两国之间虽然相距很近，一眼就可望见，鸡鸣狗吠之声都可以听到，但两国人民各自相安无事，自给自足，安居乐业，无须往来，更不会互相侵扰。

说东谈西

"使民复结绳而用之"中，"结绳"是远古时期的记事方法。让民众回归远古时期的记事方法，被很多人认为是老子在倡导复古，或许是希望为周礼服务。但老子的学说都是反对等级制度的，比如"夫天道无亲，恒与善人"倡导的就是平等，所以，这种生搬硬套的理解显然是错误的。本人理解的意思是，让人们回归淳朴，回归诚信，回归简约。

一句"小邦寡民"让后代思考两千多年。

对于国家来说，"小邦寡民"应该有以下含义：

第一，一个国家总是基于历史、文化、地理、种族等多种因素而形成，不可能强行将其分割成小国，对于这一点，今天的人们很清楚，老子当然更清楚，所以，此处不可能是将国家划分得越小越好这样的含义。真实的含义是，无论君主治理的是大国还是小国，都要当成小国来看待：小国自保的能力比较差，要谨小慎微地去治理，一旦人心离散，就会顷刻覆亡；要懂得节约民力，只有如此，才能降低民众的负担，让百姓安居乐业，民众才不会去冒险远徙，让国家达到长治久安。

我们知道，老子所处的时代是春秋后期，列国之间的竞争空前激烈，同时，列国之间的疆域犬牙交错，很难建立难以逾越的边界，如果君主滥用民力让人民苦不堪言，民众就会冒险迁徙到其他国家去生活，在诸侯剧烈争霸的情形下，该国很可能就面临灭国的命运。

在当时的形势下，君主很难通过行政权力对国土和民众进行统治，进而达到守护自己国家的目的，也很难强行限制民众的流动，因为民众跨过一条小河甚至一条小路就到了别的国家。人心离散之后，一旦出现民众大规模迁徙，国家就会快速灭亡，这让各个国家的君主治理国家的难度空前提高。此时，君主就必须用自己的"德"来提升国民的向心力，凝聚国民，这是存续下去的基础，而"小国寡民"就是君主必须具备的德行。

第二，当君主真正代表民众利益的时候，理想的社会可以简单到只需一支军队保卫自己的国家就可以了。

一个回归淳朴、诚信的社会，国家的治理是通过每个人自己治理自己来完成的。比如：不需要警察，所有人都是警察，都在遵守、捍卫规则；不需要环卫工人，每个人都负责管理环境；不需要税务征收人员，每个人都可以自觉纳税……此时，国君对内政就完全不需要管理，这就是"小国"，因为国家的管理机构非常小。

当国家的管理机构非常小的时候，占用的财政支出就非常少，就可以将财力集中到保护国家的安宁上。

以"夫天道无亲，恒与善人"为准则建立的社会，必然会不断推动民众走向淳朴，目的是为了让国家的治理走向简单，"使民复结绳而用之"。

当一个国家的民众都崇尚淳朴时，人们会互相信任进而紧紧地团结在一起，形成一个十分和谐的社会。当一个国家的民众都崇尚智巧的时候，人们互相之间的信任就会丧失，人与人之间互相算计，进而形成一个一盘散沙的社会。

不仅是国家治理越简单越好，个人也是如此。

信仰是个人的意识行为，是一种灵魂式的爱，既是你的信任所在，同时又是你价值的所在，是你对生活所持的某些长期的和必须加以捍卫的根本信念。在一个人的信仰面前，任何文字都是苍白的。信仰虽无法用文字描述，但却是每个人的立身之本。

相爱的人之间很多事情心照不宣，或眼神一闪，爱的火花即令人陶醉，虽然爱无法用文字表达，但却是人间最宝贵的。

对于教育来说，当今社会有无数的教育学书籍，也有无数的教育机构，但能给你补充的大多也只能是有形的知识。相反，人与人之间的差异主要体现在精神素养上，一个具有良好精神素养的人才更容易拥有睿智，这方面却很难通过教育来弥补。所以，古人认为身教重于言教，老子倡导不言之教。

　　简单的、无言的，才是最宝贵的。

第三十一章

> 信言不美,美言不信。知者不博,博者不知。善者不多,多者不善。圣人无积,既以为人,己愈有;既以予人矣,己愈多。故天之道,利而不害;人之道,为而弗争。①

参考释义

诚实之言总是朴实无华并不漂亮,用浮华辞藻装饰起来的美言并不真实。有真智慧的人会抱元守一、含蓄内敛,不刻意去追求后天的知识广博,知识广博的人未必得道。真正好善的人乐于施舍,不会执着于过多的拥有,贪多的人不会是真正的善者。圣人不积累名利,以佑助别人来充实自己,以别人之所有作为己之所有,赠予别人愈多作为自己得到的愈多。所以,天之道是顺应而不伤害万物,人之道是自身修行不息且不与人争。

说东谈西

诚实的语言总是朴实无华的,那么人们为什么要用浮华的辞藻去修饰成美言美句呢?比如:君主需要体现自己高高在上的地位,想获得臣下的尊崇,需要美言;而臣下希望得到君主的欢心,也需要使用美言,这些都是为了私欲。所以,美言总是不诚实的,是有功利

---

① 源自《帛书老子校注》中的乙本,中华书局,1996年5月。

在其中的。

老子为什么说"知者不博，博者不知"呢？要知道，世界上的知识是无穷无尽的，一个人无论有多么充沛的精力也不可能掌握所有的知识。但世界上的所有知识，都有其内在的规律性，掌握了这种规律性，就不必片面地追求知识的广博。道生万物，是万物之源，掌握了道，就可以观天下，这实际就是"复守其母"的原因所在。《道德经》讲述的是哲学，是辩证法和方法论，就是天下知识之"母"。

老子又说"善者不多，多者不善"，善者可以理解成得道的圣人，遵循的是不言之教，他们的善是体现在"行"之中。这与孔子的主张是一致的，孔子在《论语·里仁》中说："君子欲讷于言而敏于行。"在《论语·学而》中又说："君子食无求饱，居无求安，敏于事而慎于言。"善人根本就不需要与别人辩论什么，不会用言语证明自己的正确，更不会用花言巧语宣扬自己的善，即使面对诽谤或人身攻击，他们也只会用行动来证明自己。得道的善人会让自己的光芒不断暗昧，让自己像一粒尘埃，何须过多的语言？所以，语言过多，自然就是为了彰显自己，是自身欲望的表现，是不善。

真正的修行之人从不往自己身上堆积名与利，而是看淡名与物，当然就不会有私欲，也就可以清空自己，最终可以达到圣人的境界。

积与不积，就是普通人与圣人之间的根本差别。越是不积泥沙的河道越有可能成为万流奔腾的大道，而圣人内心"不积"（实现空虚），所以才成为"天下溪"，因为其不积，万物才源源"自来"，圣人不积，才历久而常新。

在不积之中，在佑助万物之中，才能"成其私""成其大""己愈有""己愈多"。大江大河之不积，就成为很多民族繁衍壮大之"母"，被后世赞美、讴歌；圣人不积，佑助所有人和天下万物，成就其伟大并永远活在人们的心中。

"不积"是说大道本是虚无，只有虚无的大道，才能所应无穷，容纳无穷。世人都看到范蠡三次散尽家财，也就是散去了自己的财富，但范蠡掌握的是财富之道，故虽然有形财富散去了，但收获的是无形财富，收获的是无穷无尽的财富，收获的是大道，然后又继续"无生有"，以至无穷……范蠡演绎的才是真正的财富之道、财神之道。

一个人的财富、地位是谁决定的？不是你自己占有了多少，而是别人馈赠多少。老子一生似乎没有多少弟子，但后世天下人却都愿意做他的弟子，兵家、法家、道家都愿意尊他为祖师，孔子一样以"师礼侍之"，老子的弟子实际是无穷无尽，远远超过任何流派，其历史地位也无人能居其右。我们还经常说，某些富人有原罪，那是因为他们的财富中都有"占有"的成分，如果是社会的馈赠，就没有原罪，就可以享受安宁。所以，圣人之路是源源不断地馈赠别人，馈赠得越多，自己得到的也越多。因为对天地万物没有伤害，所以圣人有崇高的地位。

我们经常说，学会分钱比学会赚钱更重要，也是"不积"道理。当国家、企业、个人赚钱之后，这些钱财并不都属于少数人或个人，而是属于更多人（国家对应的是民众、企业对应的是员工、个人对应的是在生意过程中帮助过我们的人），只有将所赚取的钱财进行合理分配，国家、企业和个人才有前途。

"不积"是国家、企业和个人的大道。

第三十二章

> 天下皆谓我大，大而不肖。夫唯大，故不肖。若肖，细久矣。我恒有三宝，持而宝之。一曰慈，二曰俭，三曰不敢为天下先。夫慈，故能勇；俭，故能广；不敢为天下先，故能为成事长。今舍其慈，且勇；舍其后，且先，则必死矣。夫慈，以战则胜，以守则固。天将建之，如以慈垣之。

参考释义

天下人说我道宏大，无边无际，只有宏大，才有无边无际，如果有边际，就渺小了。我长期持有三宝，守护并珍视它们。第一件宝叫作慈柔，第二件宝叫作检视自己，第三件宝叫作不敢居天下人的前面。有了慈柔，所以勇武；检视自己，所以能包容天下万物；不敢居天下人的前面，所以能成万物之首。现在，丢弃了慈柔而追求勇武，舍弃退让而求争先，就是走向死亡。慈柔，用来征战就能胜利，用来守卫就能巩固。上天如果要帮你建立事业，就会以慈柔帮你建立基石。

说东谈西

为什么慈柔才勇武呢？这里可以理解出几层意思。

圣人永远对天下人怀有慈柔之心,天下就会归心,也就没有了敌人,这是"大勇",也就有了"仁者无敌"的成语。这种大道之"勇"是从慈柔中生发出来的"勇",勇于无为,而不是勇于鲁莽,勇于无形,而不是勇于有形。故有"法大无边"之说,此等法力之勇,无力可挡,故称之为"大勇"。

在战场上,将帅时刻对士兵的生命怀有慈柔之心,其军队就会有强大的战斗力,就会百战百胜,这就是"大勇"。兵家之所以用奇,其本质是希望己方以最小的代价获得最大的胜利,这就是对自己士兵的生命怀有慈柔之心,让士兵紧紧团结在自己的周围,自然就容易百战百胜。孙武、吴起、司马穰苴、戚继光等几乎所有的军事家都军令森严并极为重视士兵的训练,以最大限度提高军队的战斗力,只有这样的军队才能战必胜,士兵在战场上才能最大限度地掌握自己的生存权,这实际是对自己的士兵展现慈柔的一种方式。而一旦战败,敌方就很可能对自己士兵的生命予取予夺,本质是不珍视士兵的生命。同时,所有的军事家都能做到保境安民,把百姓当作自己的子侄来看待,对他们怀有慈柔之心,因为士兵生于民间,善待百姓就是善待士兵,当士兵看到将军们善待自己的父老乡亲之后,内心的勇敢就会油然而生,从而焕发出超人的战斗力。所以,外在看起来刚毅果敢的将军们,内心的慈柔才是他们最强大的武器。

当今顶尖的企业家,总是倡导人文情怀,当企业家对自己的员工有无限关爱的时候,就会激发员工的归属感和向心力,就是一支有凝聚力的团队,就可以实现企业家之"勇"。当一个老师对自己的学生有慈爱的时候,学生就会把老师的期望作为自己的目标,最大限度地主动激发学习的热情和潜力,从被动学习转为主动学习,这样的老师才是真正的"勇"。

这些都是"大勇"。

所以，慈柔才是勇之核心内涵。

任何人只有不断地检视自己，才能不断认识自身的渺小，才能建立圣人之谦下，才能建立德，才能达到广，才会有包容众生的胸怀，才能得到无边无际的道。

天下本没有完人，建立了功业的人，无不是在不断检视自己的过程中实现的。

曹操是三国时代的一方霸主，其手下兵多将广，在远征张绣的过程中失去了大将典韦、长子和侄子，曹操十分心痛，每次行军经过此处时，都会亲自祭奠典韦。按一般人理解，张绣杀了典韦和自己的子侄，曹操与张绣就有深仇大恨。但建安四年（199）张绣听从贾诩的建议再次向曹操投降时，曹操牵着张绣的手，一起参加宴会，为自己的儿子曹均娶了张绣的女儿，并封张绣为扬武将军。建安五年（200），张绣参加了官渡之战，力战有功被升为破羌将军。建安十年（205），张绣跟随曹操在南皮击破袁谭，再次增加食邑到两千户。当时天下户口剧减，十户才留下一户，将领中封邑没有达到一千户的，唯独张绣的食邑户数远高于诸将。如果曹操抱着与张绣有深仇大恨的心理，就不可能将张绣的食邑加到诸将之上。根源还是在于曹操检视了自己在远征张绣的过程中有很多谬误，也就可以由衷地理解张绣降而复叛的行为。就因为不断检视自己，才可以容纳张绣这样的人物，让张绣不断在自己手下建功立业，既成就了自己，也成就了曹操的霸业。

曹操时刻检视自己的能力非常人可及。

建安二年（197），曹操在远征张绣失败后对众将说："我让张绣等人投降，却犯了没有立即扣押人质的错误，所以遭到了失败。我明白了失败的原因，请大家看着，从今以后我不会再失败了。"然后撤兵回许都。

建安十四年（209）八月，曹操下令说："最近几年来，军队多次远征，官兵都有死亡，有时还遇到瘟疫，不能再回家乡，夫妻难以团聚，百姓流离失所，这难道是仁爱之人愿意看到的吗？是不得已才这样做。特此命令：凡是死的士兵家中没有产业、难以维持生活的，政府不得停止供应粮食，官吏必须慰问救济他们，这才合我意。"建安十五年（210）春天，曹操又颁布命令："自古以来，凡是开国和中兴的君主，无不靠贤人君子帮助共治天下！君主得到贤才，足不出巷，这难道是侥幸碰上的吗？是高高在上的执政者不去寻访罢了。如今天下还未平定，正是需要贤才的时候。孔子说：'孟公绰作赵、魏两家的家臣之长，是绰绰有余的，却不能做滕、薛这样小国的大夫。'假如一定要廉洁之士才能任用，那齐桓公怎能称霸天下呢？难道现在天下就真没有像吕尚那样富有才华却穿着破衣服在渭水边垂钓的人吗？没有像陈平那样被诬与嫂子私通、接受贿赂却还没有遇到识才的人吗？各位一定要帮我明察举荐出身低微的有才之士，使我能够重用他们。"

只有时刻能检视自己的人才能容得下天下的各色人物，曹操以此为依托建立了自己的功绩。

检视自己才能体悟道之广大，也才能包容天下。

"不敢为天下先，故能为成事长"谈及了"心"的位置。人们总有一种观念，认为"不敢为天下先"是一种消极避世、保守退缩、不思进取的人生哲学，与当代的商业社会格格不入。老子主张"无为而无不为"实际是顺自然而为，"不争而天下莫能与之争"实际是合规则之争，此处的关键差异在于"为"与"争"的出发点和落脚点。当代人心中的"争"实际是为自己，出发点与落脚点都是为自己，这是个人欲望的体现。但老子所说的是"以百姓心为心"，"不敢为天下先"是不敢居于天下百姓之先，争的出发点和落脚点都是百姓，自己当然就要在后。为百姓和周围的人而争的时候，就会受到他们的拥护，就会受到尊崇，就能实现"无为而无不为""不争而天下莫能与之争"。

王阳明先生临终所说的"此心光明"与老子所说的"不敢为天下先，故能为成事长"不也体现了同样的道理吗？都是先虚空自己，以别人的需要作为自己的需要，以别人的利益作为自己的利益，然后由别人来成就自我。

"上天要帮你建立事业，就会以慈柔帮你建立基石。"一个懂得利他、爱他的人无论在商业上还是在生活中都能无往而不胜，就容易接近"无为而无不为"的境界，就能成就自己的人生。

第三十三章

> 善为士者不武，善战者不怒，善胜敌者弗与，善用人者为之下。是谓不争之德，是谓用人，是谓天，古之极也。

参考释义

卓越的将帅，贵道德而不好武力；善于征战者不得已而后战，不轻易怒而杀戮；善于战胜敌人者，以仁德服人则敌人自服；善于用人的人，保持谦下。不与人争的品德，是运用人臣的能力，是符合自然的大道。

说东谈西

本章中"善为士者""善战者""善胜敌者"开头均是善字，当然可以理解为"善于"的含义，比如"善为士者"可以理解为善于领兵的将帅。但在上一章中，老子说到慈柔才是勇武，因为天下归心之后就没有了敌人，不战而屈人之兵乃善之善者也，所以，此处的善应该有更深层次的含义，代表的是"以道德"的含义，说的是以道德武装自己的人，即"慈柔才是'大勇'"之意，只有如此，才能与上一章衔接起来。

我们在古典的小说中，经常看到某某将军冲入敌阵，斩将杀敌，甚至在敌阵中几进几出。作为小说这样描述无可厚非，因为可以起到引人注目的效果，但也会误导后来人。事实上，中国古代的兵家根本不会是这种理念，两军对抗，本质是国家机器的对抗，也是军队集团之间的对抗，并不是个人在战场上逞一勇之力可以决定的。史书中也从没有孙武、吴起、司马穰苴等人亲自上阵，与敌方将帅单打独斗的记载，而军事家孙膑更是残疾人，无法提刀上阵。《三国志》中对关羽单打独斗的描述也仅仅是寥寥数语，即便这样的历史记载，也是十分稀少的。

如何最大限度地增强自己的国力才是春秋战国时期一系列战争的焦点。比如吴越争霸的过程中，史书中对战争场面的描写十分稀少，相反，如何通过政策调整实现国力的提升是吴越争霸的核心内容，范蠡、计然等人与勾践的对话中，几乎都是这方面的内容，想尽一切办法提高越国的国力，这才是决定战争胜负的核心要素。同时，两个军队集团的对抗中，如何实现出其不意与攻其不备，让自己的损失最小化，实现最大的胜利，才是将军们关心的事情。伍子胥、孙武、吴起、孙膑、司马穰苴等人，哪一个不是运筹帷幄之中、决胜千里之外的国之柱石？

兵家的要义深合《道德经》的内涵，因此，老子被兵家奉为祖师。兵家的要义是，治国第一，征战辅之。所以，"善为士者不武"在此可以理解为不崇尚武力，而是要通过仁政壮大自己，通过进道修德让天下归心，这才是征战的最高层次。《三国演义》中张飞、赵云那种个人之勇，谈何军事家？因此，春秋战国之后，中国很少出现像孙武、吴起那样的军事家，实际代表了社会哲学思想的退步。

"善战者不怒"可以理解为，善以"道"应战者，即使大敌当前，大兵压境，兴正义之师讨敌，也要胸怀庄严正气，恬淡为上，不以怒而杀戮为目的。一个胸怀大略的统兵者，不会轻易发怒，不以邪怒存心，无有诛杀怒心，以慈心相感，则祸可化于未萌之时。正如

《孙子兵法》所说的"主不可以怒而兴师，将不可以愠而致战"。善怒者，易失必胜之宝——仁慈心，而招致失道丧德，此即是"不善战"之义。善战者，不以力服人，而以德服人。

"善胜敌者弗与"可以理解为，善以道胜敌者，以仁德服人则敌人自服。胜之以仁德，以慈善化敌心，树立我必胜之心，激发我之勇，则敌不战而自服。春秋战国时期，魏文侯礼贤下士，君臣同心，天下人由衷赞颂。有一次，秦国想兴兵攻打魏国，司马唐雎向秦国国君进谏道："段干木是贤人，魏国礼遇他，天下没有不知道的。像这样的国家，恐怕不是能用军队征服的吧！"秦国国君觉得有道理，于是按兵不动。这就是以仁德胜敌的含义。当一个国家君臣同心，贤人聚集的时候，即便敌人贸然以武力进犯，也难有胜算，就只能知难而退。

"善用人者为之下"可以理解为，善于用人的人，必先有谦下之德，才能得到人的诚心。现在的汉语解读中一般以"用人"来解释，既然是用人，就有利用、使用之意，本人认为并不贴切。通过上一章的学习，我们知道慈柔才是勇武。对于"用人"也一样，如果简单停留在"用"的层面，就落入了末流，因为没有任何人愿意被别人利用或使用，更合理的做法是以谦下的方式对待别人，这是一种尊重、平等的做法。当给人以尊严和平等的时候，才可以最大限度地激发所有人的积极性和创造性，激发他们为国报效之心。这种动力发自于别人的内心，而不是君王（将军或上级）的使用或利用，这才是真正的"用"。

这在企业管理中也非常重要。有一些小企业，由于老板的聪明能干，在创业初期得到了快速发展，但是发展到一定程度后就会遇到瓶颈，企业规模再也难以突破。其根源就在于没有完成这种转换，因为靠老板自己聪明能干，成就总是有限的。此时，老板更应该学会愚钝之术（谦下），只求将自己的经营思想和企业文化传授给团队，彻底激发团队的力量，然后自己适时退让，才能迈过企业发展的瓶颈。这对那些自己创业的、在本企业积累了巨大声望的老板尤其重要，因为这样的老板只要在办公室一坐，其他人的思想活跃度就会受到无形的压力，虽然老板自己累死累活，但其他人的脑袋却成为一潭死水，达不到"用"之目的。

要让企业突破瓶颈，对于那些在创业过程中建立了卓越声望的老板来说，适时地"放下"才是最好的办法。可"放下"，确是很多人一生都迈不过去的坎。

这实际上是"不争之德"的体现，保持谦下，不争则取善必广。天下之事，唯有不争之德可以服人，"用"人之力可以威震天下，无论兵家还是经营企业都是如此。不争之德，上可以合天意，下可以顺民心（员工之心），处处可用善，无处不可善，无事不宜善。而只有"不争之德"才可以集合天下所有人的力量，让自己不断登上新台阶，企业自然就可以不断突破自身发展的瓶颈。

古之先贤们，虽有极大之德，但不自以为有德，这种德是谓"玄德"，也就是"极德"。到了这个境界可以说是"德配天地"，自然得到天下人的敬仰，成为圣人。在企业中，"德配天地"的老板就可以得到所有员工的信赖并主动发挥自己的主观能动性，当每个人都充满活力的时候，企业自然兴旺发达，这里的"用"也不是利用或使用，而是可以理解为用自己的德照亮别人，让别人发光发热，主动建功立业，最终推动企业不断走向兴旺发达。

第三十四章

用兵有言曰：吾不敢为主而为客，吾不进寸而退尺。是谓行无行，攘无臂，执无兵，乃无敌矣。祸莫大于无敌，无敌近亡吾宝矣。故称兵相若，则哀者胜矣。

参考释义

兵家认为，不敢先举兵而是要承天而动（即用兵时必须首先符合天意，而天意可理解为民意），不能为了获得战果而违背了民意。这就叫作虽有阵势却好像没有摆出一样，虽然出击了却好像没出击一样，虽然交手了却好像没有动用兵器一样，之所以如此是因为心中没有敌人。祸端莫过于依仗自己强大的军力穷兵黩武，这就几乎失去了我的"三宝"。所以，两军实力相当的时候，心怀怜悯，低调以获得广泛同情的一方可以获取胜利。

说东谈西

兵家为什么要"吾不敢为主而为客，吾不进寸而退尺"呢？就是要承天而动，要尊重对方，在承天而动的时候，自己的军队就是仁义之师，如果依仗自己武力强大得寸进尺，就会造成更多的杀戮，军队的性质就会改变。后面的内容是对这一句的补充，之所以"是谓行无行，攘无臂，执无兵"，可以理解为心中要坚守慈爱之本，要依托

"大勇"，所以就好像没有兵阵、兵器，因为有慈爱之人的心中没有敌人，没有敌人之后才能无敌。这里的核心是要守住慈爱这一根本，要守住上一章老子所说的"三宝"，即便不得已而用兵的时候也要坚守。

由此也就可以理解老子关于兵家的理念并不是反战。如果敌方的国君骄奢淫逸残害人民，民不聊生，就可以承天进行讨伐。所以在古代战争中，出征时要举行誓师的仪式，要祭天，说明自己是奉天征讨。

骄兵必败，而"为客"是把自己放在谦下的位置，就不会形成骄兵。

"不敢为主而为客"还有另外一层意思。在两国之间的交往中，自己不高高在上，不论对方是大国还是小国，都要以谦下的态度对待对方。当两个国家都不显得高高在上，而是公平对待对方的时候，才能最大限度地避免战争带来的杀戮。

用兵应承天而动，征战只是最后的手段。战争本身就是一种杀戮，是要极力避免的。在战争之前，虽有强盛的军容阵势，却要忘记自己有强盛的阵势；虽有孔武有力的战士，却要忘记自己的强兵；虽有先进的武器，却要忘记这些先进的武器所带来的优势。这样做是为实现两个目标：第一，忘记自己军事方面的优势就会极力避免战争，而避免战争就是一种慈柔，这自然可以得到军民的爱戴。进行了所有努力之后依旧无法避免战争，自己的军民就是悲愤的，征战的时候自然会奋勇向前，摧毁敌人。同时，展现自己的慈柔，就可以让敌方的军民失去斗志，未战而先胜，因此，有作为的将帅一般会善待俘虏，瓦解对方的战意。第二，忘记自己有强盛的阵势、孔武有力的士兵、先进的武器之后，自己的将士才会重视敌人，加强士兵的操练，制定最优的战略战术，最大限度地保证用最小的代价争取最大的胜利。所以，中国历史上的军事家，无论自己处于优势还是劣势，从不会懈怠练兵，根源也在这里。

同时，还可以使用上述战术对对方进行捧杀，不断强化对方拥有强大的国力、先进的武器、鼎盛的军容，等等，这在现代国家争霸的过程中都是经常使用的手段。

这种战略也常用在商业行为中，或用在职场的竞争中。如果一方在竞聘之前，来到你这里不断地给你灌迷魂汤，比如，吹捧你学历高、业务精、长得帅、老板喜欢，等等，说明对方很可能已经掌握了有效的应对办法，他希望让你的优势在你自己的思维中不断强化，就会疏于准备。如果此时不马上惊醒，失败就会在面前。因为对方处于劣势（或势均力敌）的时候，不去好好准备自己的功课，却来给你灌迷魂汤，说明给你灌迷魂汤比他继续准备功课更重要。

老子在此所讲述的道理，只是以兵家为例子而已。但可以理解为无论做任何事情都必须守住根本。在日常生活中，有些人赚了一点钱，就会今天炒股明天炒房，后天又炒期货，那么需要问一问，当初自己为什么可以赚到钱呢？是因为自己的能力，这是根本。如果将赚的钱投资在继续提高自己的能力上，也就是投资在根本上，风险不是更小吗？对企业也是如此，所有著名的企业家，都会强调做大做强主业，这是不断投资在自己的"根本"上，这样的企业自然值得信任，也更有前途。

第三十五章

> 吾言甚易知也，甚易行也；而人莫之能知也，而莫之能行也。言有君，事有宗。夫唯无知也，是以不我知，知我者希，则我贵矣。是以圣人被褐而怀玉。

参考释义

我的话很容易懂，也很容易行，但是竟没人懂，也没人行。为什么会这样呢？言论要有宗旨，做事要有主心骨，由于人们无知，所以才不了解。了解我的人很少，效法我的就很可贵了，所以圣人穿的虽不好但怀里却揣着美玉。

说东谈西

看到本章，很多人的第一感觉就是老子十分自高自大，但如果深究，则不然。慈柔、慈爱、无为都是老子所倡导的，它们易知也易行，但天下为什么没人懂也没人行呢？

我们经常说，很多事是知易行难，其实这仅仅是一个借口而已。之所以认为"行难"，根源是"知"得不彻底。当一个人对世间的道理达到洞明的地步之后，就会激发慈爱之心，就会产生无为的强烈冲动，就会自然而然地落实在行动中。然后，老子接着又说"而人莫之能知也，而莫之能行也"，这实际就像表与里的关系，在绝大多数情形下，人们热衷于表，也就是热衷于功名利禄，当然就无法进入里，这就是无知，无知当然就"行难"。我们经常说天理即人欲，简单地解释就是天地是为人赐福的。但此处的"人欲"并不是某一个人的私欲，只有普天下人的愿望才合天理，普天下人的愿望是公而不是私。但从人性来说，总是嫌弃柔弱而好刚强，这实际是私欲的一种表现方式，只有以慈爱、慈柔、无为展现自己的时候，才是符合天理要求的人欲。所以，私欲是"无知"之本，也是"行难"之源。故此，古代的圣人永远不会去要求别人，而是要求自己不断修身。

老子的德在暗处，不见于外，以"穷、微"之身通达"极妙"，反个人之私欲，所以世人也就无知也行难。重视事物的本源、克制自己的私欲是知与行的基础，做不到这两点，就既不知也不能行。

生活在两千多年前的老子似乎也看见了今天的社会。有些人喜欢好大喜功，受不住捷径和邪路的诱惑，所以，老子说"人好径"，最后就会走向歧途。

犹太人说，不要为钱而工作，要让钱为我们工作。这个道理非常浅显，钱是随工作而来的报酬，只要我们努力践行，在自己喜好的方向上精益求精，在本行业的话语权就可以不断提升，成为这个行业的专家或翘楚，钱财自己就会尾随而来。

老子说"言有君，事有宗"是告诉世人：圣人之言皆有主旨、有宗根。对于财富来说，你只有直接进入根本，才能晋升到新的层次。比如，普通打工者，即便24小时不休息，也赚不了多少钱，但是行业顶级的专家，一两句话就可以聚拢许多财富。这里的根源是，不断攀登自己在本行业的地位，建立更精深的见解，财富就跟随它的脚步聚拢而来。这里的"根本"是什么呢？当然是后者，建立自己在本行业的地位、努力服务更广阔的人群才是根本，财富只不过是一种副产品。

老子又说："知我者希，则我贵矣。是以圣人被褐而怀玉。"

这是因为，圣人注重的是内在的修养而不求外表的华丽显赫，是"大丈夫处其厚不居其薄"。"圣人"的外表看起来并不起眼，一如普通人，只有他的内在才是伟大的，是与天地的要求合一的。如果做到了与天地的要求合一，知行合一自然就不在话下。

如何做到知行合一，三国时代的司马懿给我们上了生动的一课。

《三国演义》中有一段空城计的故事，说的是魏军进攻蜀国街亭，诸葛亮派马谡驻守失败。司马懿率兵乘胜直逼西城，诸葛亮无兵迎敌，但沉着镇定，大开城门，自己在城楼上弹琴唱曲，司马懿怀疑设有埋伏，引兵退去。

背后的含义是什么？

首先说"知"的内涵。

当时的魏国是魏明帝曹睿执政，此时的魏国已历经三世，曹操、曹丕然后才到曹睿，曹睿可以说是在深宫中长大的皇帝，文武才能很难与曹操、曹丕相比，在这种情形之下，司马懿手握重兵在外抵御蜀国，一旦诸葛亮死去，魏国就失去了最大的威胁，很可能就不会准许司马懿这种具有卓越才能的统兵将帅继续掌握权力，甚至有可能失去性命。司马懿临终之时说过这样一句话："吾事魏历年，人皆疑吾有异志，吾尝怀惊骇。"说明司马懿对自己的处境有清醒的认识，在人皆怀疑司马懿有异志的魏国朝廷，一旦最大的威胁没有了，结局也就可想而知。

这实际表明了这样的哲学思想，敌我是相伴相生、互相依存的。

然后就是行。

退是智慧，进（很可能生擒诸葛亮）很可能丧命，这就是司马懿的知行合一。

这个故事的另外一面是，当时蜀国所处的形势已经与汉高祖刘邦在汉中时期截然不同，加上荆州已失以及魏蜀两国的国力对比，蜀国已经不再具备统一中原的条件，这就决定诸葛亮清楚自己六出祁山的最大作用是为了以攻为守。从蜀国的角度来说，进攻就是最好的防守，是防范魏国入侵的一种手段。从诸葛亮个人来说，一旦没有了对魏国的军事行动，自己就应该将兵权交还给刘禅，在蜀国朝廷的权力很可能会受到节制。这种以攻为守的军事行动的性质在六出祁山的过程中也可以找到蛛丝马迹，只要战事稍受挫折，诸葛亮就会选择撤军，以保存蜀国的军事实力为主要目标，而不是通过决战而毕其功于一役。诸葛亮可以依此推理司马懿的处境，知道司马懿可以打胜仗，可以杀死蜀国的任何一位将军，但却唯独不能将自己生擒或消灭。

战场上两军对峙，表面看似危机四伏，但司马懿和诸葛亮的内心却是心静如水。

第三十六章

> 知不知，尚矣；不知知，病矣。是以圣人之不病，以其病病，是以不病。

参考释义

知道自己有所不知，是高明；不知道却自以为知道，是病态。有道的圣人之所以没有缺点，是因为他们正视所有的缺点，所以也就没有缺点。

说东谈西

老子在本章中多次使用"病"这个字，这里不是身体之"病"，可以理解为德之"病"。知之为知之，不知为不知，就是高尚的品德。话虽然是这么说的，但世间俗人却很难做到，根源在于世人大多追逐的是"表"，摆脱不了功名利禄和面子的纠缠，就做不到"不知为不知"。而圣人追求的是"里"，求的是道，道反映的是万物的根本，所以，圣人虽怀有通达之知，但又把自己时刻放于未知者的地位（否则就无法求道），并希望使得天下人保持质朴和纯正，因此就时刻都知道自己有所不知，有高尚之德。

世人只知道彰显，就会离经叛道，就做不到"不知为不知"。

本章的"知不知"至少有两层意思：

第一，是说知道自己有所不知。大千世界有无数未知，而人的能力是有限的，有所不知是正常的，无所不知是不正常的。

第二，知道却不自以为知道，这是一种谦虚的品德。我们知道，圣人不敢居天下人之先，即保持谦下。

只有"不知为不知"，才能对天保持敬畏之心，才有和气，才符合自然之道。

贵人有自知之明，圣人知道却不自以为知道，保有谦下之德。因为有自知之明，所以可以成为贵人，因为有谦下之德，所以成为圣人，这是辩证法。

每个人都希望在社会中赢得"尊严"，赢得"体面"，赢得"认可和尊重"，这是人的本性，但讲面子、好面子能达到这些目的吗？

有些人自以为是，不懂装懂，刚刚了解一些事物的皮毛就已经认为掌握了宇宙真理，四处说教；有些人没有什么知识，而是凭借权势地位，招摇过市，摆出一副智者的架势，用大话、假话来欺人、蒙人；有些人刚愎自用，容不得别人提出自己的缺点和错误，要强行狡辩以证明自己永远正确……

"不懂装懂，自以为是""凭借权势和地位用假大空欺骗他人""刚愎自用包庇自己"，看起来都维护了自己的面子，但都以损害别人的面子作为代价。所有的尊重、尊严和体面都是别人赋予的，损害了别人、自认为保住了自己的面子的时候，别人会怎么认为呢？只有鄙视而已。

所以，人人都想为师，但只有时时都认为自己是学生之人，才是真正的"师"。圣人之所以可以成为老师，是因为他们总认为自己有所不知，时刻都在求知，即便"知"也不去彰显，把"知"的荣誉留给它人。

有真知的圣人，都谦逊自守，深沉持重，不在人面前卖弄，不肤浅自夸。为什么还需要坦然地承认错误呢？承认错误的过程，是对对方知识的尊重，只有尊重对方才能赢得对方对自己的尊重。同时，坦然承认错误才可以摆正自己，让自己实现从不知到知的过程，就有资格赢得尊重。圣人永远认为自己不知，最终却能实现知人之所不知、洞察天地万物，达到自然而知（也就是感知）和无所不知，能通晓并运用自然规律，就达到了"真知"。真知者，既知其然也知其所以然，是以谓之为"上知"，这实际就是上德，拥有"上知"的人，永远不会认为自己有"知"，因为与宇宙万物相比，自己太渺小，遵循这样的路径，最终就会成为睿智之人。

古话说，强不知以为知，此乃大愚。说的是"不懂装懂"乃是最愚蠢的人。

所以，每个人都必须纯净自己的"圈子"，远离那些自以为是、刚愎自用之人，亲近友善并具有自省能力之人。如果没遇到后者这样的人，就不如独处，潜心研究学问，修行自身，在自己的主业上精益求精。

"近朱者赤，近墨者黑"是一句成语，与懂得自省、有爱心之人在一起的时候，彼此是鼓励，是互相成就；每个人都可以客观地看待问题（客观很重要，为的是让"鼓励"与"奉承"相区别），也就可以真实看到自己身上的问题，增加自身的修行。

相知者，即便远隔千山万水，都是彼此的"灯火"，点燃生命之光，让人生闪光；不相知者，即便时时在目光所及之内，也是彼此黑暗，是互害。

第三十七章

> 民之不畏威,则大威将至矣。毋狭其所居,毋厌其所生。夫唯弗厌,是以不厌。是以圣人自知而不自见也,自爱而不自贵也。故去彼取此。

参考释义

人如果不对小害有畏惧之心,就会招致大祸。要尊重别人,尊重别人就是尊重自己。圣人明了自己的得失,不把自己的德行彰显于外,而是深藏于内,保持自知自爱,不彰显自己。

说东谈西

本章谈到了畏惧观。

三国时期刘备去世前在遗诏中对其子刘禅说道:"勿以恶小而为之,勿以善小而不为。"目的是劝勉他要进德修业,有所作为,不要因为好事小而不做,更不能因为坏事小而去做。不断积累小善就会成为利天下的大善,不断积累小恶则"足以乱国家"。不仅对帝王是如此,对所有人都一样,这是对"民之不畏威,则大威将至矣"的深刻理解。

"居"是居住,"生"是生存,居住与生存都是人的基本权利。所以,"毋狭其所居,毋厌其所生"可以理解为尊重别人。"夫唯不厌，是以不厌"表示不做无聊透顶的事情，才不会无聊透顶，引申为不做伤害别人的事，才不会伤害自己。我们经常说上天有好生之德，尊重别人的生存就是顺天道而行事，一个人只有顺天道行事，才能得到天地的眷顾进而不断成就自己。

如果一个人"自贵"会怎么样？就会主动彰显自己，就会压制别人，甚至侵犯别人，无疑这会让别人丧失尊严，让别人丧失了尊严，别人自然就不会尊重我们，"自贵"实际就成了自贱，这是多数俗人的做法。所以圣人不"自贵"，有自知自爱。

每个人来到世上的时候，什么都没有带来，离开这个世界的时候也什么都不会带走。既然什么都没带来，也什么都不会带走，人就是生而"不厌"，"不厌"在此也可以理解成没有欲望，不求所得，不会厌烦别人，别人也不会厌烦自己，这实际是兼爱。可是，成年之后，就会被功、名、利、色所吸引，腹中充斥着"厌神"，就逐渐失去了兼爱。此时，就无法做到淡泊名利，而是让欲望充斥自身，就对世界和周围的人失去了兼爱，而失去兼爱就会与自然社会不相容，就无法成就自己，所以，"厌神"是每个人一生的大敌。在此，也就可以进一步理解老子倡导的清静无为的含义，清空自己的欲望，回归与社会的兼爱，是成就自己的必然道路。很多人说，老子的思想消极避世，在这里可以看到，老子的思想不仅不是消极避世，而且还是奋发进取之道。

刘备虽然是汉朝中山靖王刘胜的后代，但到刘备这一代的时候，家庭已经非常贫苦。父亲早死，他和母亲以织席贩履为生，所以被曹操骂为"织席贩履小儿"。这样的人在东汉末年可以说是数不胜数，甚至还不如有几亩薄田的农民。但刘备在群雄逐鹿的东汉后期却可以成就三分天下的地位，自有其必然性。一些人会说，刘备凭的是伪善而窃取高位，只懂得掉几滴"鳄鱼泪"。如果刘备是伪善的，难道诸葛亮、徐庶等人看不清楚吗？所以，用伪善来评价刘备显然是不妥当的。在刘备临终之时，道出了他可以崛起的奥秘，他留给刘禅的遗诏中说道："勿以恶小而为之，勿以善小而不为。惟贤惟德，能服于人。汝父德薄，勿效之。可读《汉书》《礼记》，间暇历观诸子及《六韬》《商君书》，益人意智。闻丞相为写《申》《韩》《管子》《六韬》一通已毕，未送，道亡，可自更求闻达。""勿以恶小而为之，勿以善小而不为"深合老子的思想，不断积小害，就会伤及周围人和社会，谈何逐鹿天下？只有不断积累小善，才能成就大善，才能收天下英雄之心，才可能在大乱的时代有所作为。同时，他告诫刘禅"惟贤惟德，能服于人"，刘备以卑贱贫穷之身却可以在身边汇集一众文臣武将，听从他的号令并助其成就霸业，本质在于贤德。刘备从不自贵，从不显示自己的"英明与神武"，容得下五虎将的神威和文臣的计谋百出，让他们显示才能并建功立业，深合老子的"宽柔""不敢为天下先"之道。刘备临死前让刘禅多读《申》《韩》《管子》《六韬》《商君书》等书籍，这些都是大争之世可以立足天下的策论。

　　兼爱、不自贵，是刘备成就霸业的道路；兼爱、不自贵，也是所有人成就自己的唯一道路。

第三十八章

> 勇于敢者则杀,勇于不敢者则活。此两者或利或害,天之所恶,孰知其故?天之道,不战而善胜,不言而善应,不召而自来,坦而善谋。天网恢恢,疏而不失。

参考释义

勇于有为易遭杀身,勇于无为易于活身。无为与有为就是利与害的差别。天道厌恶有为,为什么呢?源于天之道意味着不与人争而赢得尊重,不言而万物却自动应时,不召唤但万物自然向阳,宏大广博却善于谋划人事。天道虽宽广无边,但却时时司察人间之善恶,疏而不失。

说东谈西

我们经常说,人与人之间的根本差别是世界观的差别,老子在本章中阐述了世界观,顺应自然就是道。

为什么顺应自然如此重要呢?

今天的世界,科技发展在一定程度上决定了一个国家的经济发展,但如果要实现科技发展,必须创造自由的文化氛围,让每个人的思想都能自由地发挥,只有如此,才能最大限度地激发人的创造力,最终才有科技的不断发展。自由的文化氛围就是一种"自然"。万物在大自然的阳光下都可以茁壮成长，如果强行改变万物的生存环境，万物的生长就会受到影响。在这里，自然就是一种和气，只有在和气中，人的创造力才能得到最大限度的发挥，万物才能茁壮成长，所以，顺应自然就是道。

天之道是什么呢？不与人争贵贱而自贵之，这里的道理很显然，不与人争贵贱就会把尊崇赋予别人，就会得到别人的尊崇，最终实现"自贵"；不去谈论万物，而去顺应时令，是因为掌握好时令之后，万物自然茂盛；不去招呼万物，而处于背阴向阳之处，万物自然可茁壮成长。天道虽然广博，可以包容一切，但善恶有报，完全取决于自己的修行；天道虽然宏大，但又可洞察细微。

本人在加拿大的时候，发现在商场购买任何商品，都可以无理由退货，即便买了一袋苹果，吃过了一个之后发现感觉不好也可以退，而且是按原来购买的数量退款，损失的部分（吃掉的）也属于商家。其实这是"无为"的体现，服务消费者是唯一的核心，无论商家还是厂家都是这种理念，不求"有为"（赚钱），只求让消费者满意。这也可以理解，无论厂家还是商家出售的商品，当以消费者是否满意为唯一准绳的时候，既然有些消费者购买商品之后发现了不满意，厂家或商家自己就应该承担全部损失。如此一来，企业就会不断培养忠诚自己的客户群，他们完全信任自己心中企业的产品（一旦发现不满意，可以无理由退货，当然就会取得信任），彼此之间建立的是一种信任。这实际是人文关怀，价格因素也会逐渐淡化。

当企业与消费者之间建立了人文关怀和信用因素之后，消费者得到的就不再仅仅是商品，关注的也不再仅仅是价格，还有更重要的人文关怀和信任，企业的盈利也就更有保证。历史上那些著名企业和奢侈品企业，无一不是由此而发展起来的。

顺应消费者的要求，给予人文关怀，淡化自我的盈利要求，就是自然之道。没有无我，就不会实现自我。

天道在教育方面体现得更加鲜明。

每个孩子都是天使，都是上天馈赠给人间的礼物，他们具有几乎无限的潜力，也有几乎无限的想象力和创造力，只要有合适的环境，他们的潜力和创造力就会迸发出来，为社会、为家庭、为自己创造美好的未来。

天道总是顺应自然。对待孩子，我们只需要帮助他们树立正确的人生观和世界观，然后，在具体事物上鼓励他们去按自己的想法不断地尝试，正确了，可以树立他们的信心，在正确的道路上继续走下去，错误了也没关系，协助他们分析错误的原因，提高他们分析问题的能力和感悟水平。这些经历是属于他们独有的宝贵财富，无论正确还是错误，他们自身的才能都会得到最大限度的激发。

何况，任何的对与错，都是相对的，有些事情在今天是错的，但环境变化之后就可能是对的。

让孩子去发挥他们自己的潜力，发挥他们的想象力，就是顺应自然。

天之道可以运用在生活的方方面面，一旦细心体会并身体力行，就会给我们的工作与生活带来翻天覆地的变化，所以，《道德经》是最为积极进取的一本书。

第三十九章

> 若民恒且不畏死,奈何以杀惧之也?若民恒是死,则而为者吾将得而杀之,夫孰敢矣。若民恒且必畏死,则恒有司杀者。夫代司杀者杀,是代大匠斲也。夫代大匠斲者,则希不伤其手矣。

参考释义

如果民众行无为之道、不畏惧死亡,为何还要用死来使他们畏惧呢?如果民众畏惧死亡的话,行的就是有为之道,对于为非作歹的人,就把他抓来杀掉,谁还敢为非作歹呢?有专管杀人的人依照规则执行杀人的任务,代替专管杀人的人去杀人,就如同代替高明的木匠去砍木头,那些代替高明的木匠砍木头的人,很少有不伤及自身的。

说东谈西

老子在本章中讲述了生死观。

如果民众行的是无为之道,就不求自己的功名利禄,没有(或能控制)自己的私欲,而是顺应自然之道,也就不怕死。相反,行有为之道,关注的只是自己的功名利禄,关注的是如何实现自己的欲望,而一旦死亡,这些就会成为过眼云烟,所以就怕死。如果民众长期怕死，就是因为得不到教化，必然是因为有"司杀者"存在，其不让民得道，这个"司杀者"当然就是"有为"。代替这个"司杀者"的当然就是无为，无为是最高境界，它的杀是无形的，当然就要毁掉手中的刀剑，因为刀剑是有形的。

中国封建史上有很多重税如猛虎、烂施刑罚的时期，为什么会形成这样的时代呢？缘于君主一心想有为，比如满足自己的骄奢淫逸之心，耗尽民力对外征战以满足自己名垂青史的欲望，烂行赏赐以显示自己的恩德，等等，最典型的是隋炀帝和宋徽宗等人。此时，就会给人民带来沉重的负担，就会暴发人民起义，统治者为了维护自己的地位，就会使用严刑酷法，最终导致民不聊生甚至王朝灭亡。

有为乃天下之祸端。

相反，在有些时代极其注重民之教化，最典型的是汉文帝时期。汉文帝从小便接受母亲薄太后的教诲，崇尚清静无为。他驾坐未央宫之后，眼前浮现的却是从代地（汉文帝原为代王）直到长安这一路所见的民生凋敝与城郭残破，想到的是"我无为而民自化，我好静而民自正，我无事而民自富，我无欲而民自朴"。汉文帝明白，端拱垂衣的治国之道在于自己的修为，要像圣人一样行不言之教。

首先是节制自己的欲望。汉文帝一生常常穿着黑色粗绸的衣袍，而后宫嫔妃也都衣不曳地，帐无纹绣，至于宫室、苑囿、车骑、服御等一概无所增益。即便汉文帝临终之时还嘱咐子孙，不准厚葬，只能用砖瓦修建自己的陵墓。

其次是减轻百姓的负担。他将百姓的赋税一减再减，到了文帝十三年时，彻底免除了田地的租税，直至景帝继位，其间整整十一年未收一粒百姓的田租，如此清俭之政在历代帝王中绝无仅有，文帝之德乃史上唯一。

再次就是广开言路。汉文帝向往尧舜之君广开言路的圣治，为使民间疾苦能上达天听，下诏废除诽谤罪以便于民众大胆上书。又访求天下贤良之士，听取他们对朝政利弊得失的分析。他听说申公精于《诗》，即以申公为博士，听说伏生精于《尚书》，即征召伏生入朝。伏生年老不能行，于是派晁错往伏生处受教。

还有就是减轻刑罚，以德化民。文帝即位十三年时，齐太仓令淳于公有罪当受肉刑，其女缇萦为父上书，表示愿为官婢，以赎父之罪。做了十三年的皇帝，阅奏章无数，而这一封民女的上书却令文帝感慨不已。文帝熟读上古之书，知道尧舜之世并无肉刑，只有象刑。所谓象刑，就是画衣冠、异章服以像惩治，譬如，对于死囚犯的处罚是穿无领的衣服，本该削膝盖骨的罪行，就在膝盖骨处涂墨以表示，等等。而象刑之法虽"轻"，却可约束天下，民莫敢犯。而今法令滋章，肉刑酷烈，却奸恶不绝。这其中的问题到底出在哪里？天生厚德的汉文帝很快得到了答案——治国之道当以德化天下！

于是文帝立即下诏，不仅赦免了淳于公的肉刑，更推恩天下，废除行之已久的肉刑。文帝以诚敬之心推行德政，吴王濞曾诈病不朝，文帝却赐他木屐与手杖，以示尊重，吴王愧疚于心。臣下张武受赂金钱，文帝反加赏赐，亦使其心知愧疚。文帝之所以如此，意在以德化民，使人觉悟自醒，改过自新。

汉文帝手执的就是"代大匠"，最终让天下得到大治。

第四十章

> 人之饥也，以其取食税之多也，是以饥。百姓之不治也，以其上有以为也，是以不治。民之轻死，以其求生之厚也，是以轻死。夫唯无以生为者，是贤贵生。

参考释义

人民所以遭受饥荒，是因为统治者物欲太重、赋税太多，所以才会陷入饥荒。人民之所以无法得到治理，是由于统治者喜欢有为，人民就无法得到治理。人民之所以轻生冒死，是由于统治者为了厚养自己，不断地搜刮民脂民膏，而人民也会为了厚养自己而冒死争利。只有不厚养自己的人，才比厚养自己的人更贤明。

说东谈西

为什么有些国家在历史上不断发生饥荒？而有些国家极少发生？很多人会说是气候因素、地理因素，等等，这些自然因素只是一方面原因，而且是次要的，最根本的是社会形态的原因。

一国的统治者物欲太重时就会导致赋税过重，重税赋会严重阻碍生产力的发展，这是经济学的基本常识，此时，物资供给就会不足，导致物价不断上涨，这是饥荒最初级的表现方式。所以，我们就会看到，世界上有些国家的通胀指数长期都比较高，实际是赋税过重的必然结果。此外，当税赋的定额过重，甚至超过收成的时候（发生自然灾害时，这种情形是经常发生的），耕种之人就会挨饿甚至饿死，此时他们会怎么做呢？既然种与不种都是饿死，那么就放弃耕种！粮食供给就会极度紧缺，大面积饥荒也就产生了。如果是轻综合税赋的国家，国家按固定的总收成比例抽取比较少的农业税，农产品发生紧缺时，耕种者会怎么做呢？此时，因为粮食价格上涨，耕种者的经济效益就会提高，他们就会倾向于耕种更多的土地、精耕细作提高单产，最后就会为社会提供更多的供给，饥荒也就解决了。所以，任何物价上涨过快的现象和饥荒的爆发，本质上都是统治者物欲过重、赋税过重的结果。

或许有些朋友说，农业与工业是不同的，工业领域与农业有差别，事实上二者没有丝毫差别。比如，一家工厂，当综合税赋过重的时候，为了保证自己不亏本，就必须提高产品价格，可是当产品价格提高到一定程度之后，销量就会下降（社会购买力跟不上），此时，企业的开工率就会下降，压缩利润甚至造成亏损，然后企业管理者就只能继续提高价格，需求市场继续萎缩……所以，任何综合税赋很高的国家，最后都会出现企业主和农业耕种者大量破产的现象，导致恶性通胀。

我们经常说，发展中国家要跨越中等收入陷阱，提高国家的管理效率、实现低综合税负是核心。只有如此，工农业才能得到不断发展，企业才有能力进行不断的技术创新，供给才会不断丰富并不断升级，进而走上可持续发展的道路。对于任何无法降低综合税赋的国家，中等收入陷阱就是迈不过去的坎，巴西、阿根廷和俄罗斯等国就被一直被这个坎挡在"门外"。

要切实降低国家的管理成本，就不能"统治"。"统治"一词说明本社会存在两个或更多的阶层，上层为了维护自己的利益，就会对国家进行统治。此时，上层为了自己的利益就会建立各种繁杂的法律规则，甚至会使用严刑酷法，这无疑就需要庞大的管理阶层，让财政支出无法控制，最终走上国家管理的高成本、高综合税赋之路。相反，必须在社会生活中建立全社会共同认可的价值观、法律，人民愿意自觉去遵守，此时，实际是民众靠心中的规则自己治理社会，维护社会的稳定运行。这时就不存在"统治"一词，是民众自己管理自己，用于国家管理的财政支出就会被最大限度地压缩，就可以实现轻综合税赋，国家才可以不断发展。在两千多年前，老子就已经指出了这条道路，所以老子才是当之无愧的圣贤。

这实际也是王道和霸道的差别。当索取不断加重的时候，统治者就会对人民进行掠夺，人民难以生存就起而反之，然后改朝换代，不断循环，这实际就是霸道。当最终消灭了统治者之后，国家与社会由人民（或人民的代表）来管理，也就不存在索取与被索取的关系，社会就会长期稳定运行，这是王道。当人民自己做主的时候，他们还会去推翻谁呢？既然没有了需要"推翻"的对象，社会也就彻底稳定了。

霸道与王道的关系也反映在商业上和个人生活中。

一个长期保持竞争力的企业，一定有自己优秀的企业文化，有一个完备的、适合本企业文化的人才聘用和选拔体系，当建立了人才体系（也就有了管理体系和创新体系）和文化体系之后，就可以长期发展。但是，有些企业要通过老板或老总的权力才能维持企业的运营，虽然这些创业的老板或老总都有很强的能力，但企业经营的持续性比较差，很容易造成快速崛起又快速衰落的悲剧。前者是王道，后者是霸道。

至于个人更是如此。如果持有的是霸道思想，身边就只有投机者、逐利者和仆人，或许可能一时风光（这取决于个人的能力），但一旦遭遇挫折，就会树倒猢狲散，一蹶不振。但是，那些持有王道思想的人，会聚集很多志同道合、有所作为的人，因为王道思想是希望推动所有人都有所作为，这样的人实际是永远不倒的。

在那个时代，老子深刻地认识到了王道和霸道的差别，在东周的"景王变法"中即开始推广自己治理社会的主张。在交通工具和信息传递不便的古代，用鼓声、钟声、锣声传播命令或律令，比如，进兵时用鼓声，收兵时用锣声。周朝用六种不同的钟来表达六种不同的律令，"无射"钟声代表的是第六律。《国语》记载说："王将铸无射，问律于伶州鸠。对曰：'……六曰无射，所以宣布哲人之令德，示民轨仪也。……以无射之上宫，布宪施舍于百姓，故谓之嬴乱，所以优柔容民也。'""景王变法"时无射钟上的律文就是老子所书，其经文于公元前524年被景王钦定，目的是变"霸道"的"身天下"（即家天下）、"邦天下"（疆域概念）为王道加民道的"天下身""天下邦"。当以民为天下、以天下的人为邦（国家）的时候，当然就从家天下的霸道转为了王道。

在诸子的言论中，当时的"哲人令德"就指老子的文。周景王宣布哲人令德的变法，是中国历史上的重要创新，它的意义远远超出了当时的地域和时代。

由于当时的历史条件，这种变法不可能成功（太超前了）：第一，周景王时期，东周已经衰落，天子的威仪已经不再，虽然周景王在世时实行了变法，但其宣布变法仅仅四年后就逝世，而死后又出现了继承人之间持续十九年的战争，让变法的成果无法保持；第二，各路诸侯都是家族为主形成的，使用的都是霸道，在继承人战争中自然支持反对变法的势力。

崇尚周礼的鲁国自然也反对变法，因为周礼从某种角度看代表的是一整套等级制度，与"天下邦""天下身"的民道相悖，所以闵子马（鲁闵公的后代，鲁国大夫）带头攻击景王变法。或许因此，《庄子·外篇·天运》中记载了一段话，似乎在表明老子对孔子一些做法的不认可，其中说道："孔子见老聃而语仁义。老聃曰：'夫播穅眯目则天地四方易位矣；蚊虻噆肤，则通昔不寐矣。夫仁义憯然乃愤吾心，乱莫大焉。吾子使天下无失其朴，吾子亦放风而动，总德而立矣，又奚杰然若负建鼓而求亡子者邪？夫鹄不日浴而白，乌不日黔而黑。黑白之朴，不足以为辩，名誉之观，不足以为广。泉涸，鱼相与处于陆，相呴以湿，相濡以沫，不若相忘于江湖。'"上述这段话的意思可以理解为，孔子拜见老子讨论仁义，老子说："播扬的糠屑进入眼睛，也会颠倒天地四方，蚊虻之类的小虫叮咬皮肤，也会通宵不能入睡。仁义给人的毒害就更为惨痛乃至令人昏聩糊涂，对人的祸乱没有什么比仁义更为厉害的。要想让天下不至于丧失淳厚质朴，就该像纵任风起风落似的自然而然地行动，一切顺于自然规律行事，又何必那么卖力地去宣扬仁义，好像是敲着鼓去追赶逃亡的人似的呢？白色的天鹅不需要天天沐浴而毛色自然洁白，黑色的乌鸦不需要每天用黑色渍染而毛色自然乌黑，乌鸦的黑和天鹅的白都是出于本然，不足以分辨谁优谁劣；名声和荣誉那样的外在东西，也不宜播散张扬。泉水干涸时，鱼儿相互依偎在陆地上，大口出气来取得一点儿湿气，靠唾沫来相互得到一点儿润湿，不如在江河湖海中畅游而彼此相互忘却。"

在这里，老子认为淳朴比仁义更重要，通过淳朴可以实现对普天下的"大仁"与"大义"，符合老子的一贯主张。所以，这段话有老子批评孔子之意。但如果辩证地看，无论老子还是孔子，都希望对天下施以仁义，只是存在路径上的差别。

所以后人有话：圣人不死，大盗不止。

或许，老子已经知道了未来，所以在姬朝（周景王的儿子）在楚国被暗杀后，他护送典籍回到周室，并将王室典籍交给了周敬王，之后即"西游于秦"去了。

第四十一章

> 人之生也柔弱，其死也筋肕坚强。万物草木之生也柔脆，其死也枯槁。故曰：坚强者死之徒也；柔弱微细生之徒也。兵强则不胜，木强则烘。强大居下，柔弱微细居上。

☯ 参考释义

人在活着的时候，因为和气存在，身体虽柔弱但有活力，死去的时候因和气枯竭而变得僵硬。万物中的草木生时也是柔脆的，死后也会干枯。所以说，柔软为生，强硬为死。如果一味用兵逞强、乐胜好杀就无法得胜，树木粗壮就会有枝叶共生其上，所以强大应该居下，柔弱纤细应该居上。

☯ 说东谈西

"其死也筋肕坚强"中，此处"肕"通"仞"，"仞"是古代长度单位，周制是八尺，汉制是七尺，在古字中也被用作"认""认为""当作"等。比如《淮南子·人间》中有："非其事者勿仞也……仞人之事者败。"本文中可以理解为"认为"或"当作"。"强"在此处代表僵硬。

本章的后半部分，"故曰：坚强者死之徒也；柔弱微细生之徒也。兵强则不胜，木强则烘。强大居下，柔弱微细居上。"在通行本

《道德经》中一般写做"故坚强者死之徒也，柔弱者生之徒。是以兵强则灭，木强则折。强大处下，柔弱处上"。需要注意的是，帛书版《道德经》原文是没有标点符号的，这些标点符号也是后人根据自己的理解添加的。通行本《道德经》的改写似乎偏离了原意，"兵强则灭"与"兵强则不胜"的意义截然不同。"兵强则灭"一般被解释为用兵逞强就会遭到灭亡，似乎于理不通，自己有强大的兵力（才可以逞强）为何会灭亡？难道弱兵才不会灭亡吗？当然，此处也可以理解成用兵逞强意味着灭亡的开始，似乎还说得过去，但无论如何，帛书中所用的"不胜"更合理，缘于即便用兵逞强在战场上得胜了，但并未征服人心，所以是不胜。

两国之间对峙的目的最终是为了什么？当然是为了征服对方，如果一味用兵逞强、乐胜好杀就无法征服对方（即无法得到最终的胜利）。最典型的是战国时期的秦将白起在长平之战后，坑杀了赵国四十万士卒，结果后来的邯郸之战中赵国军民誓死不屈，魏国、齐国、楚国基于白起的残暴，或以援兵、或以粮草全力支援赵国，结果秦军遭到惨败，这就是残暴地坑杀赵军四十万士卒带来的必然结果。相反，长平之战赵军之所以失败，赵国将领赵括自然有责任，但赵军的意志也是失败的原因。如果四十万赵军誓死不降、血战到底，齐国、魏国、楚国大力支援，秦军可以得胜吗？很难！赵军之所以必须出击与秦军进行野战，一个最主要的原因是粮草已经不济，而齐国、楚国和魏国又不肯支援，这是导致赵军被动出击、四十万赵军投降的主要原因。所以，长平之战和邯郸之战就是最明显的例子，如果一味用兵逞强、乐胜好杀就无法得胜。相反，长平之战后如果秦军采取下述对策，会取得进一步的战果：

第一，坑杀赵军降卒之后，赵国震动，一鼓作气攻击邯郸，赵国很可能被灭国，但如此依旧无法实现对赵人彻底的征服。

第二,释放赵军降卒,以宽仁相待,此后秦军在攻击邯郸之时赵国的抵抗意志就会极大地削弱,齐国、魏国、楚国也不会积极地救援,赵国很可能就灭亡了,同时又彻底实现了对赵人的征服。事实上,秦国统一六国的过程中主要依靠的是武力,并未实现对人心的征服,导致后来烽烟四起,这是强大的秦王朝快速分崩离析的根源之一。

后一句"强大居下,柔弱微细居上"似乎是对前一句"坚强者死之徒也;柔弱微细生之徒也。兵强则不胜,木强则烘"的注释。大树粗强之后,却应该屈己于下,与枝叶共生共存。在战国时期,秦国军事上无疑是极其强大的,善待赵国的降卒,实际是一种屈己、谦下的态度,如此,就可以收拢赵人之心,最终达到征服赵人的目的。

万物之所以有"生",都是因为有道体存在,道体内存在中正柔和之气,也就是和气,它温暖而祥和,所以万物得道而生。相反,失去道体,生命消失,没有了生机,就变得僵硬了。

"生命到底是什么"这个问题,到今天也没有定论。按当代科学来说,人不过是由碳、氢、氧、钙、钾、镁等物质所组成,可这些物质都是没有生命的,并不能回答"生命到底是什么"这个问题,所以,当代科学对生命的认识毫无疑问还是肤浅的。从道家来说,气是人生命之根本,是构成人体生命的基础。道家的元炁(音同"气")是一个中国古代哲学的概念,指的是产生和构成天地万物的原始物质。元,即"原",代表的是"始"。元炁学说是一种自然观,是对整个世界的总体认识,到今天应该依旧是最客观的,它是建立中国古代生命学说和中医学说的基础。元炁学说正确吗?或许还不能得出结论,但却可以给出衍生的结论。比如:古代名医通过望、闻、问、切就可以判断一个人的病情甚至生命状态,可以给出治疗的方法,所以至少从医学上可以证明"元炁"的自然学说是成立的。

按古哲学理论,元炁即是生命的先天祖炁,藏于气海之中,是生命之根，损伤于七情六欲之中。先天之炁，质清而虚，氤氲内结，无形无象，贯穿于全身内脏与四肢骨节之间，故婴儿性平而体柔，待到十四五岁情缘一起，真炁聚而藏于两肾，一点真精化为后天之液，意味着生命在逐渐散去。所以，中国古哲学认为生命的死亡是个过程，而不是像现在认为的只是一瞬间。

由此也就可以理解，任何事物在刚刚生成的时候都是极其柔软祥和的，而随着时间则逐渐变得刚硬，实际意味着生命在不断流失，这与我们日常生活中所接触的现象都是吻合的。比如，小树可以随意弯折，但长成大树之后，一旦弯折就会断裂，动物和人也莫不如此。

所以，柔代表生，刚代表死，从柔至刚代表的就是由生至死的生命过程。

人与社会都是自然的一部分。有些人事业很成功，不过是顺应了自然的要求，因为他们像春风一样融入自然（社会），可以调动无限的力量推进自己的目标（因其所想是顺应社会的），为自然（社会）提供更好的服务，当然就可以获得成功，所以，有些人即便死了，但依旧活着。有些人每天想着自己，这种"强"意味着虽然活着但已经逐渐死了。

在有些企业里，权势是上下级之间的唯一纽带，这个纽带是没有生命的；员工之所以愿意来上班，无非是为了薪酬，无论薪酬高低也都是"冷冰冰"的，所以，这样的公司很难成功，公司的经营环境一旦出现波动就很容易分崩离析。但是，有些企业塑造的是一种有灵魂、有生命的企业文化，并以这种文化作为员工之间的纽带，大家为了实现共同的理想走到一起，这样的企业就有旺盛的生命力，就能长盛不衰。

尊重自然、尊重生命，就是最高的经营学，无论经营个人还是企业都是如此。

第四十二章

> 天下之道，犹张弓者也。高者抑之，下者举之；有余者损之，不足者补之。故天之道，损有余而益不足。人之道则不然，损不足而奉有余。孰能有余而有以取奉于天者乎？唯有道者乎。是以圣人为而弗有，成功而弗居也，若此其不欲见贤也。

🜁 参考释义

普天之下的道理，就像张弓射箭一样。（相对目标）高了就压低一些，低了就抬高一些；拉得过满就放松一些，过松就拉紧一些。所以，天之道是以有余来补不足。可社会的法则却是减少不足的人（所拥有的财富）奉献给有余的人（指的是臣民要向君主或贵族阶层缴纳租税）。那么，能减有余来补给天下不足之人，这不就是得道的人吗？得道的圣人有作为而不占有，有成就而不居功，之所以这样做是不愿意显示自己的贤能。

🜁 说东谈西

帛书版《道德经》在本章的开头是"天下之道"，在通行本《道德经》中一般被写作"天之道"似有不妥。道、天地等在老子的思想中代表的都是虚拟的概念，主要含义是本源、境界、宏大等，而"天下"则不是虚拟的,有非常确定的含义,古时多指中国范围内的全部土地或全国,比如,《史记·五帝本纪》中说:"天下有不顺者,皇帝从而征之,平者去之,披山通道,未尝宁居。"《书·大禹谟》中说:"奄有四海,为天下君。"老子在此处使用"天下"二字显然指的是天下之事。所以,"天下之道"与"天之道"是有明显差别的。对于古文,我们必须忠实原文原意。

由于"天下之道,犹张弓者也。高者抑之,下者举之;有余者损之,不足者补之",所以天之道总是顺应自然,顺应天下的要求,以有余而补不足。可当时的周朝是等级社会,底层的民众需要向上层供奉,实际是以不足而补有余,所以老子又说"人之道则不然,损不足而奉有余",这显然是违背天之道的。

人之所以有生命是因为和气的存在。对于天下来说也一样,只有损有余而补不足,才能实现"和",也才有"和气",让天下稳定实现大治,所以老子实际是在批评等级制度,在此,老子与孔子的主张是截然相反的。

老子在两千多年前写的这一章,今天可以使我们有更深刻的理解。

能否扶助弱者实际代表了一个社会的文明水平,因为社会是一个整体,当弱者的生活难以为继,而富人骄奢淫逸的时候,就是杜甫笔下的"朱门酒肉臭,路有冻死骨",此时,由于弱者的生活难以为继,就会导致社会的剧烈动荡。在一个动荡不安的社会,就丧失了"和气",在动荡不安的社会中,穷人与富人最终都是输家。

这实际是一个哲学命题,财富到底属于谁?它是什么样的属性?

有些人会说,我的财富属于我自己,我愿意怎么折腾就怎么折腾,与别人无关。当全社会都是这种思考方式的时候,社会必然不断陷入动荡的轮回中。中国封建史上之所以一家一姓地不断循环,根源也在于此。当王朝建立之后,皇族不断繁衍,地方豪绅也不断壮大,他们借助权力之手,快速地占有了越来越多的财富,而且都认为这些财富属于他们自己,可以随意挥霍,结果,穷人过不下去的时候,改朝换代的时候也就到了。

这就是丛林社会。

所以,在这样的社会中,出现公有制社会是很正常的,缘于国家的管理者希望通过公有制度,避免贫富差距快速恶化导致的社会动荡,因而必须严厉打击腐败,同时还必须建立激发个人劳动与创造的积极性的社会机制,解决了上述问题才能推动社会的可持续进步。

相反,只有从文化上真正认识到财富的社会属性的民族,才能实行私有制。有些人凭借自己的才能积累了更多的财富,但是,他们知道财富具有社会属性,属于社会所有,自己并没有权力随意挥霍,还有些人会大力捐助社会事业,即便那些不捐助社会事业的人,也不会因为自己拥有更多的财富而骄奢淫逸。同时,还要创造公平的社会环境,当所有人都只能凭借自身的才能而获取财富的时候,社会基本矛盾就不容易激化,让经济社会的发展具有可持续性。

建立与传统文化相适合的经济发展模式,是一国可持续发展的关键。

丛林社会显然就是老子所说的"人之道则不然,损不足而奉有余"。老子所处的时代是春秋末期,那是等级分明的社会,世袭的贵族不仅继承了大量的土地等财富,还会通过自身的社会地位占有更多的财富,损害穷人的利益。而有道的圣人希望怎么做呢?希望的是"损有余而补不足",奉行"天之道"。为什么"天之道"要"损有余而补不足"?天下乃天下人的天下,财富是属于社会所有,只有德者可以居之。

德者占有更多财富的过程,是为社会做出贡献的过程,会带来社会财富的增量,从而推动社会的进步,比如,在他们创造财富的过程中可以推动生产力的发展，带动就业，就实现了"补不足"。相反，如果通过拳头或者行政权力占有了更多的社会财富，就不会有财富增量，进行的只是财富转移，实际还是在做减法，因为这会严重打击人们劳动与创造的积极性，让人们聚焦于从事财富转移，而不去从事财富创造。

"是以圣人为而弗有，成功而弗居也，若此其不欲见贤也"，可以理解为从社会的运转规则上转换到人的修为上。悟道是什么？可以理解为是修炼自己内心的过程。有些人斤斤计较，为了利益而在丛林中不断拼杀，但是丛林之所以是丛林，就是任何"人"最终都会倒下。但有道之人会跳出丛林的思维与行为方式，而是以周围的人和社会的需要为自己的行为准则，为社会服务而又不彰显自己的贤能，无论他们拥有多大的社会声望或多少物质财富，都认为是周围或社会主动赋予的结果，自己不居功体现了谦下之德，就永远可以立于不败之地，被时代和社会所传颂。

跳出没有赢家的"丛林"，通过无我才能最终实现自我。

第四十三章

天下莫柔弱于水，而攻坚强者莫之能胜也，以其无以易之也。柔之胜刚，弱之胜强，天下莫弗知也，而莫能行也。故圣人之言云，曰：受邦之垢，是谓社稷之主；受邦之不祥，是谓天下之王。正言若反。

参考释义

普天下没有比水更柔弱的了，但攻坚却没什么东西可以胜过水，也无可替代。水之柔能胜刚，弱能胜强，天下无人不知，却很少有人做得到。所以圣人这样说："承担全国的屈辱，才能成为国家的君主，承担国家的不详，才能成为天下之王。"此乃正直之言，世人不知，却以为是反话。

说东谈西

水德是老子所倡导的，一般人也都知道水滴石穿、以弱胜强的道理，但就本人的体会，这里面还有多层的含义：

第一，外表柔弱、待人像春风的人，内心是刚毅而自信的，相反，内心越是脆弱、越不自信的人，越需要在外表展现刚愎自用，强词夺理。水虽然至柔，但又含有内在的至刚，而世间至刚之物，一旦遭遇打击就会变得粉碎，却是最脆弱的。自信之人总会看见别人的长处，包容别人的短处，像春风一样待人，像水一样的包容；而不自信之人总希望炫耀自己的长处和议论别人的短处，掩盖自己的自卑和不自信。前者自然可以成就事业，因其永远从别人的长处中吸取营养而强大自身，又通过包容赢得更多的支持并拥有更多的资源，后者往往是碌碌无为。同时，在成就任何事业的过程中都会遭遇暂时的挫折，只有外在像春风、像水一样，内在刚毅、自信的人，才能克服困难与挫折，才能够成就属于自己的事业。

第二，柔弱不等于毫无原则，而是一种内心的善。比如，兵家的职责本身就是征服敌人，但这种征服不能以杀人为目的，杀人只是一种不得以，最终的目的必须是为了实现道义。商鞅变法之后，秦国兵力强盛，但主要以征服更多的疆土为目的，这些过程伴随的是无尽的杀戮，让东方各国称呼为暴秦。此时，大家就会联合起来抗击秦国，最终秦国有了邯郸之战的惨败。但是到了战国后期吕不韦主政之后，秦国开始提出"义兵"的概念，要求不准许烧毁敌国的民房，不准许掠夺敌国民众的粮草，要抱着解救敌国黎民的使命。此后，秦国的征伐过程就几乎是战无不胜，到秦始皇亲政之后几乎以一年一国的速度灭掉了六国。

对于兵家来说，训练出"战必胜"的钢铁之师是最基本的原则，没有这样的军队也就没资格讲慈爱。不断地吃败仗，让自己的军人不断地死亡，不是慈爱，而是残忍。

社会中的任何行为都一样。任何一个成功的商家，都应充满柔爱，这种柔爱体现在利益共享，努力进行可以让社会和所有人都受益的商业活动，在这样的过程中最终成就自己。而那些总希望将所有的利益都装在自己兜里、损害别人利益的商人，也无法长期成功。

善待社会和众生，就是遵循天之道，社会和众生才会善待你。

第三，水之所以是至强，在于其养育了万物，包容万物，它与自然和社会是完全融为一体的，可以给自然带来盎然生机，给社会带来美好。水利于自然和社会，但又毫无所求，当然就是最为强大的。

圣人说："受邦之垢，是谓社稷之主；受邦之不祥，是谓天下之王。"每一个国家，不仅有顺境也会有逆境，有担当、能承受挫折的人才能成为君主。对一个家庭而言也一样，家庭中的家长实际是自然而然形成的，无论男方女方，谁更能包容家庭中的所有成员，善待他们、为他们负责、懂得宽容和鼓励的力量，谁能担得住困难与挫折，谁就会在无形中自然而然地成为真正的一家之主，这与男女性别无关，也与赚钱多少无关。

江海之所以令人神往，是因为它们从不改变百川的流向，甘愿处于最低下的位置，海纳百川，所以才令人肃然起敬。对于企业来说，不是抑制员工的特性，而是需要让他们把自身的特点和潜力充分发挥出来，这就是企业管理者的职责。对于子女来说，不是要求他们这也不能做、那也不能做，不是告诉他们这种是错的、那种是对的，而是应该培养他们正确的价值观，让他们亲自去尝试和辨别，去发挥自己的特长，展现出独特的自己，并在此过程中不断提高他们的分析与判断力。

放下自我，顺应自然，让别人和子女展现天性，你就是"江海"。

第四十四章

> 和大怨，必有余怨，焉可以为善？是以圣右契，而不以责于人。故有德司契，无德司徹。夫天道无亲，恒与善人。

☯ 参考释义

平息天下民众的不满，必然会有余怨，"平息"怎么能作为"善"呢？所以，圣人总是佑助民众而不是索取。"有德"的君主总是着眼于帮助民众，"无德"的君主总是立足于管制民众。天道至公，没有亲疏之分，总是佑助善人。

☯ 说东谈西

对于本章的内容，本人的理解与以往人们对通行本《道德经》的解读截然不同。

世上最大的怨不是什么个人之怨，而是天下民众之怨，老子在《道德经》中讲述了治世和修身的道理，所以本章中提及的怨可以理解为民众之怨，与个人的私怨无关。

民众之怨是怎么产生的？当然是君主以"有为"的态度来治理国家、对国家治理不善所产生的，既然积怨已经产生，如果不深入洞察产生积怨的根源，无论采用何种办法进行"和"（即解决）都必有余怨，这种"和"或"解决"的过程当然都不是善。

就比如，一个国家的税赋很重，由此造成民众饥寒交迫，流离失所，此时，皇帝通常会派出钦差大臣赈灾，这么做不能称为善。我们看到历史上的一些皇帝大力赈灾，最典型的是明朝的崇祯皇帝，但往往越赈灾，天下越动荡，根源就是未解决产生怨的根源。相反，汉文帝时期不断减税，民众生活富足，抵抗自然灾害的能力就比较强，同时，灾荒时期粮食的售价会比一般年份高，当税赋很低或没有土地税的时候，人们会努力生产、提高产量以实现高的收益，供给的增长就化解了自然灾害对人民生活带来的影响，所以在汉文帝时期未见赈灾的历史记载，却只见汉文帝不断减税。是汉文帝时期天下没有自然灾害吗？当然不是，灾害是一种客观存在，汉帝国有广阔的国土，每一年都会有灾害发生，关键是汉文帝不断降低民众的负担，让民众抵御自然灾害的动力和能力提高了，也就基本不需要赈灾，这才是真正的善。

要想行善，就必须佑助民众，包括保护民众的土地所有权、经营权，不能滥发货币盗取铸币税，用制度和法律防止贪污腐败，切实降低民众的税赋负担，等等。所以说，圣人总是极力使用各种手段佑助民众，这就是善。那些不断向民众索取的君主，无论用何种方式处理社会的积怨，都达不到目的，也不是善。前者是有德的君主，后者就是无德的君主。

无德的君主是怎么形成的呢？之所以不断向民众索取，不过是为了实现自己、皇族或士大夫阶层的骄奢淫逸，其目的无非是让自己更亲近的人群享受更好的生活，或者是为了照顾对自己的统治有帮助的人群的利益。所以，中国封建史上一直都有庞大的士大夫阶层和豪绅阶层，根源就是这个阶层可以维护皇权的统治地位。最终，就会不断加大对民众的索取，民众之怨也就产生了。当这种怨积累到一定程度之后，就会出现改朝换代。从根本上来说，是因为君主有亲疏贵贱之分才导致这种结局。所以，圣人行天道，对天下所有人不分亲疏贵贱一视同仁，都采取佑助的态度，这才是善。

"夫天道无亲，恒与善人"，在当代社会中就会体现在公平、公正方面，不仅对民众要无亲无疏，对万物众生也要一视同仁，这是生命平等的理念。老子两千年之前的言语在今天听起来是不是很熟悉？所以，老子是人类历史上的智者。

老子所陈述的平等概念可以看作是法制社会的基石，民众在法律的框架之下公正、平等地生活，法律更是保护所有人的武器。在封建等级社会体系下的人治社会则相反，很多时候法律是为上层服务的工具，是上层维护自己地位与利益的武器，民众的利益得不到保护，"怨"就无处不在、无时不在。

企业与社会是一样的道理。必须公正地对待每个员工，佑助他们发挥自己的才华，个人的才华发挥出来之后，就会给企业做出更大的贡献，而企业效益提升之后所有员工都会得益。所以，老板对员工一视同仁才是对企业所有员工的善，企业才更有凝聚力，可以不断向前发展。

道篇

第四十五章

道，可道也，非恒道也。名，可名也，非恒名也。无名①，万物之始也；有名，万物之母也。故垣无欲也，以观其妙；恒有欲也，以观其所徼。两者同出，异名同谓，玄之又玄，众妙之门。

参考释义

道是只可意会不可言传的一种存在，道虚无，却生所有的有。道无名是因为它超越了后天意识认知的范畴，只能用无为的思想进行体悟，所以，道之名只可体悟而不可言表，虚无也可以理解为是道的强名（即人们在后天意识中给道所起的名字）。无名是万物之"始"，无名者可称呼为道，但不可名也，天地本起始于虚无，所以无名；有名，是万物之"母"的状态，有名之后才可以说有天地，然后又有阴阳、柔刚、万物等。以"无欲"为出发点，才能观察道的精要，从"有欲"的角度，可以观察道的来龙去脉。"有欲""无欲"两者来源相同，只是名称不同，道的变化玄妙无比，

---

① 本章的原文中，中国大陆帛书甲乙本均使用"无名，万物之始也"，为了尊重大陆的甲乙本，作者也如此使用。但在其他地区、其他古本中也使用"無名，万物之始也"或"無，名万物之始也"。作者认为后一种表述方式更合理。"無"表示"没有""不存在"时，通"无"，但也表示"空虚""虚无"。"万物之始也""名万物之始"都是对道的表述，万物最初的能量状态是空虚，并不是"无"所表述的什么都没有，所以此处用"無"更合理，表示的是空虚、虚无的一种能量状态。

需除情去欲守中和，然后才能进入众多精妙之门。

☯ 说东谈西

老子在本章中阐述了道。

道到底是什么？其属性是唯物的还是唯心的？这是古今学者争论不休的问题，但一直未有定论。

韩非（约前280—前233）为法家学派代表人物。法家被认为与深邃之道家原本是一脉相承，故在学者中有"道生法"的说法。由于韩非生活的时代与老子生活的时代相近，思维方式会比较接近，也就更容易理解老子的思想，再加上韩非的学术地位，所以韩非在《韩非子》中的《解老》《喻老》二篇一直被认为是《道德经》的重要注解与阐释之作。

韩非在《解老》中这样说："道者，万物之所然也，万理之所稽也。理者，成物之文也；道者，万物之所以成也。故曰，道，理之考也。物有理，不可以相薄；物有理不可以相薄，故理之为物之制。万物各异理，而道尽稽万物之理，故不得不化；不得不化，故无常操。无常操，是以死生气禀焉，万智斟酌焉，万事废兴焉。"

在此，韩非清清楚楚地说明有两种存在，一种是物，另一种是道，道是物质与精神的结合，它是一种超越普通存在的存在。

韩非的说法与《易经》中所说"一阴一阳谓之道"相合。在《易经》中，阴阳既是构成天地间万物的本源，又是世间万物运行的终极规律。阴阳交合而生万物，万物的生老病死、兴衰存亡又无不遵循着阴阳消长的大道。

世间万物是由什么组成的？以现代科学的观点来看是由分子、原子、电子等基本粒子所组成，虽然这些基本粒子在理论上可以无限细分下去，但最终还是由能量所组成。因为能量分布的状态不一样，让世间万物体现出不同。过去我们认为能量是物质，但今天遇到了挑战。真空在传统的含义上意味着什么都没有，但最新的科学已经证实，"什么都没有"的真空中却存在着暗物质和暗能量，暗能量的能量密度还远超过我们传统的认知，这就让问题再次回到原点，暗能量是物质吗？暗物质还是物质吗？

传统上，我们将物质与精神是截然分开的，认为这是截然不同的两种存在，但在上述如何认识能量的问题上就会让我们遇到困境。

或许我们以往的认知已经陷入了误区，宇宙中的所有存在都应该是连续的，只有如此才符合生命是不断成长的一个连续过程这一基本规律，所以，将物质与精神截然分开或许是有疑问的，因为这样做失去了连续性。也就是说，无论物质还是精神都是存在的不同表现阶段而已。

或许到这里，我们就可以更深刻地体悟道，道是虚无，道是物质与精神的统一，道是万物之始，是万物运行与发展的规则。

名和道，都出自同一个事物，一个是客观存在，一个是对存在的认识。认识是在否定的过程中不断发展的，不断的否定、肯定，再否定、再肯定，事物的本来面目就揭示出来了，这可以看作是体悟道的过程。这也是老子所说的"玄之又玄，众妙之门"的深刻内涵所在。因此，要常从"无"中去观察领悟"道"的奥妙，要常从"有"中去观察体会"道"的端倪。"无"与"有"这两者，来源相同而名称相异，都可以称之为玄妙、深远。它不是一般的玄妙、深远，而是玄妙又玄妙、深远又深远，是宇宙天地万物之奥妙的总门。从"有名"的奥妙到达无形的奥妙，"道"是洞悉一切奥妙变化的门径。

今天的人们体悟道，主要有两个障碍：

第一，在中国历史的很长阶段一直都是等级社会，等级的概念在人们的思维中已经根深蒂固，当看到不同事物或一个事物发展变化的不同阶段时，很容易在潜意识中就将不同事物或事物发展的不同阶段分成不同的等级，这不利于体悟道的精妙。比如，对于事物发展的"道、德、形、势"四个阶段，人们在潜意识中会认为道、德是更高层次，而形、势是有形的低层次，这种思维模式是错误的。因为事物发展的不同阶段都是平等的，它们之间是相辅相成的关系。宇宙万物是一个平衡，这就决定所有的事物都是平等的，否则天地就会倾覆。还比如，看待"有"和"无"也必须是平等的，要从"无"中去观察体悟"道"的奥妙，要从"有"中去观察体悟"道"的端倪，两者是缺一不可的。在我们的日常生活中，有人注重宏观趋势，有人着重微观现象，这也是错误的，宏观与微观也是相辅相成、相得益彰的，必须以平等的观点看待宏观与微观，只有如此才能更深刻地领悟社会生活中所有事物的变化规律。传统的等级概念自秦汉之后不断强化，阻碍了人们对道的理解。

为什么等级的概念会在人的头脑中不断强化并根深蒂固呢？根源还是欲望在作怪。因为欲望过重，就会将"有"看得过重，将"无"看轻，看重有钱、有地位、有权势的人，等等。而道是物质与精神的统一，是中和，欲望过重就无法体悟道。

第二，当今时代是物质文明得到了极大发展的时代，换句话说也是物欲十分泛滥的时代，这就让人们的欲望不断膨胀，对有形的物质更加看重。但是，包括社会在内的任何事物都是从无形到有形，有形最终又要归于无形（归根、归静），当人们过于注重有形之时，就会阻碍自己对事物内在规律的认识，只能停留在浮躁的表面，这不利于体悟道。

所以，老子在《道德经》中不断强调要除情去欲守中和，只有如此才能在体悟道的道路上不断前进。

第四十六章

天下皆知美为美，恶已；皆知善，斯不善矣。有无之相生也，难易之相成也，长短之相形也，高下之相盈也，音声之相和也，先后之相随，恒也。是以圣人居无为之事，行不言之教。万物作而弗始也，为而弗恃也，成功而弗居也。夫唯居，是以弗去。

参考释义

天下人都知道美之所以为美，那是因为有丑的存在，天下人都知道善之所以为善，是因为有不善。所以，"有"和"无"是相伴相生互相转化的，"难"与"易"、"长"与"短"、"高"与"下"都是相互依存的，"音"与"声"是互相和谐的，"前"与"后"是互相跟随的，这些都是亘古不变的。所以，圣人用无为对待世上的所有事物，以道来治世，遵从事物的自然规律，行不言之教化。让万物兴起而不加干涉，生养万物而不据为己有，养育万物而不自恃己功，功业成就而不自我夸耀。正因为圣人不居功，所以，也就无所谓失去，他的功绩也不会泯没。

说东谈西

这一章又出现一个焦点问题，"无为"到底是什么含义？

如果仅仅从字面上来理解，"无为"就是不作为，这显然会让人们颓废，后世很多不同学派的学者更以此来非议老子的学说。我们知道，老子生活在春秋时代，这是一个百家争鸣、百花齐放、人才辈出的时代，是人民积极开拓进取的时代，也是诸侯发奋图强的时代，整个中华大地焕发出勃勃生机，推动中华文明的车轮滚滚向前。在这样朝气蓬勃的时代，老子却倡导颓废的观点，而且老子的学说还受到百家的尊崇，被誉为百家之祖，这显然是不合逻辑的。也就是说，把"无为"理解为"不作为"是荒谬的。

在此，"无"和"为"应该分开来看，我在前面说过，"无"在老子的文章中代表的是事物伊始的状态，"为"可以理解为治、做、使等意思，都是行动的含义。所以，本人认为"无为"的真谛是在事物的伊始状态就要进行作为，人们要勇于探索事物的伊始状态。对于国家和企业的管理来说，时时都会出现问题，要研究发生这些问题的源头，将问题消灭在萌芽状态。我们的孩子学习成绩为什么不好？也要寻找源头，如果父母不读书、不学习，孩子会不会上行下效、丧失学习的乐趣？这是不是问题的源头？等等。在此，无为显然体现了哲学精神和科学精神。

"是以圣人居无为之事"也就比较好理解了，圣人关注的是事物的伊始状态，是根本。

美与丑、善与恶、长与短、爱与恨、友与敌等，在我们看来都是对立面，真相却不是如此。

比如：在一些人看来，三国时期的诸葛亮和司马懿曾经长时间对垒，双方应该是死敌，水火不容。

诸葛亮在谋略、行政、堪舆、发明等方面具有杰出的才能，后世罕有人能够与之匹敌，是司马懿强大的对手，但却不能称之为司马懿的敌人，因为两者之间并不是敌我而是师友之间的关系：

第一，诸葛亮和司马懿之间的"比赛"比的是什么？是向对方学习的能力。

诸葛亮和司马懿的才能不相上下，在诸葛亮六出祁山的过程中，虽然在具体战役上诸葛亮占有一定的优势，但谁都不能彻底击败对方。此时，决定成败的往往是学习能力，只有洞察了对方的性格特征、行为特征、军事思想和战略战术之后，才能找出对方的缺陷，最终取得胜利。

虽然诸葛亮具备杰出的才能，但司马懿却认识到诸葛亮"事必躬亲"的缺点，这会压制蜀国人才的涌现，也会损害他自己的身体，最终，比诸葛亮大两岁的司马懿使用消耗的战术取得了"比赛"的胜利。

"事必躬亲""鞠躬尽瘁"既是诸葛亮的优点，也是缺点，司马懿敏锐地利用了"缺点"的一面。

诸葛亮是可以洞察天地变化的千古名师，内心的思想十分精妙，如果司马懿不能从内心尊重诸葛亮这个"师长"，就不能谦卑地潜心学习，也就无法找到诸葛亮的缺点，就不会最终取胜。所以，从司马懿的内心深处来说，诸葛亮是其特别敬重的师长，而不是敌人。

第二，在当时那样的封建社会，魏蜀两国君主的敌人是谁？从魏国来说，最大的威胁来自立志恢复汉室的诸葛亮，这是毫无疑问的，但我们要注意到，诸葛亮去世之后，魏国君主潜在的敌人又是谁？当然就是司马懿，因为其军中的威望和才能会严重地威胁皇权。

从这个含义来说，诸葛亮在世的时候，司马懿是最安全的，一旦诸葛亮过世，魏国就少了外敌的威胁，司马懿真正的危机也就开始了，因此，诸葛亮才是司马懿最亲近的朋友。

所以，司马懿说，一路走来，没有敌人，只有朋友、师长。在哲学思想上，在三国时期的所有人物中，独树一帜！

我们在日常生活、工作或企业经营过程中，如果发现别人做得比我们更好，很多时候会产生妒忌之心，这是阻碍自己走向强大的绊脚石，也是制约自己奔向成功的心理枷锁。越是成功的人，越是我们的师长，那些商战和职场上的竞争对手，更是需要我们潜心学习的对象。对于我们几乎难以击败的对手，为什么要去击败呢？应该放低姿态，潜心向对方学习。

对于企业来说，当击败了所有的对手的时候，企业就会失去继续进步的动力，往往会减少研发等方面的投入，希望使用垄断价格实现高额利润，这往往是走向衰亡的开始，因为那些微不足道的小企业时刻都在进行创新活动，最终会严重威胁这些看似庞大的企业；同时，很多政府也不会准许一家企业垄断市场份额，进而通过垄断价格实现高额利润，因为这会损害公众的利益，造成社会矛盾，政府往往会对这样的企业进行拆分，此时，企业是无能为力的。在上述因素的夹击之下，企业就会走向衰落甚至衰亡，根源都在于自己的"朋友"（对手）不在了。

赞美对方，向对方学习，才是奋发向上的态度，才能让自己越来越自信与强大。美与丑、善与恶、长与短、爱与恨、友与敌等，都是互相依存、互为转化的，只有理解了这种互相依存、互为转化的关系，才能成为睿智之人，才能得道。

圣人不居功，就永远保持了自己谦下的内心，用自身的行为教导社会和周围人，也就没有失去，最终成为圣人。真正强大的人，也不会居功，永远以尊重师长的态度对待他人，也就无所谓失去，也就会练就无法被击败的强大。

第四十七章

> 不上贤，使民不争。不贵难得之货，使民不为盗。不见可欲，使民不乱。是以圣人之治也，虚其心，实其腹，弱其志，强其骨。恒使民无知无欲也，使夫智不敢，弗为而已，则无不治矣。

☯ 参考释义

不推崇贤人，使百姓不去争名夺利，不去推崇明珠异宝等珍贵之物，让民众不起贪念，不欺世盗名，不炫耀可以引起贪心的事物，让民心不致迷乱。上位者清静，下位者就会淳朴，所以，圣人治国就等于治身，去除自我的嗜欲，从纷乱中回归安定，实现抱圆守一，和柔谦让，回归本源，勇于无为，实现国富民强。这就能让民众不造作、不奢欲，按事物的内在规律做事，天下大治，百姓安宁。

☯ 说东谈西

"贤"有德才兼备之意，"尚"可以理解为崇尚。但自春秋之后，"贤"字已经有些变味，很多时候被世人理解为有地位的人。所以，老子所说的"不尚贤"，可以理解为不追求权贵厚禄，不攀比高官权位。这个"贤"字，已非圣贤之"贤"，而是指世俗权贵的能言善辩，能文行巧，会施弄权术之辈。

这是很有争议的一段文字，后世很多对老子和道家的非议也源于此。"虚其心，实其腹，弱其志，强其骨"常常被理解为统治者愚民、弱民之术，将民众教育成四肢发达、头脑简单的体力劳动者。但如果仔细斟酌，这种说法是不成立的：

首先，"虚其心，实其腹，弱其志，强其骨"的前面是"是以圣人之治也"这句话，"圣人之治"的社会是什么社会？是理想化的大治社会，所以，此处的"虚其心，实其腹，弱其志，强其骨"就不是专指民众，而是社会上的所有人都包括在其中（否则就无法实现大治），当然也包括君王和王侯将相。

所以，河上公在为《道德经》做注释的时候，将"是以圣人之治也"解释为"圣人治国就等于治身"，这里的治身，显然不是指治民众之身，要治的是君主之身。

由此，也就不存在愚民、弱民的说法。

其次，老子的文章是哲学文献，这已经是中外专家的共识，在哲学文献中，必定以研究哲学思想为核心。如果去谈论愚民、弱民之术，就成为世俗的投机取巧之辈，就脱离了哲学，这显然是不成立的。

最后，老子所生活的是一个朝气蓬勃的时代，各国诸侯都在努力变法革新，这离不开人们智慧的不断迸发，百家文化就是其结果，君王还要经常去听百家诸子的授课，在这样的时代老子却去谈论愚民、弱民之术，是根本不可能的。

无论老子还是诸子百家，他们的思想都是那个时代的强音，不可能脱离那个时代。

为什么现代人会认为老子的部分思想有愚民、弱民的倾向呢？既有文字理解和原稿不齐全的原因，或许还有厚黑学的原因。到后代，有些思想学派为了建立自己的更高的社会地位，就有可能故意抹黑别人，将后世之人带入了歧途。

所以，此处"虚其心，实其腹，弱其志，强其骨"可以理解为说的是圣人或君主自身。"虚其心"可以理解为让自己的内心摆脱欲望实现虚空。"实其腹"可以理解为充实自身（君主自身代表的就是国家）的和气。"弱其志"可以理解为告别有为。"强其骨"可以理解为实现国富民强（君主治理的是整个国家，只有国富民强，才有国家强劲的筋骨）。这就能与后面的内容衔接起来，既然圣人和君主"虚其心，实其腹，弱其志，强其骨"，也就有"恒使民无知无欲也，使夫智不敢，弗为而已，则无不治矣"。也就是说，民众就会不造作、不奢欲，按事物的内在规律做事，达到天下大治，百姓安宁。

在今天"虚其心"可以理解为修身养性，无嗜欲，无乱烦，柔弱谦和，平易近人，处下不争，让自己的内心空明，无欲无妄，心如止水。"实其腹"和"虚其心"可以看成是一件事的两部分，"实其腹"可以理解为怀道抱一，意守丹田，神气合一，真炁充盈。通过"和"提高自身在社会上的竞争力，当自己可以为社会提供更高等级的服务之后，就可以实现厚积薄发，虽然不求名利，但名利却会紧跟而来，这就是无为而无不为。

"弱其志"与"虚其心"相对应，比如知雄守雌，知白守黑，知荣守辱，便是"弱志"的含义，实际是告别有为。即便自己才高八斗，也要保持谦逊的本色，即便自己做出了成绩，也要保持谦下的品德。只有如此，才能做到心静如水。不好高骛远，不被纷纷扬扬的外部事物所迷惑，才能在提高自身能力上保持长期的专注。"强其骨"与"实其腹"相对应，就道家命理而言，"强骨"者，就可以真精重聚，真炁充盈，髓满骨坚，当然就可以长生。就心性而言，就是要以道德战胜自己内心的私欲。当自身的能力和素养达到了厚积薄发的地步之后，就可以为社会做出越来越大的贡献，那时不是你去求名利，而是社会会主动赋予你名利。当自己被社会赋予了名利之后，更需要

"虚其心""弱其志"。

治国就等于治身，用于个人也是一样，要成就自己也只有修身，即所谓厚德载物是也。

与其临渊羡鱼，不如退而结网，无论对于养生还是经营自己的人生，都需如此。

第四十八章

> 道盅，而用之又弗盈也。渊呵，似万物之宗。锉其锐，解其纷，和其光，同其尘。湛呵似或存，吾不知其谁之子也，象帝之先。

参考释义

"道"空虚无形，用之无穷无尽。道之渊，深不可知，似万物之宗祖。消磨锋锐，消除纷扰，调和光辉，混同于尘垢。隐没不见啊，又好像时时都存在。我不知道"道"是谁的后代，在象帝之前就存在了。

说东谈西

盅，中间为空虚的器皿，在此用于比喻虚空。道是虚空的，深不可测，但用之又无穷无尽。湛的意思为深沉。

"象帝"指的是谁呢？在通行本《道德经》中一般解读为天帝，虽无不可，但总让人感觉是一种无奈的选择。中国上古时代，有一种刑罚叫象刑，是一种文明、温和的惩罚形式。虽然对犯罪的处罚温和了，但却让上古社会达到了大治。老子笔下的"象帝"指的是不是那时的君主？作者认为应该更合理。

道是万物的宗祖，虽然看不见，却无处不在。

举例来说，人也是天地万物之一。对于一般人来说，稍有成绩就会喜形于色，就会锐气迸发、志得意满甚至不可一世，就会在无形之中伤害到周围的人或社会，再想做出更大的成绩就很难。所以，一些人少年时就显示很有才华，但一生的作为并不大，根本的原因或就在这里。得道之人，认为自己的成绩并不是自己的成绩（不居功，而是把功绩归于天地自然），就不会带来上述的变化，实际是让人时时保持谦卑。自己有成绩之后保持谦卑，但社会与周围的人群对这些成绩都会看在眼里，他们或许因为你的成绩而受益，你与社会的相容度就会提高，甚至人们愿意团结在你的周围，帮助你取得更大的成绩。这就是"锉其锐"的妙用，目的是实现"空"，让人不居功，或者说在自己的心里根本就没有"功"这个字，取而代之的是"空"。"解其纷""和其光"与"锉其锐"类似同解。无疑，一个人如果达到了这种境界，就可以汇集全社会的力量，其作为就会无可限量。

当一个人具有哲学思维的时候，就可以做到举一反三，可以理解物质的两面性，也可以理解任何问题的两面性，做起任何事情来自然更容易成功。而行为举止得体，就蕴含着道的内涵，无论做出什么样的成绩、为社会带来什么样的贡献，都不居功，保持谦谦君子之风，给人以如沐春风的感觉，人们愿意与其交往，愿意为他的工作提供帮助，结果，事业就会越做越大。

同时，这样的人无论做什么事情，都会顺应社会的需求，不会逆潮流而动；在社会的不同阶段，又会采取不同的行为方式，其目的也在于顺应当时的社会趋势。这体现了"道"，"道"是千变万化的，顺天应人是从事所有事情必须遵从的准则，但社会的不同阶段，人们的需求是有变化的，必须顺应这种变化。所以，就让他们永远走在成功的道路上。

他们与一般人之所以不同，核心在于"道"不同。

思维能力强的人，往往行动能力也很强。因为当一个人的思维能力很强的时候，他就可以预知结果，自然就勇于行动；或者预知几种结果，尽力规避差的结果，向好的方面去努力，也就不会瞻前顾后，患得患失。"道"行高深的人，可以深刻理解"锉其锐，解其纷，和其光，同其尘"的含义，就可以时时保持谦卑的心态，知道自己只是大千世界中的一粒"尘埃"，自然就有谦谦君子之风，可以得到周围人群的拥护和帮助，行动力就更强。有道之人无论做什么事情，都必须顺天应人，抑制自身的私欲，以社会的需求为自己的需求，把个人与社会融为一体，通过成就社会最终成就自己，如此，就会得到整个社会的帮助与支持，让自己的行动能力更强。

　　所以，他们之所以比一般人的思维和行动力更强，缘于他们有"道"。

　　如果我们有"道"，也会进入他们的行列。

第四十九章

> 天地不仁，以万物为刍狗；圣人不仁，以百姓为刍狗。天地之间，其犹橐龠与？虚而不屈，动而愈出。多闻数穷，不若守于中。

参考释义

天地没有仁的概念，任由万物自然发展，对万物平等相待，圣人爱护万民，但不以仁去施恩，而是效法天地行自然之道，平等对待所有人。天地之间是空虚的，就像风箱一样，因为天地之间是空虚的，人与万物可以自行生长，因为空虚，也就没有竭尽之时，越是鼓动，风就越多，让万物与人生生不息。多事就会伤害这种空虚的环境，多言则害身，欲望无尽必有祸端，不如守"道""德"于中，充实自身。

说东谈西

天地和圣人不讲仁，为什么老子会这么说呢？

假如，一个人犯了杀人罪，此人的父母、配偶、孩子肯定是悲伤的，他们肯定希望不要以命抵罪，如果真的不抵罪，对于这个家庭来说，这是仁。但老子的学问关注的是天下万物和众生，对这个家庭讲"仁"的时候，普天之下的杀人犯、盗窃犯就会越来越多，社会就会动乱，给天下众生带来灾难；同时，这也是对被杀者的不仁。所以，无论天地还是圣人都不会讲仁，而是没有偏爱地让天下万物平等共生，只讲道和德。

这就要求杀人犯抵罪，没有什么"仁"好讲。所以，法家认为自己也来自老子学说。

一般而言，对万物和人讲仁，施与仁，就是让万物和人们记得自己是付出者，就是期望给自己以回报，就是为了树立自己的贤名，本质还是为己，是有私的，讲仁的过程不过是手段而已。所以，有句古话说，圣人不死，大盗不止。老子认为无论天地还是圣人，都不讲仁，平等对待众生，让万物遵循自然规律自然发展，不求回报（不居功），代表的是无私。

苏辙也说："天地无私，而听万物之自然。故万物自生自死，死非吾虐之，生非吾仁之也。"反映的也是无私精神。

当一个人讲"仁"的时候，一般要求的是回报，希望建立自己的功名。此时，个体的私欲就会不断膨胀，就会多事，就会多言，欲望无尽也就必有祸端，这种"仁"就是那种世俗之"仁"。在这种情形下，这个人与社会的需求是有冲突的，要求社会来成就自己、为自己服务，显然会遭到社会和周围的反噬。当遵循众生平等的时候，也就没有了"仁"的概念，或者可以说是对天地众生的一种"大仁"。所以，世俗之"仁"本质是一种偏爱，一个君主治理天下的时候，会偏爱谁呢？往往是偏爱自己的家族亲属、文臣武将和士大夫，他不太可能偏爱深山中的农民或猎户，这是显然的事情，所以，在世俗之"仁"之后就有了"刑不上大夫"，结果，等级社会也就构建起来了，所以世俗之"仁"是等级社会的基石之一。当"刑不上大夫"之后，贵族和士大夫就有了特权，就可以胡作非为、践踏法律，损害大众的利益，最终受到损害的是广大底层的百姓。所以，任何世俗之

"仁",对天下众生来说,都是"假仁"。皇帝如此,大众也是如此,我们经常对亲属或朋友全心关爱,看似展现的是"仁",但也就意味着对其他人缺少全心关爱,这也是世俗之"仁",不是"大仁"。

平等就是"大仁",有了道和德之后,根本就不需要所谓的世俗之"仁"。

天地之间是空虚的,没有竭尽,人与万物可以自行生长,让万物与人生生不息。不受禁锢的万物,就可以带来缤纷多彩的世界,就可以推动人类文明的不断进步。

汉朝文景之治时期,奉行的是无为而治的思想,本质是尊重自然、解除人们的思维禁锢、发挥人的创造力,结果成就了一段难得的盛世;唐诗宋词元曲,是中国文化灿烂的顶峰之一,这一段时期,没有任何一种思想一家独大,这是自由的文化氛围所结出的硕果。对于明朝万历时期,后世很多史书都在骂万历昏聩,不老老实实上班,但社会的自由发挥造就了民族资本主义的萌芽,在经济繁荣的同时推动了文化、军事、科技事业的全面发展,形成了中国古代最繁荣的时期之一。

无论国家、社会还是个人,都只需要尊重其自身的规律。从君主到个人,需要摒弃自身的权力欲望、骄奢淫逸的欲望、建立功名的欲望,坚守道和德(中),万物就会按自己的规律蓬勃发展,社会就会按自己的规律蓬勃向上,个人就会成就自己。

第五十章

> 谷神不死，是谓玄牝，玄牝之门，是谓天地之根。绵绵呵若存，用之不勤。

参考释义

养神不死，是因为天地。天地之门，是天地的根，连绵不绝啊，它就这样永存，作用无穷无尽。

说东谈西

神不死是玄牝之功，玄代表的是"鼻"，牝代表的是"口"，玄牝代表的是口鼻，也代表天地。所以天地就是万物的养神。

天地的根（起源）是道，所以，老子在此是再次解释道。道生天地，天地养育了万物，让万物生生不息。

父、子、孙的一代代传递，也是万物生生不息的一种方式。但这种生生不息并不是简单的复制，因为"生"还有发展的含义，所以，必须是不断进步，人类文明就是在这些不断进步中发展起来的，这里的核心是要遵循道的指引。

道生天地万物，天地养育了万物，但不去干涉万物的发展，这才有了缤纷多彩的世界。

中国人一般会把财产传给自己的儿女，虽然财产可以传承，但"财富"却未必可以完全传承。因为一个人真正的财富是他的知识、经验、毅力、性格和思考问题与解决问题的能力，这些是无法像传承财产一样传承的。如果我们把自己真正的"财富"传承给了下一代，并由他们根据自己的特点来发挥，就可以积累更多的"财富"，家族的"财富"雪球就会越滚越大。自己有形的财产即便不传承给下一代也无所谓，因为他们会依托自己的"财富"积累更多的有形财产，或者有时候还是好事，因为这可以激发他们奋发向上的精神。

没有精神财富的传承就无法实现物质财富的传承。

中国有句成语叫"富不过三代"，其实完整的句子是"道德传家，十代以上，耕读传家次之，诗书传家又次之，富贵传家，不过三代"。为什么"富贵传家，不过三代"呢？根源是以传承有形财产为核心，随着一代一代进取精神的减弱，"富"很快就会成为过眼云烟。当一个家族以传承真正的"财富"为使命的时候（道德传家），就可以不断传递下去，比如明朝著名的哲学家王阳明，其家族就传承了一千多年。当一个家族的精神不断传递的时候，无论短期家族财产如何聚散，物质财产总会长聚在他们身边。

精神才是一个人、一个家族、一个民族永恒的财富。

我们的孩子需要的是养育，而不是禁锢。我们过去所有成功与失败的经验，都不能成为禁锢他们的枷锁。必须推动他们按自己的方式、发挥自己的特长，去思考、去学习、去实践、去积累属于他们的经验和"财富"。当每一代人都站在前人的肩膀上，不断发挥自己特长的时候，就会一代更比一代强，也就实现了道的要求——生生不息。

第五十一章

天长地久。天地之所以能长且久者,以其不自生也,故能长生。是以圣人退其身而身先,外其身而身存。不以其无私与?故能成其私。

参考释义

天长地久,天地所以能恒久,是因为它们不是为了自己的生存或利益而运行着,所以能长生不终。因此,有道的圣人不断修身而被天下人尊崇,薄己厚人而受天下人永远爱戴和怀念。正因为其无私,反而能成就自己。

说东谈西

这一章是从道推论到人道,反映了老子的辩证法与方法论。世间万物都是辩证的统一,比如一般认为,利他就是利他,利己就是利己,这是对立的,但老子在此说明,利他与利己也是辩证的统一。

天地可以永恒,而且在任何民族中都具有最崇高的地位。但这却是由无私来实现的,天地养育了天下的万物,从不求回报,对普天之下的所有人平等相待,纯粹利他,才实现了自己的永恒并奠定自己的地位。圣人也是一样的,他们不断修身,将他们智慧的结晶写了出来,服务于社会与后代,结果数千年来直到今天我们还在学习圣人的思想，怀念他们的丰功伟绩，他们也实现了永恒。这不是肉体的永恒，而是思想的永恒。

有些人已经死去，但还活着。

对于今天来说，这具有极为现实的意义。

在当今的商业社会中，企业竞争的是什么？竞争的是文化和理念。

一般来说，企业都是从利润出发，为了自身利润的最大化，加强广告宣传以扩大市场销售量，完善企业管理以降低成本，加强研发以期领先同行业，等等，这些都是对的，但又不完全对。企业的成长壮大取决于什么呢？从根本上来说取决于与社会的相容性。只有与社会共赢的企业才能让企业不断运行在正循环的轨道上，企业得以不断发展。谁的相容性越高，企业发展得也就越快，走得也更远，核心在于企业的所有所得，都来自社会，而且只能来自社会。这就要求企业必须以服务客户为中心，为客户提供超值的、不断走向更高端的供给是第一位的，然后又要与供应商、经销商、员工实现共赢，在自身利益不断提升的时候，一定要让他们也成为赢家。当一家企业努力与社会不断实现共赢、把社会的利益放在企业利益之上的时候，企业才能不断实现自己的利润，让自己成为伟大的企业。

先为人，才能为己，最终实现的是共赢。

我们经常说，有多宽广的胸怀、站在多高的人生高度，就可以做多大的事。将自己该得的利润让出一两分，实际是反人性的，因为人性本是自私的，这要求克服内心的贪婪。或许一般人在一两次的生意中还可以做到，但如若长期作为自己的理念来执行却是艰难的。比如，每一家企业都有困难时期，人的一生有高潮也有低潮，长期将对方的利益放在优先的位置，这依托的是信仰，只有信仰才能让人长期坚守。

企业经营和人生的经营，最终比拼的都是信仰。

企业发展壮大的源泉在哪里？当然来自社会。每个企业之所以可以发展，都在于利润不断提高，而利润只能来自社会。如果一个企业要得到长期、快速、持续的发展，就必须与社会相容，实现共赢。

人生就是不断进取的过程，没有进取一事无成，而且任何人都必须有恒久的"芮其身"的精神，时时更新自己，才能面对世界的大潮实现"智者见泉"；要锻炼自己的意志力、自律精神，摒弃墨守成规，发散自己的思维，练就摒弃尘世喧哗的心力，才能把"为"变成"成为"；我们经常说要实现财务自由、人身自由，但没有自律，就无法达成所有自由；没有感恩，就不会主动去为社会做什么，社会当然也就不会成就我们；谦卑、谦恭、谦虚，是激发任何人潜能的根本方式，只有谦恭之人才能自胜，等等。

我们无论贫富，都要感恩这个社会，因为我们生下来的时候每个人都是一无所有的，所有的点滴都是社会赋予的，要为社会做什么？还是要为自己做什么？就是人与人之间的根本区别。

没有无我，就会丧失自我。

第五十二章

> 上善如水，水善利万物而有静。居众人之所恶，故几于道矣。居善地，心善渊，予善天，言善信，政善治，事善能，动善时。夫唯不争，故无尤。①

参考释义

最好的善就像水一样，水滋润了万物而不求所得，它总是处于最谦卑的位置，故几乎近于道。水总是居于最善的地方，平静而志向高远；保持清静、清澈而透明；水内可以原封不动地照形，从不失其信；公正无比，清明而又公平；能方能圆，可以成为各种形态，曲直随形，无所不能；夏天可以成水或雾气，冬天又可以凝成冰的形态，应节气而动，永远不会失去天时。因其不争，所以天下没有人去抱怨水，实现"大争"。

说东谈西

这一章可以理解为用水这一有形的事物再次阐述道。

水滋润了万物，又处于最善（谦下）的位置，用不争达到了大争。但因为水"居善地，心善渊，予善天，言善信，政善治，事善能，动善时"，又没有形成任何怨者，这就是一种道的境界。

---

① 源自《帛书老子校注》中的乙本，中华书局，1996年5月。

"争"的汉语含义是：因意见不一致而相互辩论；力求获得或达到；竞争；等等。"争"的过程中最容易伤害别人或环境，如果一个人在与周围保持友好的状态下达到了无人与之争的地步，那就是一种境界，水达到的就是这种境界。

每个人的人生实际上都是在"争"之中度过，但是，"争"的方式不同，会带来截然不同的结果。

有些人永远都有无穷无尽的"不如意"，总认为社会欠自己很多，却从不问自己对社会的贡献有多少，于是不择手段地摄取钱财。由于这种方式与社会不相容，是损害社会的行为，最终就会遭到清算。即便这代人不会清算，未来也会被清算，只不过清算的方式多种多样。还有些人，在做生意的过程中不择手段，欺诈客户、压榨员工、损害社会、损害环境，等等，无所不做，但当社会或个人所处的环境稍有变化（比如他背后的掌权者失去了权力），以往所积累的财富就很可能会成为过往云烟。这些人都是因为自己在"争"的过程中，损害了周围的人群和社会，与社会相伤，最终导致糟糕的结果。

在自己人生的"争"之中，取得与社会最大限度的相容，这才是一个人的人生最大的"生意"。当自己奋斗不息的时候，保持与社会相容，就会给自己带来无人能匹敌的"援军"，那就是整个社会的力量。

"争"是每个人的人生，但"争"之路，却需谨慎地选择。只有具有"水德"之人，才能做到"居善地，心善渊，予善天，言善信，政善治，事善能，动善时"，才有最终的"夫唯不争，故无尤"，才能实现无人能与之争，才能永远活在人们的心中，实现属于自己的永生。

从"应该从社会得到什么"到"应该给社会带来什么"就是人与人之间境界的根本差别，而境界决定了一个人的作为，决定了人与人之间不一样的人生。

第五十三章

> 持而盈之，不若其已。揣而锐之，不可长保也。金玉盈室，莫之守也。富贵而骄，自遗咎也。功遂身退，天之道也。

参考释义

执着于盈满，不如顺其自然。显露锋芒，锐势就难以保持长久。金玉盈满，就无法守藏。如果富贵导致骄横，那是给自己留下了祸根。一件事情做得圆满了，就要含藏收敛，才符合天道。

说东谈西

贪慕权位利禄的人，往往得寸进尺；恃才傲物的人，总是锋芒毕露，耀人眼目。这些是应该引以为戒的。否则，富贵而骄，便会招来祸患。就任何人而言，建立功名都是相当困难的，但功成名就之后如何去对待它，是更不容易的事。

战国时期的李斯是个典型。

李斯是非常有才华的人。他出生于上蔡县（今河南上蔡县芦冈乡李斯楼村），在齐国求学时拜荀子为师，荀子的思想很接近法家的主张，研究的是如何治理国家的学问。李斯学成之后，经过对各国情况的分析和比较，决定到秦国建功立业。

到了秦国的李斯首先得到吕不韦的器重,后向秦王提出"先灭韩,以恐他国"的吞并顺序,得到了秦王的赏识。正当秦王下决心统一六国的时候,韩国怕被秦国灭掉,派水工郑国到秦国鼓动修建水渠,目的是想削弱秦国的人力和物力,牵制秦国的东进。后来,郑国修渠的目的暴露了。这时,东方各国也纷纷派间谍来到秦国做宾客,群臣对外来的客卿议论很大,对秦王说:"各国来秦国的人,大抵是为了他们自己国家的利益来秦国做破坏工作的,请大王下令驱逐一切来客。"秦王准备下逐客令,李斯也在被驱逐之列。

李斯因此给秦王写了一封信,进一步展示了自己的才华,这封信就是有名的《谏逐客书》。信中说到自己听说群臣议论逐客,这是错误的。从前秦穆公求贤人,从西方的戎请来由余,从东方的楚国请来百里奚,从宋国迎来蹇叔,任用从晋国来的丕豹、公孙支。秦穆公任用了这五个人,兼并了二十国,称霸西戎。秦孝公重用商鞅,实行新法,移风易俗,国家富强,打败楚魏两国,扩地千里,秦国强大起来。秦惠王用张仪的计谋,拆散了六国的合纵抗秦,迫使各国服从秦国。秦昭王得到范雎,削弱贵戚力量,加强了王权,蚕食诸侯,秦成帝业。这四代王都是由于任用客卿,对秦国才做出了贡献。如果这四位君王也下令逐客,只会使国家没有富利之实,秦国也没有强大之名。此时的秦王是秦始皇,果断地采纳了李斯的建议,立即取消了逐客令。李斯也因此进一步受到重用,被任命为廷尉。

在秦国统一天下的过程中,李斯立下大功,晋升丞相。秦国废除分封制、统一文字、统一度量衡、统一货币等举措,大多也来自李斯的手笔。

然而,功成名就的李斯开始贪恋权势和富贵,追求盈满。

在秦始皇去世之后,李斯与赵高合谋立秦二世为帝。起初,李斯是不同意立秦二世为帝的,要按秦始皇的遗嘱立扶苏为帝,赵高用以下言语说动了李斯:"你自己估量一下你的才能比蒙恬怎样?你对国家的功劳可比蒙恬高?你可曾比蒙恬更加深谋远虑而不致失算?你比蒙恬更不会结怨于天下人?你比蒙恬更加和长子扶苏有旧交情而又深得信任?""在上位的(指胡亥)和在下位的(指李斯)如果同心协力,就可以保有永久的富贵;宫里的人(指赵高)和宫外的百官大臣(指李斯)如果互相应和,事情自然顺乎,不致有差错。你要是听我的计策,你就可以长久享有侯爵,还可以传给子孙万代。而且你也可以像王子乔和赤松子两位仙人那般的长寿,像孔子和墨子两位圣贤那般的聪明智慧。现在你却舍弃这个好计策不肯听从,那么连你的子孙都不免遭殃,我实在很替你担心害怕。一个善于自处的人是能因祸得福的,你打算把自己如何来安置呢?"李斯于是抬头望着天,掉眼泪叹息着说:"唉!我偏偏不幸生长在乱世里,既然不能自杀来报答皇帝,要向哪儿去寄托我的生命呢?"于是李斯就听从了赵高的计谋。

到陈胜吴广起义时,李斯的儿子李由担任三川郡的郡守,起义军向李由的辖区进攻,李由虽然顽强坚守但却无法获胜,直到章邯赶到之后才击败了起义军。但朝廷却接二连三地派使者到三川郡调查,随后责问李斯身居三公的地位。李斯既怕死,又贪恋富贵,一时不知道要怎么办才好。只好对秦二世曲意奉承,以求保全自身。

李斯最终还是被赵高陷害,在二世皇帝二年(前208)七月,被以五刑论处,在咸阳市上腰斩。

李斯是历史上进退失据的典型,是富贵蒙蔽了自己的双眼,追求盈满给自己带来了灾祸。

进退失据会带来严重的后果,皇帝也一样。

秦始皇征服六国之后,天下百废待兴,此时应该是与民休息,中原地区稳定之后才具备征伐四方的条件。但始皇做了两件很值得商榷的事情:

第一是北伐匈奴，三十万精锐秦军长期驻扎在北方边境；同时，南征南越，由于担心南越再次反叛，五十万秦军一直驻扎在南越地带。战国时期的秦军精锐不过是百万，这导致秦军精锐力量远离了中原地区，一旦内部生变，帝国就很容易崩溃。

第二是开始大规模修建阿房宫和秦始皇陵墓，这动用了关东地区大量的劳动力，导致农田被荒废，人民苦不堪言，直接推动了关东起义的爆发。中原地区生变之后，秦军内部兵力空虚，导致了秦朝二世而亡。

"功遂身退"可以理解为，建立了功业，做出了成绩，要回到伊始的状态，保持清净，只有保持清净才会总结得失。在此要注意的是，"功成"不仅仅代表"得"，也代表"失"，因为得失总是相伴相生的。同样，人的一生难免会遭到挫折，遭到挫折之后也要回到伊始的状态，回归清净，只有如此，才能在总结"失"的同时，也体悟所"得"，因为失与得也是相伴相生的，如此，才能保持自己的自信心，在未来取得成功。这就是"失败是成功之母"的内在含义。

进退有序，勿求盈满，能明了得失之间相伴相生的关系，就是睿智之人。

第五十四章

> 戴营魄抱一，能毋离乎？抟气致柔，能婴儿乎？涤除玄鉴，能毋有疵乎？爱民治国，能毋以智乎？天门启阖，能为雌乎？明白四达，能毋以知乎？生之畜之，生而弗有，长而弗宰也，是谓玄德。①

参考释义

魂魄合一，能不相离吗？专守和气不乱则形体柔顺，能像婴儿一样吗？不断洗涤内心、保持洁净，能无瑕疵吗？关爱民众，让他们生活得好，能不靠智巧吗？天地之门一开一阖，阴阳雌雄相反相成，能没有雌和弱吗？明白四达，能不用智巧做到吗？让万物生长繁殖，生养万物而不占有、不主宰它们，这就叫作"玄德"。

说东谈西

"抟"有"聚结"之意。

原文中的"爱民治国"中的"治"，在乙本中也用"栝"。老子说"勇于不敢则栝"，所以"爱民栝国"中的"栝国"与"治理国家"的含义有所不同，前者是无为，后者是有为，在老子的哲学中多次申明要行不言之教，对于国家也是如此，君主要身体力行，顺应自然，所

---

① 源自《帛书老子校注》中的乙本，中华书局，1996年5月。

以要"栝国",而治国是主动治理的含义,甚至有统治的意思。"栝国"的核心意思可以理解为让百姓安宁,有好的生活,国家就会自然而然地展现出勃勃生机。对于君主来说,就需要勇于不敢,勇于无为。

本章中,老子用排比句来阐述道家自然无为之道。

"抱一"是修行的必经之路,要想达到神形合一、魂魄合一,就要远离外界的纷纷扰扰,要无为。从道家来说,"一"是太和之精气,守一就可以达到长生,需要远离世间的各种诱惑,不执着。

抟气(和气)充盈,此身此心即可以达到柔而不刚,就能进入虚无,气行专一,养护和气,通过无为就可以达到柔。

"抱一"是中国传统思想的精华部分,要不断让自己达到更高的境界,"抱一"是必经之路。保持清净,心神合一,不断洗涤自己的内心,就可以去除自己内心的瑕疵。

怎么才能实现"栝国",让国家实现大治呢?君主需要奉行自然之道,要不断洗涤自己的内心,要抱一,要无为。具体来说,就是遵循天道与人道,制定好规则,然后任由民众自由发挥,追求自己的美好生活。之所以要"栝国"而不是"治理国家",根源是社会财富和人民的美好生活是民众创造的,君主并不能创造社会财富,所以,必须发挥民众的积极性和创造性,让他们去努力追求,所以要"栝国"。

天下有雌雄,有智巧也有淳朴,要实现"栝国",君主就必须居于柔弱之地,坚守淳朴。让天下万物自由地生长繁殖,不占有、不去主宰它们,这就叫作"玄德",这是对君主的要求。

对于企业和家庭来说,道理也是一样的。任何一个家庭,只有一代一代的家长不断地"栝",才能开阔整个家族上升的空间,让家族越来越兴旺。如果只有"治"和"管",就很容易受到家长个人品德、心胸、见识、阅历、知识等方面的制约,家族的发展就会受到限制,就难以摆脱平庸。

无为,最终才有无不为。

第五十五章

> 三十辐同一毂，当其无①，有车之用也。埏埴为器，当其无，有埴器之用也。凿户牖，当其无，有室之用也。故有之以为利，无之以为用。

参考释义

三十根辐条汇集到一个毂的孔洞当中，有了车毂中空的地方，才有车的作用。揉和陶土做成器皿，有了器皿中空的地方，才有器皿的作用。在房屋四壁开凿门窗，有了门窗中空的部分，才有房屋的作用。所以"有"给人便利，"无"发挥了它的作用。

说东谈西

"故有之以为利"说的是利于形用。用容器盛粮食或酒，粮食和酒让容器发挥了作用；房屋中住人，房屋发挥了作用；腹中有神，发挥了腹的作用，也都可以防止有形之物（容器、房屋和腹）的灭亡。如果一个容器是无用的，人们就不会去主动保护它，就很容易被毁坏；如果一所房屋无人居住，人们也不会主动去修缮它，就很容易破

---

① 本章原文中，中国大陆帛书甲乙本均使用"当其无"，作者为了尊重大陆帛书甲乙本也如此使用。但在其他地区和其他一些古本中使用"当其無"。此处，无论是车毂中空的地方、器具中空的地方还是门窗和四壁内部中空的地方，表示的都是虚空，但虚空并不是什么都没有，所以作者认为"当其无"更准确。

败；如果腹没有作用，人们也就不会爱护它；等等。"无之以为用"就是道，上述有形之物可以发挥作用，在于有虚空（無），只有有了虚空才可以盛受万物，而道者空也，产生天地万物。

本章的核心内容可以理解为，要懂得清空自己，只有清空自己才会有更大的作为。需要清空的主要是什么呢？最核心是欲望！

我们经常说，心胸决定境界，境界决定了人生的作为，也知道"宰相肚里能撑船"的成语，但知道和做到往往是两码事，为什么做不到呢？缘于缺乏"虚无"。

如果一个人的内心充斥的都是无穷无尽的欲望，怎么能像宰相一样可以"肚里撑船"呢？只有"中空"之人，才可以以天下的福祉为己任，才可以成为宰相。如果一个人时刻都在想着怎么实现自己的欲望，就会极度自我，也就丧失了心胸，也丢失了境界，导致与社会处于剧烈矛盾的状态，一生就会毫无作为。

"放下"是人生中最重要的一课，是实现虚无的唯一途径。

老子的《道德经》告诉我们放下（清空自己），放下之后，亲人、朋友、社会才能进入你的心中，就有了更高的境界，自己就站在了社会这个"巨人"的肩膀上，就可以成为"宰相"，就可以做出别人难以企及的成就，就可以被社会所敬仰。

佛家也讲放下，与老子的《道德经》如出一辙。有一个广为流传的故事是这么说的：

一个年轻人背着一个沉重的大包袱，吃力地攀登在上山的台阶上。他要上山找圆成大师，因为他听说圆成大师能够帮助人们解决任何困难。走了三天三夜后，年轻人终于见到了圆成大师，对圆成大师说出了自己遇到的难题："大师，我感到十分孤独，十分寂寞。而且不知道什么原因，我总受到莫名的伤害，我现在觉得人生没有一点儿乐趣，对活着没有任何希望。所以特地前来拜访您，希望能够得到您的点化。"

圆成大师一边转着念珠，一边微闭着眼睛念经，听到年轻人的话后，眼睛仍旧微闭着，问道："施主，请问你的包中装着什么？"

年轻人痛苦地回答："这里装的是我每一次感到孤独时所产生的烦恼，还有每一次受伤后的眼泪和委屈。就是因为它们的存在，我的生活才如此无望。"

圆成大师听后，站起身来，示意年轻人和他一起走。没多久，就到了一片湖边，湖面上停着一只船，圆成大师让年轻人与他一起乘船到了湖对面。上岸后，圆成大师吩咐年轻人将船扛起来走。年轻人十分不解，船那么重，自己怎么扛得动呢？于是他向圆成大师提出了异议。

圆成大师看着年轻人一脸的疑惑，笑着说："我知道你扛不动，这条船对我们而言十分重要，我们需要借助它才能到达对岸。可当我们到了对岸后，就应该把船丢掉，如果扛着船赶路，船不就成了我们的负担吗？"

圆成大师接着解释道："这和孤单、寂寞、痛苦、眼泪是一样的，你的生命可以因此而变得多姿多彩，但如果你一直纠缠在不快乐的事情中，这些就成为你的负担，会压得你喘不过气来。"

大师的话点醒了年轻人，他缓缓放下背在身上的包袱，包袱脱离身体的那一刻，年轻人感到了前所未有的轻松与快乐。

烦恼的根源并不在于烦恼本身，而在于烦恼产生了，我们却不能及时放下。由于认知上的不足，我们才会被现象所迷惑，看不到事物的本来面目，并一直沉迷其中，不能自拔。

放下烦恼、忧虑、痛苦、悲伤，是清空自己，一身轻松地面向未来。

更重要的是还要放下成功，因为以往的成功，会让人自大，忘记谦卑，以往的成功也容易让自己形成思维定式，都可能是未来的失败之源，所以，不仅孤单、寂寞、痛苦、眼泪需要放下，成功更需要放下。同样，挫折也需要放下，时时清空自己。

老子让我们放下，清空自己和心中无穷无尽的欲望，就会不断进入更高的境界，装下的是天下人和天下事，天下人就都会自动进入我们的心中，就可以成就更大的事业，就可以得道。

第五十六章

> 五色使人目盲,驰骋田猎使人心发狂,难得之货使人之行妨,五味使人之口爽,五音使人之耳聋。是以圣人之治也,为腹不为目,故去彼取此。

◎ 参考释义

色欲令人伤精失明;纵情狩猎,精神散亡,导致心情放荡发狂;稀世珍宝让人贪欲不断膨胀,永不满足,就会让人行为不轨;属于后天之物的五味虽然能使人清爽舒适,但却使人丧失先天之炁,最后不知其味;好听的五音会让人无法听到无声之声。所以,圣人总是为神而不为目,去掉可让人迷失的妄视、妄味、妄听,修身养性。

◎ 说东谈西

五色指青、黄、赤、白、黑,或许也可以理解为色欲。

"是以圣人之治也,为腹不为目"中的"为腹",很多时候被直观地理解为吃饱肚子,难道圣人只是吃货?这显然是十分荒谬的。从上一章可知,腹中有"神",是生命之本。从中医来说,脐下三寸处为关元穴,它为先天之气海,是养生吐纳吸气凝神的地方,古人称之为人身元阴元阳交关之处,是生命的基础,所以,"为腹"是为了生命的根本,而不要执迷于可以导致"疲"的五色、五音、五味等,这会让人失去"神"。这实际是中国古代智慧的精髓,生命之所以生生不息,就在于"精气神",养护好"精气神",就能提升自身的能力。从中医来说,养护一个人的"精气神"就可以激发自身的免疫能力,对抗外界对人体的侵害,与西医的医理是不同的。所以,中医通过"望闻问切"来诊断,"望"处于第一位,通过望一个人的气(精气神),就可以完成诊断。

上一章说到,人要学会清空自己,要清空的就是五色、五音、五味等所导致的一系列欲望,这些都会导致自身的"疲"。清空自己才能装下周围的人群或社会,才能让自己走向更高的境界。根源在于一个人所有的荣誉和地位、物质与精神上的所得,都是社会和周围的人群赋予的,一个人即便每天吹嘘自己,也只不过是自吹自擂,被别人或社会鄙视而已。所以,能否清空自己、装下别人,就是人与人之间的差别。

"神"决定了一个人的健康状态和精神状态,养护它们就可以实现长生。一个人内在的"神韵"也决定了其看问题的深度和广度,决定了他的境界,当看问题达到了足够的高度、深度和广度之后,对事物的过去与未来都有了足够的分析判断能力和预知的能力,就永远不缺乏行动力,因为此时的行动已经成为实现自我预知的一种方式,让自己充满了动力和乐趣,即便暂时出现挫折,也不会畏缩不前,因为预知的目标就在那里,持之以恒,自然就可以达到更高的人生高度。

第五十七章

> 宠辱若惊，贵大患若身。何谓宠辱若惊？宠之为下。得之若惊，失之若惊，是谓宠辱若惊。何谓贵大患若身？吾所以有大患者，为吾有身也；及吾无身，有何患？故贵为身于为天下，若可以托天下矣；爱以身为天下，如可以寄天下。

参考释义

宠辱都会导致惊恐，贵此身者就会被身与名所累。什么是宠辱若惊呢？宠是上位者对下位者的恩宠，所以下位者无论得宠、失宠皆惊恐，辱也是上位者施于下位者，下位者受辱之后更担心祸端出现，也惊恐，所以得宠和受辱都感到惊恐。什么是畏惧大患上身？我之所以有大患，是因为我在意身与名，如果我不在意身与名，还会有什么祸患呢？所以，由珍惜自己的身与名转化为为了天下和珍惜天下，天下就可以托付给他，爱惜自己的身与名是为了天下，天下就可以依靠他。

说东谈西

在原始社会，生产力比较低下，以血缘关系为纽带形成集体，才可以对抗大自然，才可以谋得生存，这是氏族社会产生的基础。到了夏商时期，在这些氏族的基础上逐渐发展成方国，这在商朝晚期商墟遗址出土的甲骨卜辞中都有证明。这时多数方国的规模较小，只是一些原始的氏族部落。但也有少数方国的规模比较大，已经具备了部分国家机构，比如土方、羌方等，后来取代商朝的周部落，就是大的方国之一，称为周方。很多熟悉历史的人会知道一个很著名的方国，那就是鬼方，这是商周时期居于我国西北方的氏族，源自曾与轩辕黄帝联姻的一个氏族——大隗氏，其活动记载于《易经》《山海经》《史记》等古籍中。这些方国都是在氏族的基础上建立起来的，血缘关系是基础。

这种模式不应该是中国独有的发展模式，其他地区的人们在当时也会面临生产力低下的问题，氏族部落诞生在了世界各地。

然而，大禹之后，中国逐渐建立了以血缘为基础的家天下的文化体系，让血缘之上的"家"的概念得以强化，并逐渐成为中国社会的主要文化体系之一。登上皇位的皇帝，将普天之下都当成自己的家来看待，让这种以血缘为纽带建立起来的社会模式得以固化。所以，家庭和家族自古至今都是支撑中国社会的基础"细胞"。也可以说，家庭和家族争霸就代表了中国社会的封建史，因此从某种角度看，中国封建史就是一家一姓的不断轮回的历史。由于打击其他部族的最有效手段就是消灭或打击对方的人口，也就直接造成中国封建社会的多次人口大灾难。

家庭是任何社会的最基础的"细胞"，但对整个社会体系来说，兼爱才是一个民族可以团结起来并不断走向兴盛的基础。

所以，一个"家"字，就基本代表了中国封建史。

在这种文化体系之下，衣锦还乡、光宗耀祖成为个人和家族的期待，宠辱而惊也就因此而产生，因为宠辱就决定了个人甚至整个家族的命运。比如，如果一个人的皇位被外姓人篡夺，不仅自己的性命难保，还很可能会使整个皇族面临灾难，这在中国历史上并不罕见。因此，就无法做到宠辱不惊。

我们知道，现代社会有生命平等、人人生而平等的社会理念，这实际是把人从家庭、家族中解放出来，作为社会"人"来看待，没有了家庭与家族的隔阂、没有了门户和等级的差别之后，所有人和生命都是社会的一分子，当然就是平等的。这就出现了两个明显的变化：第一，社会在孩子的抚养过程中承担了更大的责任。很多人将这种支持称为国家的补助，这是错误的，这是社会承担的抚养费用。同时，社会还要建立完善的法律制度，对孩子进行保护，家长必须遵守。此时，孩子就不再仅仅属于家庭，家长仅仅是孩子的监护人，孩子具有更多的社会属性，属于社会"人"。第二，如果一个人做出了成绩，不仅仅属于家庭，更主要属于社会。所以，光宗耀祖、衣锦还乡的概念就被淡化。此时，评价一个人的成绩的标准也不一样，仅仅是对自己和家庭有利的事情，就不是成绩，只有对社会做出了贡献，才是真正的成绩。

此时，人就成了"社会人"，不再是家庭的"人"，更不再是自己的"人"。

我们可以看到，老子的思想是与此非常相近的，可老子提出这样的学说，已经比当代提早了两千多年。

没有上位者，就没有宠，宠爱来自上位者。之所以下位者宠辱若惊，是因为上位者可以随时对下位者施加宠或辱，让下位者不得不宠辱若惊。当人人平等的时候，宠字就失去了意义。之所以会宠辱若惊，也因为关心自己的得失，是因为有自我的存在，当一个人为社会服务的时候，作为社会的一分子，自己的"身"就变成了社会之"身"，宠辱若惊也不存在了。当一个人时时都在为社会服务的时候，由为自己（为家族）服务转化成为天下服务，天下人当然可以将天下之事托付给他，也会自然而然地托付给他；那时珍惜自己（的身与名）是为了天下，天下人就会自然而然地依靠他。这样的人毫无疑问会建立巨大的成就。

所以，河上公在《道德经》的注释中说道："得道自然，轻举升云，出入无间，兴道通神，当有何患。"

之所以很多人宠辱若惊，无法做到"放下"，是因为修为不够，还没有得道。

无论是我们每个"人"，还是我们的财富，其根本属性都是社会的，人必须在社会中生活，没有了社会也就没有我们个体的"人"，财富的根本属性也是社会的，没有社会的温床，就不会诞生财富的概念。所以，无论对待自己还是对待财富，都必须以道为出发点和归宿，也就不会在宠辱之间、得失之间患得患失，这是建立人生功绩的大道。

只有"道"，才是"通天大道"。

第五十八章

视之而弗见，名之曰微。听之而弗闻，名之曰希。捪之而弗得，名之曰夷。三者不可致诘，故混而为一。一者，其上不皦，其下不昧，寻寻呵不可名也，复归于无物。是谓无状之状，无物之象，是谓忽恍。随而不见其后，迎而不见其首。执今之道，以御今之有，以知古始，是谓道纪。

参考释义

看它却看不见，把它叫作"微"。听它却听不到，把它叫作"希"。抚摸它却摸不到，把它叫作"夷"。三者由于无色、无声、无形，口不能言、书不能传、摸也摸不到，所以就浑然为一。"一"在天上不明亮，在天下不昏暗，无穷无尽并不可称名（无法起个名称），又回复到无形无象的状态。这种没有形状的形状，不见物体的形象，就是"忽恍"，迎着它，看不见它的前头，跟着它，也看不见它的后头。圣人执守今之道，来驾驭今天的具体事物，也能认识上古（初始）的情形，认识"道"的规律。

说东谈西

有些版本的《道德经》中，"一者，其上不皦"中的"一者"

被省去，是不妥的，因为这是老子要点名的主题，"一"是道之子。"执今之道"更不能改为"执古之道"。可以理解为，老子的思想中，道是无形的、恒久的存在，是变与不变的辩证统一，必须以"今之道"来驾驭今天的具体事物，这才是辩证法和方法论，而这些辩证法和方法论从何而来？是从事物的初始状态而来。比如，对一个社会来说，必须用适合今天的方法来驾驭今天的事物，这些方法从何而来？是从一个社会的历史中来，所以，历史就是今天，今天也是历史。

本章原文中，"捪"有"抚"的意思，很多版本的《道德经》中改为"搏"，本人认为不妥。

本章比较生涩，可以理解为老子在论道，描述道体。老子说，"道"即是"一"，"道"虚无缥缈，不可感知，看不见，听不到，摸不着，然而又是确实存在的，是所谓"无状之状，无物之象"。"道"有其自身的规律，它时刻都是存在的，人们掌握了道，既可以看清楚上古的问题，也可以解决今天的问题，当然也就可以预知未来。

有形的事物，人们比较容易掌握，无形的事物掌握起来比较难，如果人们只相信眼见为实，就更不容易理解无形的事物，可恰恰相反，无形决定有形，决定人生。

或者说，无形和有形相互推动又相伴相生，我们从有形的方面得到很多感性知识，经过思考的升华过程之后就会上升到理性的高度，此时就更接近事物的初始状态，掌握了初始状态之后就可以举一反三，最终就会有更好的悟性。

第五十九章

古之善为道者，微妙玄达，深不可识。夫唯不可识，故强为之容。曰：豫呵其若冬涉水。犹呵其若畏四邻。严呵其若客。涣呵其若凌释。敦呵其若朴。混呵其若浊。旷呵其若谷。浊而静之徐清，安以动之徐生。保此道不欲盈，夫唯不欲盈，是以能敝而不成。

参考释义

古代善于行道的人，对显与隐、白与黑之间的玄妙关系掌握得非常精妙，达到了跨玄通灵的境界，道德深远不可描述。因为无法描述，只能勉强地做些形容：做任何事情都小心谨慎（保持敬畏），像冬天踩着水过河；谨慎戒惧，就像猎犬警戒四周一样；为人处事庄重恭敬、彬彬有礼；修道进德、除情去欲，如同春雪融化一样自然；敦厚朴实，就像槌水的声音可以传递到很远的远方，绵绵不绝；坚守本真不昭然；胸怀豁达、态度谦下、包容万物，像沐浴在山谷。浊水静之而自清，在安静中孕育生机。保持道的人不会自满，只有不自满，才能守敝而不贵功名。

说东谈西

帛书版《道德经》中"是以能敝而不成"中的"不"字，在很多版本中改成了"新",这两个字截然不同。在这里,"敝"是破败的意思,可以理解成谦卑的位置,"成"是功名的意思,不成,就是不贵功名。所以,解释起来就是坚守谦卑的位置不去追逐功名。

这一章紧接前章,可以领悟到得道之人的境界远超过常人,具有谨慎、懂畏惧、警惕、洒脱、融合、纯朴、旷达、浑厚等特点,根源就在于他们掌握了事物的内在规律,懂得运用内在的规律来处理具体的事物。为什么得道之士要具备这么完善的修养呢?核心在于"道"是玄妙精深的。常人对"道"感到难于捉摸,而得"道"之士则与常人明显不同,他们有独到的风貌,独特的人格形态,只有如此才能得"道"。

"微""妙""玄""达"(通)是为道者的四重境界。

"微"是为道者的第一重境界。我们经常说,细节决定成败,一个人如果做事情能够洞察细微,就很容易把事情做好。

一个可以对事物洞察细微之人,自然是有智慧之人。

"妙"是为道者的第二重境界。

然而,如果止步于"微",还没有得道。这就是"知其然,不知其所以然"的道理,要上升到理论的高度,要明白为什么需要这么做,这是第二重境界——"妙"。

第三重境界就是"玄"。当明白一件事情的内涵和逻辑之后,通过举一反三升华自己的认知,就可以洞察许多的事物规律,就是"玄"。

"达"是第四重境界。达到"玄"之后,就形成了自己的方法论,这个方法一定是属于自己的,然后用于指导对未知事物的探索,就能无所不通,无所不达。

如何不断攀登这四重境界呢?可以把"浊而情之余清,女以重之余生。葆此道不欲盈,夫唯不欲盈,是以能敝而不成"看作答案。

我们看到问题时,总是有各种因素都在发挥作用,像浑浊的水一样,但只要仔细观察、洞察细微,其中总有最核心、最根本性的因素,此时,我们看到的问题就逐渐透明,然后就可以了解问题的过去和未来的变化。只要永远不自满,不把自己当成"老师"而是作为如饥似渴的学生,就可以掌握问题发生与发展的内在规律。当掌握了规律之后,就可以举一反三,就可以不断达到更高的境界。

　　不自满,知道自己永远也达不到盈满,保持对"道"和大千世界的敬畏之心,永远能"敝而不成",就可以达到最高的境界。

　　所以,残缺才是真正的美。

　　同时,还必须放下自我,只有以社会和自然的眼光看待所有问题,才能挖掘出事物发生与发展的客观规律,这是必修课。如果无论什么事情都以是否对自己有利来观察思考问题,就无法进入"道"之门。最简单的道理是,大千世界是一种平衡,如果万事都要求对自己有利,损害他人或社会,事物就很可能不会奔这个方向发展,因为这违反了自然平衡的法则。天地之道总会普济众生,只有共赢的路径才是最正确的路径。

　　不要以自己或小家为中心来思考任何问题,要重塑自己的价值观,如此才可以在修道的道路上登堂入室。

　　我们在日常生活中,会发现很多人无论做什么工作都可以做出成绩,总比我们强,是因为他们掌握了方法论,有自己独到的观察问题和解决问题的方法。

　　所以,本人认为哲学是所有学科之母,掌握了认识问题解决问题的方法,对其他学科的问题就可以一通百通。

　　《道德经》是中华的古老哲学,是百科之母,是成就世人的"钥匙"。

第六十章

致虚极也,守静笃也,万物并作,吾以观其复也。夫物祛祛,各复归于其根。曰静,静,是谓复命。复命常也,知常明也;不知常,妄,妄作,凶。知常容,容乃公,公乃王,王乃天,天乃道,道乃久。没身不殆。①

参考释义

除情去欲,内心清静达到虚无,是极致,守清静,是"中"之位,可以通过万物的生长观察万物的循环往复过程,也可以用于观察人,万物都在不断往返其"根"。归根就是归静,归静就是复命,静虽然柔弱、谦卑处下,却为万物往复生命(也就是说,静为生命的伊始状态,也是生命的归宿),使其不死。复归于生命就叫自然,认识了自然规律就叫作明,不明了自然规律,一味巧诈,就是无边无际的灾凶,能知道(上述道理)并践行,去情忘欲,就会无所不包容,无所不包容就会坦然公正、众邪莫能当。坦然公正、众邪莫敢当就能王天下,能王天下,就能与天通(天道即人道),德与天通,就与天地的道合在了一起,与道合,就能长久,终生不会有危险。

---

① 源自《帛书老子校注》中的乙本,中华书局,1996年5月。

说东谈西

"曰静,静,是谓复命",前面的主语显然是归根,也就是"归根曰静"。

内心达到了虚无,就是一种极致,内心应该居于什么位置呢?偏心是不行的,要居于最中心的位置,守静才是中央。只有如此,才能有后面所说的"公正",才有"众邪莫敢当"。

致虚者,天之道也。守静者,地之道也。万物都是由动而生,由静而归根。虽然生生不息,但最终无不归其本。树木春生夏长,秋收冬藏,终要落叶归根。天地万物都有其本源,天下没有无根之物。万物之根在何处呢?盖在将开未开、将动未动的静态之中,只有将生未生时的虚清状态,才是万物之本根。天下万物,每个生命体都是依根而生,凭根而活,离根即死,终又复根。"归根"就是一种由动返静的过程,既返于静,依然复归于诞降之初的状态。

上述还比较好理解。既然万物都有根,那么,人之根又在何处?

人体的组成元素并不复杂,但如果只是将这些元素堆积起来,这个"堆积物"能拥有思维和灵魂吗?不能。因此,关于生命的认识,我们还相当肤浅。

所以才有俗语说"人是一棵无根树",上不挨天,下不扎地,两头看起来都不粘,似乎无根。

其实人之根深深地置于天地中,头顶青天,与宇宙本源紧密相连;足踏大地,与地球母亲脉脉相通,所以人根植于天地之中。这是有形的。从无形的方面,按道家理论来理解,人之囟门吸收了天地的"真炁",滋养人的生命,待到成长至十六岁(女十四岁)时,发育成熟,精血泄漏,七情六欲滋生,囟门也随之封闭。此时由先天之体,逐渐转为后天之身,逐渐与天地之气阻隔,顺着常道,损精耗神,直至衰老死亡。这里的"真炁"就是生命,人的根扎在虚无之中。人体先天具有的一些成分，后天并不能完全通过饮食等方式来补充，似乎这在给道家的理论体系提供佐证。所以修真人需要"炼精化气，炼气化神，炼神还虚，炼虚合道"，这个"虚"也就是人的本源。

这是探索任何问题的根本方法。

在经济全球化时代，资本和商品全球流动，推动各国经济发展，这类似于"大锅饭"时代，当然，这个"大锅饭"的体系是欧美国家建立起来的规则。此时，各国对经济的管理能力在经济生活中的地位下降，只要按照这套世界的经济规则运行，本国的经济潜力就可以得到激发（虽然激发的程度不同），经济就可以得到发展。但是，逆全球化到来之后，各国自己的规则就会上升到更重要的地位，国家的管理能力在未来的经济增长中也会起到更大的作用，各国都需要进行转型，那么怎么转型呢？是向左还是向右？这个问题的"根"在何处？很多人会说这取决于管理者。这种想法是片面的。一个国家怎么转型，取决于自己的文化和国民的整体素质，如果适合向左，管理者就会选择向左，如果适合向右，管理者就会选择向右，这就是这个问题的根。

天地万物都有根，任何问题也都有根，如果要做到事半功倍，就要寻根，观察根，以此来研究事物的过去与未来。

第六十一章

> 太上，下知有之。其次，亲誉之。其次，畏之。其下，侮之。信不足，案有不信。犹呵，其贵言也。成功遂事，而百姓谓我自然。

参考释义

最好的"君主"，人民虽然知道他但感觉不到他的存在。其次的君主，人民亲近并且称赞他。再次的君主，以严刑酷法治理社会，人民畏惧他。更次的君主，人民轻蔑他。君主的诚信不足，人民就不相信他。最好的"君主"是多么悠闲啊，他很少发号施令，深恐违背自然之道。实现了天下太平，百姓却不知君上之德的淳厚，反而以为"本来就是这样的"。

说东谈西

在今天，国家和君主的概念在人们的心中已经根深蒂固，对人们的生活具有重大的影响，所以，人们就很容易认为本章中老子仅仅是在讲政体。然而，老子还讲述了大千世界的自然规律，或观察问题、研究问题的辩证法和方法论等。

"太上"的含义包括远古、皇帝或皇帝的父亲、天帝等，后代也将老子称呼为"太上"，也代表最大、最上等，很多时候"太"通

"大",所以,在一些版本的《道德经》中将"太上"改写为"大上"。这样的君主,民众知道他是存在的,但感觉不到他的存在。因为他引领民众遵循自然的法则,民众安居乐业,而自己又不居功,也就不会被民众感觉到他的存在。

在此,制定规则是极其关键的,只有在合理的规则下,才能使天下达到大治。

今天,世界各国都在建立法制社会(也就是以规则治理社会),在此要说的是,法律并不仅仅取决于有形的法律条文,更取决于无形的要素。

首先,法律是为谁服务的,这是第一个核心内涵。

如果法律仅仅是为极少数统治者服务的,人们就不会从内心去遵守法律,就会想方设法地钻法律条文的空子,无论再怎么完善的法律条文也都有无数的空子可钻,这样的法律就没有意义,因为任何社会都无法承受这种执行法律的高昂成本。如果法律只是为统治者服务的,统治者就有权规避对自身违法行为的制裁,都可以通过金钱、利益交换等方式来规避法律的制裁,让这样的法律失去意义。

所以,法律必须是为社会所有人服务的,这样的法律才可能成为真正的法律,人们才会自觉去执行,执法的成本也很低,这样的社会才能建设成真正的法制社会。

其次,即便法律条文制定得再详细,当人们不断钻空子的时候,也是无效的法律。根源在于这种违法体现在社会的方方面面和各个角落,让执行部门疲于奔命,法律的地位就无法确立。但当法律是建立在民众的利益和民众的信仰之上的时候,人们就会自觉遵守法律,并成为全社会的思维模式和行为模式,法律就可以得到自然而然的执行,法治社会得以建立与完善,法律才拥有尊严。

所以,所有的法律必须符合民众的利益,在法律面前真正做到人人平等，必须建立在人们的信仰上。而信仰是无形的，换句话说，一个社会没有信仰，就很难建立完善的法治社会。

当今世界，几乎所有的国家都建立了比较完善的法律条文，但展现出来的效果却截然不同，根源就在这里。

当建立了真正的法治社会之后，法律所要求的规则实际是在人们的头脑中，是人们信仰的一部分。当所有人都按规则行事的时候，这个社会几乎就不需要管理，本质是人们自己在治理自己，财政支出就很低，税赋也很低，人民的生活水平就可以不断提高。

所以，任何事情，最根本的都取决于无形的因素，实际是取决于"道"，这是至高无上的。

本章的内容也体现在企业的经营中。比如，有些企业具有完备、先进的企业文化，当然这种企业文化绝不是仅仅显示在条文中，而是体现在员工的头脑中，所有员工都会以企业文化为主线从事生产和经营活动，企业的效率当然就高。对一家科技创新型的企业来说，创新活动就会体现在每一个员工身上，体现在他们生产经营活动的每时每刻，企业自然就可以得到快速发展；对那些品牌企业来说，员工时时都以维护企业的品牌来规范自己的行为，品牌当然可以长盛不衰，自身的产品就可以不断提高信用溢价。相反，有些企业热衷于用有形的手段来管理企业，在此，管理规章当然是必不可少的，也必须具有足够的权威，但如果不能上升到无形的、文化的高度，就必须维持庞大的管理层，效率和效果都会差得多。

对于个人也一样，心胸、境界和思维方式，决定了一个人在社会上的作为，一样是无形胜有形。

登上"太上"的高度，才是国家、企业和个人努力的唯一目标。

第六十二章

故大道废,案有仁义。智慧出,案有大伪。六亲不和,案有孝慈。邦家昏乱,案有贞臣。

参考释义

大道在时,家家户户都有孝子,社会关系由忠孝仁义所构建,此时不需宣扬忠孝仁义,大道被废时,恶行开始横行,忠孝仁义才会被宣扬;智慧代表贱德而贵言,当社会盛行智慧的时候,背后就必定有伪诈;六亲之间被功利所左右,就会失德不和,亲情养育的慈爱又如何存在呢?也难有真正的孝慈;国家昏乱时,才会有忠臣。

说东谈西

"案"有多种含义,包括长方形的桌子,如书案,拍案叫绝等代表的都是这个意思,此外还有记事的或储存备查的文件、计划或办法等。本章中的"案"是书案的意思,"案有仁义"是说摆在表面上的仁义,也在暗示这根本就不是真正的仁义,是对某些思想的讽刺。

上一章说到"信不足,案有不信",这实际是社会失道的结果,此时,社会的各个角落就会充斥欺骗,也会出现仁义、孝慈、忠诚等,这都是社会失道、失德所致。至德之世,大道兴隆,仁义行于其中,人人皆有仁义,所以仁义就看不出来,更不需要倡导。在此,生动地体现了老子的辩证法,并将辩证法用于研究社会。

那么,需要倡导仁义、孝慈、忠臣的根源在何处?也就是在老子的笔下,大道是怎么被废的?

中国封建时代是"家天下"的等级社会,在东汉和两晋时期等级制度达到了巅峰,上升到了血统论的高度。"普天之下莫非王土,率土之滨莫非王臣"虽然在有些场合被解释为王者的责任,但权力与责任从来都是相伴而生的,这就决定了王者对天下的财富拥有所有权与支配权,然后,大氏族在自己的领地内也占有了绝大多数财富,广大民众基本上一无所有,这意味着社会的巨大不公。杜甫诗中所言"朱门酒肉臭,路有冻死骨",虽然说的是唐朝中期,但这种状况在整个中国封建时代都是存在的,只是程度稍有差别而已。这是一种人治的必然,因为在人治的社会中,掌握权力的人左右了所有社会财富的分配,再辅之以家天下的文化和等级社会体制,社会财富就必然会聚拢到少数氏族和皇族的手中。因此,中国封建时期的历朝历代最终都会被贫困所推翻,这里的贫困体现在两方面:第一,下层人民不断贫困,就会不断造反,让朝廷疲于奔命,最终导致灭亡;第二,当社会财富不断聚拢到皇族和大氏族手中之后,他们就会逃避税收(有些时候是名正言顺的免税),最终让整个社会财富中可征税的部分越来越少,朝廷财政收入萎缩,内外因素发生变化的时候,朝廷就会被穷死。

当"朱门酒肉臭,路有冻死骨"时,意味着社会失道,也就是老子所说的大道废,其根源是家文化和等级的社会体系所导致。所以,既然家文化和等级的社会体系中,就需要倡导忠孝仁义。

智慧出,必有大伪!

一个国家一个民族,只有走大道,让大道不断兴旺,才有光明的前途。

第六十三章

> 绝圣弃智，而民利百倍，绝仁弃义，而民复孝慈。绝巧弃利，盗贼无有。此三言也，以为文未足，故令之有所属。见素抱朴，少私而寡欲。绝学无忧。①

参考释义

抛弃聪明智巧，人民可以得到百倍的收获。抛弃"仁"之流于表面的恩惠、"义"之流于表面的华丽言词，人民就可以恢复最原始的淳朴。抛弃可以以假乱真的"智巧"，堵塞贪污和以权谋私之路，也就没有了盗贼。圣智、仁义、巧利这三者全是巧饰，必有所图。需要的是保持朴素，不能文过饰非，减少私欲杂念，抛弃圣智礼法的浮文，才能免于忧患。

说东谈西

"绝圣弃智"中的"圣"，不是指圣人，而是有自作聪明之意。原文中的"绝学"可以理解为"圣智礼法的浮文"。

前一章中老子说"智慧出，案有大伪"，那应该怎么办呢？本章中老子给出的是答案：

第一，不要玩"聪明智巧"的套路，坚守淳朴，老百姓可以得到

---

① 源自《帛书老子校注》中的乙本，中华书局，1996年5月。

百倍的收获。当老百姓富足的时候,天下安定。

第二,不要只是玩仁义礼智信这些流于表面的华丽言辞,让社会回归最原始的淳朴,一个淳朴的社会,仁义就自然而然地凝聚在社会的内核中。

第三,中国古代封建社会真正的"大盗"是谁?是那些贪污受贿者和以权谋私者(许多时候是皇族、王族和大氏族),因为他们掌握着权力可以任意聚拢或掠夺全社会的财富。当不再玩各种套路,堵塞贪污和以权谋私之路,告别物欲横流之后,天下也就没有了盗贼。因为"大盗"没有了,天下富足安宁回归淳朴,荒山野岭的小毛贼自然也就没有了。这就是老子给出的治理办法。

对于国家的治理者来说,就是不要用巧诈治国,不要只宣讲"仁义礼智信"那些华丽的言辞,不要物欲熏心,不要文过饰非地流于浮文,回归淳朴,社会才能得到大治。

天下乃天下人之天下,唯有德者才能居之。无论采取任何方式占有了天下,有德就能长久,无德就会很快失去。

只要皇帝顺应了老百姓生活的要求,不奢华不浪费不骄奢淫逸,顺应自然之道,这个时代就是一个好的时代,这个时代的皇帝就是一个好皇帝。比如西汉文帝时期,努力创造和平环境让百姓休养生息,以法律为基础实行无为而治为百姓创造安宁的生产和生活环境。他深知百姓生活之苦,曾因惜十家之财而罢建露台;因怜吏卒输送之劳而令列侯归于封国,不须留于长安奉朝请;借缇萦救父之事而下诏废肉刑;又诏罢天下田租。即便自己临死前,还下令不准厚葬。这就是好皇帝。景帝时期,基本贯彻了文帝时期的一系列政策。到汉朝中后期,开始出现"大伪",那就是独尊一家文化,也就导致了王莽的出现。与独尊一家文化相匹配的必然就是在国家的政治生活中独尊一家——皇家的地位,这是相辅相成的。在无为而治的条件下,各家文化都会得到平等的发展机会，体现的是一种平等的概念，在不同文化体系的相互竞争中实现去粗取精，共同推动国家的进步。在国家的政治体系中，皇家、氏族和普通百姓的家庭，就趋于相对平等（当然不可能完全平等），最基本的保证就是提高法律的地位，王子犯法与庶民同罪，以此来保证社会的平等。可是，独尊一家文化之后，让一家文化逐渐居于诸家之上，在国家的政治生活中，皇家的地位相对于氏族和平民的地位就提高了，在此过程中皇帝实现了集权，氏族相对于平民的地位也提高了，氏族的势力得以壮大，法律也开始按等级说话，"刑不上大夫"得到强化，法律实际是被破坏了。这就让被独尊的文化与皇族和氏族的利益紧紧地结合在一起，在实现自己利益的同时，损害的是全天下底层民众的利益，让阶级分化得更加严重。

此后，大氏族在皇权独大的环境下快速地崛起。在西汉的中后期，氏族势力即开始崛起，西汉灭亡后，光武帝借助河朔地方大氏族的势力登上了东汉的皇位，随着氏族的进一步壮大，氏族在地方实际上开始了另立朝廷，比如东汉末期和三国时代，各地刺史等一方诸侯去世之后，直接把官位和爵位传给了自己的子孙，世袭罔替，是导致东汉灭亡的直接原因。到两晋的某些时期，大氏族甚至直接左右了皇帝的废立。

这些，实际上都是皇权地位提升、氏族地位提升，而平民的利益被损害之后的必然结果。损害的是社会的稳定和全天下的福祉，最终皇家也必然受到损害，这就是辩证法。

汉高祖、汉文帝、汉景帝时代，或许就可以理解成是本章原文中所说的"绝圣弃智""绝仁弃义""绝巧弃利"所引导的时代，是没有华丽的辞藻，不文过饰非，尊重道的思想，给天下以稳定安宁生活的时代。而当华丽的辞藻开始盛行，"大伪"就开始出笼。

百家文化是我们祖先留给后世的宝贵财富，都是民族的瑰宝，厚此薄彼就会一叶障目，阻碍自己前进的脚步，百家争鸣才可以推动整个民族的不断进步，让中华民族走在不断强盛的大道上，这是所有中华儿女的最大愿望。

第六十四章

唯与诃，其相去几何？美与恶，其相去何若？人之所畏，亦不可以不畏人。望呵，其未央哉！众人熙熙，若飨于大牢，而春登台。我泊焉未兆，若婴儿未咳。累呵，如无所归。众人皆有余，我独匮。我愚人之心也，沌沌呵。俗人昭昭，我独若昏呵。俗人察察，我独闷闷呵。忽呵，其若海。恍呵，其若无所止。众人皆有以，我独顽以俚。吾欲独异于人，而贵食母。

参考释义

恭敬地应诺和怠慢地应答，都是应对，相距有多远？美善与丑恶，相差有多少？民众畏惧的，自己也要懂得畏惧。这习俗从远古以来就是如此，未来也不会终止。但更多的人不明白自己已经处于离道失德、阴阳不济的困境中，还在熙熙攘攘地躁动，贪图吃喝以及欣赏春天的美景，而我却独自淡泊宁静，如同小儿萌萌时的样子，疲倦闲散啊，好像浪子没有归宿。众人都有所剩余，而我却遗落在众人之外，独自淳朴自然，众人光辉自炫，唯独我愚钝暗昧，众人严厉苛刻，唯独我淳厚宽宏。恍惚如茫茫大海，眺望啊，没有止境，我像漂泊之人无处停留。世人都精明灵巧有本领，唯独我愚昧而笨拙，我唯独与人不同，在道中吸取德"一"的能量之炁以养神。

说东谈西

古代祭祀时，并用牛、羊、豕（猪）三牲的叫作"大牢"，也称"太牢"。大牢用于隆重的祭祀，按古礼规定，只有天子才能用大牢。少牢只有羊、豕，没有牛，诸侯祭祀用少牢。"若飨于大牢"就是说好像参加盛大的宴席。

本章强调了任何事物都有两面性。说明贵贱、善恶、美丑等的价值判断都是相对的。

宋朝有个包拯，如果只论相貌，包大人的相貌不能说是善，与美更沾不上边，甚至有些"恶"，人们甚至把包拯的笑比做像黄河水清一样是极难发生的事情。但包拯严厉地惩治贪官污吏，其黑脸表示的刚正无私甚至让皇亲国戚都惧怕，百姓对其充分的信任和爱戴，小孩和妇女也知道他的名声，叫他"包待制"。京城里的人因此说："暗中行贿疏通关系的人，有阎罗王和包老头惩治。"这里的"包老头"显然是褒义。包拯以其政绩和品行为人们所爱戴，因而包拯去世的噩耗传出时，朝野震惊，全城尽悼，"京师吏民，莫不感伤；叹息之声，闻于衢路"。现藏于开封博物馆的北宋《开封府题名记》碑，上刻一百八十三位开封知府的姓名和上任年月，而包拯的名字却已磨去，据说这是因为人们在观赏碑记时，由于敬仰包拯而经常用手抚摸指点其名，天长日久，竟将碑字磨去。包拯的黑脸和严峻的表情在人们的心目中变成了正义与善的象征，这就是两面性。

周幽王有一宠妃叫褒姒，褒姒艳如桃李，美貌异常，这当然是美。但褒姒却冷若冰霜，在今天可称为冰美人，或许是一个人的性格使然。进宫之后，周幽王就没见她笑过一次，为了博褒姒开心一笑，周幽王想尽了一切办法，可褒姒依旧终日不笑。为此，愁坏了的周幽王竟然悬赏求计，谁能引得褒姒一笑，赏金千两。有个佞臣叫虢石父，替周幽王想了一个主意，提议用烽火台一试。当时，西周为了防备犬戎的侵扰，在镐京附近的骊山一带修筑了二十多座烽火台，每隔几里地就是一座。一旦犬戎进犯，首先发现的哨兵立刻在台上点燃烽火，邻近烽火台也相继点火，向附近的诸侯报警。诸侯见了烽火，知道京城告急，天子有难，必须立即起兵勤王救驾、护卫京师。周幽王正为博褒姒一笑而发愁呢，立即采纳了虢石父的建议，马上带着褒姒，由虢石父陪同登上了骊山烽火台，命令守兵点燃烽火。一时间，狼烟四起，烽火冲天，各地诸侯一见警报，以为犬戎打过来了，立即带领本部兵马急速赶来救驾。可到了骊山脚下，连一个犬戎兵的影儿也没看见，只听到山上一阵阵奏乐和唱歌的声音，一看是周幽王和褒姒正在高台上饮酒作乐。周幽王派人告诉他们说，辛苦了大家，这儿没什么事，不过是大王和王妃放烟火取乐。诸侯们知道自己被戏弄，只能怀怨而回。褒姒见千军万马招之即来，挥之即去，如同儿戏一般，觉得十分好玩，禁不住嫣然一笑。周幽王大喜，立刻赏虢石父千金。周幽王为此数次戏弄诸侯们，诸侯们渐渐地再也不来了。

后来，申侯联合缯侯及西北犬戎之兵，于公元前771年进攻镐京。周幽王听到犬戎进攻的消息，惊慌失措，急忙命令烽火台点燃烽火。烽火倒是烧起来了，可诸侯们因多次受到愚弄，不再理会烽火的信号，周幽王只能叫苦不迭。最终，周幽王和太子伯服被犬戎兵所杀，褒姒做了俘虏，西周灭亡。

褒姒的容貌和嫣然一笑当然是美，这当然不是她自己的错，但到了周幽王这里却成了西周亡国的缘由，成了不美，甚至成了恶，这也是事物的两面性。

同时，美是比较而来的，没有丑就没有美。如果普天之下所有女人都整容成西施、貂蝉的容貌，美还存在吗？当然就不存在了，因为大家都一样，没有了差别。同样，如果大家都按道的要求做好自己，恶这个对立面没有了，善也就不存在了。

普通人难以注意到事物的两面性，而认识事物另一面的人就是孤独的。所以，老子才说，我却独自淡泊宁静，如同小儿萌萌时的样子，疲倦闲散啊，好像浪子没有归宿。是因为老子已经得道，用道来分析问题、来看待不同的事物，看到的是事物更深层次的内涵，所以会保持淡泊宁静。因此老子最后又说，我唯独与人不同的，关键在于得到了道，在道中体悟、吸取德一的营养。

　　如果一个人明白了事物的两面性，就会与众不同，这是人与人之间的主要差别。有些人有了成绩就骄狂自大、洋洋得意，殊不知事物是有两面性的，有得必有失，如果不明白失的一面，之后就会遭遇挫折。相反，如果一个人遭遇挫折之后也一样，也有背后的得。当明白事物的两面性之后，就可以达到淡泊宁静，逐渐进入空虚的状态，人的境界就会不断提升，就可以开始体悟道。

第六十五章

> 孔德之容，唯道是从。道之物，唯恍唯忽。忽呵恍呵，中有象呵。恍呵忽呵，中有物呵。幽呵冥呵，中有情呲。其情甚真，其中有信。自今及古，其名不去，以顺众父。吾何以知众父之然，以此。

参考释义

大德之人无所不容，能承受"污垢"并处于谦卑之位，完全遵从于道。道是无形的。道虽无形，其中却有万物的法象；道虽无形，其中却有"一"，由气而生质（无形生有形的万物）；道虽幽隐深远，其中却似有鸣叫，中含邀请之意，甚为真切，其中蕴含的是信。道从古至今永不失信，由道受气孕育万物的始生。我何以知道万物都是从道受气呢？皆因万物都是得精气才能始生，非道不可为也。

说东谈西

这一章很容易导致物质第一还是精神第一的争论。

老子说，道是万物之本。道是精神的还是物质的呢？道是无状之状，无物之象，是无形的，看不见的，看似属于精神的，但在无形之中，却又产生气和精质，孕育万物的始生，所以又是有形的。也就是说，道是物质和精神的辩证统一。

对于人来说，思想是最重要的，每个人的思想虽然都是不一样的，但如果没有身体这有形之物作为载体，这种思想无法显示出来，也无法发挥作用。如果一个人没有思想，纯粹是各种化学物质的堆积物，那这个"堆积物"就不是人，只是一件化学制品而已。所以，对于任何一个人来说，本身就是物质与精神的统一，当然这里的精神也可以理解成灵魂。

道包含着精、炁、神。"元炁"是指产生和构成天地万物的原始物质，它是一种能量，对人来说，精指的是元精，神就是腹中之神。精、炁、神这三种道性物质是真实不虚的，是一种常在，这就产生了道家由无形养有形的养生理论。道家认为，天体是个大宇宙，人体是个小宇宙，人这个小宇宙体与天是相映相成的。天有三宝，为日、月、星，人也有三宝，为精、炁、神，也称为三业、三奇，是人的生命活动的物质基础。对于后天的人来说，"精实、气足、神旺"则人长生；"精衰、气竭、神散"则人亡。所以人的健康长寿全赖于精气神，三者缺一不可。道家养生修炼体系中，无不以精气神作为修炼的核心内容。而在此三宝中，精显得尤为重要，因为它是基础。精能化气，气能生神，故培育形体的物质基础是精，生命活动的能量基础是炁，生命现象的表现又在于神。所以，养生的关键就在于培养精，精足则气旺，气旺则神全，神全则人神采奕奕，壮实无病。

道家所说的精与中医所说的精不同。中医的精包括精液、血液、津液等，而道家的精则专指肾藏之精。肾作为藏精之所，在养生学上也居于非常重要的地位，有人称之为先天之本，也有人称之为后天之本，所以肾在道家修炼中居于非常重要的地位。精藏于肾，是生命的基础，所以它的衰败可导致人老、死亡；它的新生、旺盛可使人健康长寿、精力旺盛，是青春活力的源泉。要想延年益寿，精神健朗，保精、补精、固精是养生学之第一要务。同时，道家还认为人的精、气、神都是分先天、后天的。道家内丹术是将精、炁、神作为内药进行丹功修炼的核心内容，这个精、炁、神是先天的精、炁、神而不是后天的精气神。先天精也称为元精、真精，是藏于肾的元精，这个元精更像是无形的，似乎更像是一种能量状态。先天精又可转化为后天精。后天精就是我们所说的精子，以及津、血等物质，这是中医所说的精。

所以，养生的关键在于养先天之精和养肾。

道家的气也分为先天之气和后天之气，医家所说的气属于后天之气，而道家认为的先天之气是禀受于先天的，通过父母传给后代。先天气的凝结形式就是元精（先天精）。

这一章的内容不仅说养生，实际也在说对财富的理解。

有形的财富在社会转折期是很容易失去或受到损失的，比如，当一个社会贫富差距严重恶化的时候，就会动荡不安，其运行趋势就必然是财富平均化。一旦不能平均化，社会的动荡就会加剧甚至发生更惨烈的事情，无论对于穷人还是富人，都是悲剧，甚至富人的悲剧更严重，所以应该坦然地面对这种社会财富的平均化过程。当自己的有形财富受到损失的时候，你的损失真的很严重吗？实际上，你积累的有形财富仅仅是你积累的财富的一部分，更多的财富是积累在无形的方面，比如，对社会的洞察力和自身的行动力，因社会责任感而聚集起来的社会资源，被周围和社会所认同的品德，等等，这都是无形的财富，它们时刻都在跟随着你。损失了一些有形的财富，同时社会得以恢复稳定，就让无形财富的发挥有了更好的环境、更宽广的空间，在将来会积累更多的有形与无形财富，有什么好担忧的呢？所以，应该坦然面对社会的转折过程。

老子说，道中有信。而且信从古至今都是一种常在，道永不会失信。一个人掌握了道，也就掌握了信，是一种常在，信在任何时候都可以转化成有形的财富。而有形的财富从本质上来说都是社会属性，而不是私人的属性，在人的一生中或者家族的传承中，都是不断地流转、得失（得失相伴相生），只要无形的财富不断强大，有形的财富在不断的得失之中就能不断传承。

第六十六章

企者不立，自是不彰，自见者不明，自伐者无功，自矜者不长。其在道，曰余食赘行，物或恶之，故有裕者弗居。

参考释义

贪图富贵、权势和羡慕功名之人，不能立身行道，自视过高之人，无法得道，自逞已见的无法彰明，自以为是的不会显昭，自我夸耀的建立不了功勋，其地位也不会长久。从道的角度看，这些都是被自我和贪欲所左右，因为它们都是令周围人等厌恶的东西，所以有道的人绝不这样做。

说东谈西

"赘"为人体之赘肉，在此有"贪"之意。老子在本章中告诉人们自我的欲望是阻碍自身有所成就的根源。

有些人为什么贪图权势富贵呢？如果一个人心中是为天下着想（这就是境界）并且具有能力时，可以为天下人带来福祉，自然就会受到人们的尊崇，最终会建立不朽的功勋并名垂青史；如果没有能力，也会坦然地接受能者上庸者下，让别人为天下人造福。之所以贪恋权势和富贵，本质上还是为己。而道是普天之下的大道，生养万物而不居功，是普天下的大爱，一心贪恋为己的人自然就不会被天下所尊崇，也无法得道，更不能建功立业。一个"自视、自见、自伐、自矜"的人，他的心中全是自己，是以自我为中心的意识，这就如同"一叶障目"的那片"叶子"，也如同"坐井观天"的"井口"，阻碍着一个人向外看见更广阔的精彩，也就阻碍了个人的成长空间，这样的人怎么可能得道呢？怎么可能建功立业呢？同时，当一个人只注重自我利益，只能看见这一面时，会不明白所有事物都有两面性，自然就无法得道。

春秋战国时期齐国有位名臣叫作邹忌。邹忌身高八尺多，形体容貌很漂亮，再加上很有才学，如果是一般人就会自视甚高，但邹忌终归不是一般人，懂得老子在本章中所说的道理，并身体力行。

一天早晨，邹忌穿戴好衣帽，照着镜子，对他的妻子说："我同城北徐公比，谁漂亮？"他的妻子说："您漂亮极了，徐公哪里比得上您呢？"城北的徐公，是大家公认的齐国美男子，公认二字，代表所有人的认可，不论是他熟悉的人还是不熟悉的人。邹忌不相信自己会比徐公漂亮，就又问他的妾："我同徐公比，谁漂亮？"妾说："徐公怎么能比得上您呢？"第二天，有客人从外面来，邹忌同他坐着闲聊，邹忌又问客人："我同徐公比，谁漂亮？"客人说："徐公不如您漂亮。"又过了一天，徐公来了，邹忌仔细地看他，自己觉得不如徐公漂亮。再照镜子看看自己，更是觉得自己与徐公相差甚远。后来他想明白了："我的妻子认为我漂亮，是偏爱我；妾认为我漂亮，是害怕我；客人认为我漂亮，是想有求于我。"

其实，"自是、自见、自伐、自矜"不仅是自己看自己，也有其他方式，邹忌让自己的老婆、小妾和客人来评价本身就是"自视、自见、自伐、自矜"，因为这些人都需要讨邹忌的喜欢，让他们来评论本身就是希望得到自己期待的评价。

最终，邹忌明白了这其中的辩证关系，并运用到了治国理政上。

邹忌立即上朝拜见齐威王,说:"我确实知道自己不如徐公漂亮。可是我妻子偏爱我,我的妾害怕我,我的客人想有求于我,他们都认为我比徐公漂亮。如今齐国有方圆千里的疆土,一百二十座城池,宫中的妃子、近臣没有谁不偏爱您,朝中的大臣没有谁不害怕您,全国范围内的人没有谁不有求于您,由此看来,大王您受到的蒙蔽很深啊!"

邹忌这是告诉齐威王,您也在受"自是、自见、自伐、自矜"的蒙蔽。

齐威王是十分英明的君主,马上明白了其中的内在关系,立即下了命令:"大小官吏、百姓能够当面指责我的过错的,受上等奖赏;书面劝谏我的,受中等奖赏;能够在公共场所批评议论我的过失,并能传到我的耳朵里的,受下等奖赏。"命令刚下达,许多大臣都来进谏,宫门前庭院内人多得像集市一样,几个月以后,还不时地有人偶然来进谏,一年以后,即使有人想进谏,也没有什么可说的了。

因为齐威王下了让大家提意见的命令后一直没闲着,立即将国家治理中的弊端改正了。

能够马上改变"自是、自见、自伐、自矜"所带来的弊端,这让齐国的治理水平立即跃上了新台阶,齐威王不称霸谁还能称霸呢?所以,燕、赵、韩、魏等国听说了这件事,都到齐国来朝见齐王,齐威王不需要上战场,在自己的朝廷上就战胜了别国。

"自是、自见、自伐、自矜"不仅对国家治理没有好处,对个人更是如此。

范蠡用了二十多年时间,辅佐越王灭了吴国,雪洗越王会稽之耻。在常人看来,在兴越灭吴之后,范蠡理应享受荣华富贵,何况越王勾践说:"孤将与子分国而有之。不然,将加诛于子。"然而,范蠡并没有接受越王与他平分天下的美意,而是选择了功成身退,他说:

"君行令，臣行意。"意思是说，君王你按你的命令办，我按我自己的心愿去做。

范蠡与西施泛舟西湖去了。

在此，范蠡并没有"自是、自见、自伐、自矜"，而是用周围人的眼光尤其是越王的眼光审视自己，自己已经功高震主，不仅不能享受荣华富贵，更不能贪恋权势，而是应该急流勇退。范蠡是得道之人，被后世所敬仰，是当之无愧的。

相反，与范蠡一起辅助越王的文种，就没有摆脱"自是、自见、自伐、自矜"所带来的束缚，贪恋权势和富贵，最终收到了越王勾践送来的让其自杀的宝剑。

任何时候，自是、自傲、自大等以自我为中心的想法，都是"残羹剩饭"和人体上的赘肉，只能让外界耻笑，也让自己成为笑料。

只有遵循天道，摆脱自我，才能有广阔的胸襟，才能有高远的境界，最终才能在成就别人的基础上成就自己。齐威王成为春秋时期一代霸主，邹忌成为一代历史名臣，而范蠡成为被后世敬仰的财神。

这就是道。

第六十七章

> 曲则全，枉则正，洼则盈，敝则新，少则得，多则惑。是以圣人执一，以为天下牧。不自是故彰，不自见故明，不自伐故有功，弗矜故能长。夫唯不争，故莫能与之争。古之所谓曲全者，岂语哉！诚全归之。

参考释义

有残缺才完善，波浪发展的事物才能走向正途，低洼之地才有充盈，薄己厚人天下敬之，取少则得多，贪多则惑。所以，有道之士以抱"一"为引领天下的范式。圣人不自视己高所以显明，不自以为是反能彰显于后世，不贪恋功名其功绩却被天下铭记，不夸耀自己所以能长久享誉后世。正因为不与人争，所以天下无人能与之争。古时所说曲己才有尊贵，诚非虚言，实实在在能够达到。

说东谈西

为什么"曲则全"？全象征着完美与尊贵，尊贵是怎么得来的呢？先要屈己，屈己本质上是一种残缺，不彰显自己，才能尊贵；当有了利益的时候懂得压制自己无尽的欲望，先人后己，这也是让自己保持"残缺"的状态，自然就可以得到周围和社会的尊重；当社会有需要的时候勇于挺身而出，即便自己的利益受到损失（这也是"残缺"状态），也会义无反顾地维护社会的稳定和正义，只有如此才能赢得尊重。这里的根源在于，尊重永远是社会和周围的人群赋予个人的，自己无法赋予自己，只有屈己待人才有尊贵。

近年在国外，经常会听到有海外华人感叹，虽然欧美社会倡导人人平等，但在很多情形下还是存在歧视现象。确实，任何社会都没有完全平等，但不可忽视的一个原因是有些人在自己歧视自己。当心中总以自己家族利益为核心，无论做什么事都以是否对自己或自己家族有利为出发点的时候，自然就无法融入当地的主流社会。而海外华人如果在当地希望有所成就，当然就需要付出更多的汗水，这也是完全正常的，因为你必须以别人的文化来要求自己，而不是抱守残缺。

"洼则盈，敝则新"表达了同样的哲理。低洼之地才能汇集水流，保持谦下之"德"万物才能归之，有"德"自然受尊重；后己先人，自担错误并主动处谦卑之位，才能不断检视自己，才能不断焕发勃勃生机并自我超越。

那么，为什么又"少则得，多则惑"呢？每个人都有长处，都可以通过不懈的努力建立自己的成就。比如，有些人被尊为经济学家，更是在很多场合被尊称为老师，如果觉得自己已经成为名家，真把自己当作别人的老师来看，这个人就难再有作为。因为既然自己认为已经成为名家，就会谨小慎微，生怕犯错误，也就失去了进取精神（任何进取都会伴随着错误，进取实际是不断承认并修正错误的过程），最终导致故步自封，就有了"多则惑"。只有不断超越自己的人，前途才不可限量，要超越自己，必须去除"惑"，把自己以往的成绩看成虚无，勇于承认错误，保持谦下，不断总结经验与教训。看轻或忘记自己以往的成绩和名誉，不断检讨自己然后超越自己，这就是"少则得"。

至于"不自是故彰，不自见故明，不自伐故有功，弗矜故能长"，反映的也是这样的哲理。不自视、不自见、不自伐、不自矜实际是自律精神，只有保持自律的人，才不会伤害四周，才会佑助社会，最终才会被社会所赞誉和怀念，建立属于自己的"功业"。

　　读《道德经》能使人们用哲学的思想去观察世间万物，熟悉事物的两面性，深刻地理解一些问题之间的相互关系，最终达到无所不为。这实际是吹响了每个人人生的号角。我们经常说，心胸决定境界，境界决定成就，而老子的思想就是要开阔人们的视野，提高人们的境界，让人达到虚怀若谷、胸怀天下的心胸与境界，然后抱德守一，坚定地朝着自己的目标前进，最终实现独属于自己的成就。

第六十八章

> 希言自然，飘风不终朝，暴雨不终日。孰为此？天地而弗能久，又况于人乎！故从事而道者同于道，德者同于德，失者同于失。同于德者，道亦德之。同于失者，道亦失之。

参考释义

无言之言才是自然之道。狂风刮不了一个早晨，暴雨下不了一整天。怎么会这样呢？天地的狂暴尚且不会长久，更何况是人呢？所以，从事于道的就同于道，是谓道同，从事于德的就同于德，是谓德同，从事于失的人就同于失。具备德的品格之人，道就会助之以德的能量，与德的品格相悖者，道也会弃之而去。

说东谈西

本章中遇到的第一个问题是"希言"。这里的"希"明显指的是寂静无声。河上公注中说："希言者，是爱言也。爱言者，自然之道。"《道德经》王弼注中说："道之出言，淡兮其无味也，视之不足见，听之不足闻。然则无味不足听之言，乃是自然之至言也。"在这里理解成无言之言或是合适的，这种无言之言就是自然的语言，更是爱，因为道生万物，是大爱，是无声之爱。

一些《道德经》版本中将"飘风不终朝,暴雨不终日"的原因归于天地,这是很难被认可的,狂风暴雨本身就是天地所为,其原因就很难归结于天地。这里可以理解为"无言之言",也就是自然之道和大爱。如果狂风暴雨不断持续,就违背了自然之道,也违背了道对天下的大爱。同时,狂风暴雨又可以理解为"有言",违背了无言之言才是自然之道的道理,所以,就不能长久。

从本章中我们看到了心学的影子。一个人用心去求道德,就可以得到道德,如果背离了道德之路,就会失去道德。其实,这与财富的道理一样,天下财富千千万,但唯有德者居之。潜心修道之人,掌握了事物的本质,遵循自然之道,坚持抱元守一,佑助万物而不居功,也就得到了德,所以,道德本质是一体。

在历史上,汉文帝最重大的功绩之一是"以德化民",对外慎动刀兵,对内不断减租减息,居然有十多年全免田赋的奇迹,皇家非常节俭,以黄老思想为中心,依法治国,皇帝带头遵守,形成国家强盛、百姓富裕的社会。

汉文帝展现的就是道之大爱,或许可以说,汉文帝才是真正的"天之子",代表天地对普天下展现大爱,大爱的结果就是让汉朝持续了四百年之久。

相反,秦国就像狂风暴雨,虽然快速地统一了六国建立了秦朝,但统一后却没有实行自然之道,没有大爱,所以短命地二世而亡。

汉文帝的大爱自然是需要的,难道秦国的狂风暴雨就不需要吗?就作者个人认为,也是需要的。当社会普遍失德的时候,就需要这种狂风暴雨的洗刷,但这种狂风暴雨不会长久,洗刷之后,必须回归道德,回归大爱。

历史就需要如此波浪前进。

这里的核心实际就是道、德、信。君主自然有无尚的权威,但也有无形的信托责任，这个信托责任就是天下百姓的福祉（企业主和家庭中的家长也一样），如果不断对人民加大索取，就背叛了这种信托责任，背叛了道、德、信。比如秦始皇在长期战乱之后、百姓已经饥寒交迫之时开始修建阿房宫和秦始皇陵墓。汉武帝不断对外发动战争导致国困民疲之后又骄奢无度，只能不断加大对民众的索取，甚至需要铸小钱来满足朝廷的需求，百姓困苦不堪，只能走向造反的道路。汉武帝之所以未成为秦二世那样的君主，根源是临终时认识到了自己的错误。《轮台诏》（也称《轮台罪己诏》）意味着汉武帝对自己过往的政策和作为感到悔恨。

　　家庭中也是如此，对于孩子而言，永远不能要求他与你自己一样，必须顺应孩子的特长，佑助他们发展。遵循自然之道展现的就是大爱。当在人生观、世界观方面出现偏差的时候，或许也需要狂风暴雨的洗礼，但洗礼之后一定要回归大爱。怎么回归大爱呢？行不言之教，行身教，用自己的行为引导他们树立正确的人生观和世界观，这体现的依旧是大爱。

第六十九章

> 有物混成，先天地生。寂呵寥呵，独立而不改，可以为天地母。吾未知其名，字之曰道。吾强为之名曰大，大曰逝，逝曰远，远曰返。道大，天大，地大，王亦大。国中有四大，而王居一焉。人法地，地法天，天法道，道法自然。

参考释义

有特殊的能量物质同时出现和形成，在天地之前就已经存在。它绵绵不绝啊，而且无边无际，可以是天地万物产生的根源。我不知道它的名字，勉强把它叫作道，因为其无所不包，再勉强给它起个名字叫作"大"。它广大无边而运行不息，运行不息而伸展遥远，伸展遥远而又返回本原。所以说道大、天大、地大、人也大。宇宙间有四大，而人居之一。人取法地，地取法天，天取法道，而道法自然。

说东谈西

"有物"是什么含义？考虑到后面跟着的是"混成"，"有物"的所指就应该是两样或以上。河上公认为"有物"即是道、德，王弼注释为"浑然不可得而知，而万物由此由之以成"，实际说的也是道、德。先天地而生的只能是道与德。

道是什么？"无"生"有"，"有"归"无"，这就是道。这是万事万物的起点和终点以及运动变化的依据。"无"蕴含"有"且也是"有"，"有"最终又归于"无"也是"无"，双方对立统一，一定条件下又可以互相转化。"无"生"有"，是"无"动而"有"生。

"有"源于"无"而归"无"。"无"是本源，这世上本没有"我们"，但降生那一刻我们来到了世界上，但最终又会归于无，世间万物莫不是如此。

什么是道法自然？道法自然很可能应该读作"道、法、自然"而不是"道法、自然"。"无"和"有"是一体的两极，"无""有"向对方的运动，就是自然，就是道法自然。也就是说，"道"所反映出来的规律是"自然而然"的，是任何力量都无法阻止的。

道法自然可以理解为道效法或遵循自然，万事万物的运行法则都是遵守自然规律的。我们也可以反过来说，我们所说的自然规律就是道，这包括自然之道、社会之道、人为之道。今天我们知道，由此诞生了无数的学科，包括自然科学、医学、社会学、心理学，等等。

道体现的是大爱。道是混然天成的，它在天地诞生之前就已经存在，它在运行中编织着，它在运行中缠绕着，绵绵不绝，以此生养万物，独立而长存不息，也从不会失信，为万物之根基。道从不求回报，恒久地将自己的爱倾注于天下万物之中，所以，才受到万物的崇敬。从远古至今的人们对于天地的大爱，无不是由衷地崇拜，天地也就拥有了至高无上的荣誉，由此人们将天地当作"神"。

人取法地，地取法天，天取法道，而道法自然。这就决定人必须效法天地的自然之道而行事，违背了道，就会受到惩罚。

道代表的是一种境界。境界往往是由一个人做事情的态度和看问题的深度决定的。看问题的角度不同，就会达到不同的境界，而一个人境界的高低，直接影响着他的前途。道是广阔无边的，天地也是广阔无边的，既然道生养了天地万物，也养育了人，人的胸怀也应该是广阔无边的。看到道的所为，人们就不会拘泥于自己和自己的家庭，就会拥有截然不同的境界。道本身也是世界观和方法论，掌握了道，才可以直达事物的本源，洞悉事物的变化规律，也可以明了其最终的结局，自然就会保持清静。我们每个人都只是茫茫宇宙的一粒尘埃，都是万物中的一分子，唯一需要做的是在自己数十年的生命中发出自己的光和热，在照亮别人、温暖别人的同时，也照亮自己和温暖自己。

道代表的是一种格局。我们经常说，有些人心胸广阔，境界高雅，有大视野和大格局能成就大事业，因为他们心中有道。格是对认知范围内事物认知的程度，局是指认知范围内所做事情以及事情的结果，合起来称之为格局。不同的人，对事物的认知广度、深度不一样，所以说不同的人，格局不一样。当一个人的心中有道的时候，就可以以道的视野看待问题，也可以用辩证法和方法论来研究问题并解决问题，当然就具备了足够高的格局。就可以在有限的生命中发出自己的光和热，也就能在有限的人生中成就属于自己的事业。

心中有道，才有谦卑。谦卑是道所要求的人的品德，只有谦卑之人，才能时刻观察自己之所短和别人之所长，尊重别人才能尊重自己，才能像山谷一样汇集江河之水。道在永恒地养育着万物、滋润着万物，却从不求自己的功名，人有什么资格不保持谦卑呢？即便人们有了一些成绩和所得，又有什么资格刚愎自用、追逐权势和富贵呢？在道面前，任何人都只有谦卑。而只有谦卑之人，才能更好地聚德，才有社会的爱戴和崇敬，才能成就自己这粒尘埃。

道给人以自信。没有自信的谦卑，是懦弱和献媚，真正的谦卑只属于自信的人。只有胸中掌握着道，通过道中演绎的哲学观、方法论来观察事物的根本，可以看到问题的起源、演化过程和将来的结局，才会拥有自信。一个自信的人，心胸才足够广大，格局才无限深远，其舞台才会无限宽广。因为其掌握了事物的根本，所以也就不存在懦弱和胆怯，更不存在献媚。

第七十章

> 重为轻根，静为躁君。是以君子终日行，不离其辎重。虽有营观，燕处则超若。若何万乘之王，而以身轻于天下？轻则失本，躁则失君。

参考释义

无为是有为之本，清静是躁动之本。因此，君子终日行走，行事不失无为。虽有皇宫、后宫所寓意的荣华富贵在眼前，一样安然处之。为何很多的君主，还要以有为、躁动治天下呢？有为和躁动都会失去根本。

说东谈西

解读这一章，首先就遇到如何解读"重"和"轻"这两个字，因为他们在此是对应关系，分开解读显然是不合适的。此处的"轻"有的人也用"巠"。"巠"，古通"经"，可以理解为经文、经历等含义。"重"有多重意思，比如沉重、厚重等，但古文中，"重"可以通"孩"，比如《礼·檀弓》中有："与其邻重汪踦往，皆死焉"，注为："重"当为童未冠者之称。

如此就可以很通顺地理解"重为轻根"，孩童是无欲、无妄、无为的一种状态，而经历是有欲、有妄、有为的过程，所以，这一句就可以解释为：无欲是有欲之根或无为是有为之本。如此也就与后面的内容妥当地衔接起来。如果直接解释为"重是轻的根本"显然并不贴切。

在以前的章节中，老子以美丑、善恶、难易、长短、高下、宠辱等讲解事物之间的辩证关系，本章中老子使用有欲与无欲、有为与无为、清静与躁动来讲解。

"无为"是什么？道生万物不居功，从不失其信，所以，道的清静无为本身就是信。一个有信用的国家、企业或个人才是值得信任的，也是最根本的"厚重"。那么，信是怎么实现的呢？比如，在古代，一个国家的货币如果要长期保持信用，就需要君主勤俭持家，只有皇族和国家的财政支出被限制，财政收支才能平衡，货币的信用才能得以保持。相反，如果君主骄奢淫逸、国家机构不断膨胀，财政收入就会不足，就会产生赤字，就需要减轻货币的重量、铸小钱等，货币就会丧失信用。所以，君主的骄奢淫逸、有欲、有为、躁动等，都代表的是无信。

楚国是战国时期的大国，按其国力来说足以争雄天下，但丧失了信用一样会走上亡国之路。

秦惠王十二年（前313），秦国想要攻打齐国，但忧虑齐楚两国已经缔结了合纵联盟，于是便派张仪前往楚国游说楚怀王。楚怀王听说张仪来，空出上等的宾馆，亲自到宾馆安排他住宿，并说："这是个偏僻鄙陋的国家，您用什么来指教我呢？"以楚怀王的谦卑态度和对待名士（张仪当然是名士）的做法，肯定不算是昏庸的君主。

张仪游说楚怀王道："大王如果真要听从我的意见，就和齐国断绝往来，解除盟约，我请秦王献出商於一带六百里的土地，让秦国的女子作为服侍大王的侍妾，秦楚两国之间娶妇嫁女，永远结为兄弟国家，这样向北可削弱齐国而西方的秦国也就得到好处，没有比这更好的策略了。"楚怀王非常高兴地应允了张仪。

于是，楚国和齐国断绝了关系，废除了盟约，楚怀王把楚国的相印授给了张仪，还馈赠了大量的财物，派了一位将军跟着张仪到秦国去接收土地。

张仪回到秦国，一连三个月借故不上朝。楚怀王听到这件事，说："张仪是因为我与齐国断交还不彻底吧？"就派勇士到宋国，借了宋国的符节（中国古代朝廷传达命令等的一种凭证），到北方的齐国辱骂齐宣王，齐宣王愤怒，斩断符节和秦国结交。

直到秦国与齐国建立了邦交之后，张仪才上朝。张仪对楚国的使者说："我有秦王赐给的六里封地，愿把它献给楚王。"楚国使者说："我奉楚王的命令，来接收商於之地六百里，不曾听说过六里。"

楚国的使臣返回楚国，把张仪的话告诉了楚怀王，楚怀王一怒之下，兴兵攻打秦国。结果秦齐两国共同攻打楚国，夺取了丹阳、汉中的土地。楚国又派出更多的军队去袭击秦国，但楚军依旧大败，于是楚国又割让两座城池和秦国缔结和约，结束战争状态。

在楚国与秦国的交往过程中，楚国为了商於之地轻易地背叛了与齐国之间的同盟关系，这就是典型的见利忘义，一旦楚国遭到威胁的时候，列国要么袖手旁观，要么趁火打劫。在大争时代，"势"是最重要的，有了与东方大国——齐国——的盟约关系，楚国可以借"势"在中原争霸过程中获得很多好处，也可以让自己的国家免遭攻击，这比"商於一带六百里的土地"重要得多。

虽然楚国是个大国，但失去了信用的楚国就会众叛亲离，距离亡国就不远了。公元前279年（楚怀王之子楚顷襄王当政），秦国不需要列国的协助开始独自对楚国大举征伐。秦军分兵两路，一路由白起率军攻陷楚国的邓城后，向鄢（今湖北宜城东南）进逼；另一路由秦国蜀郡郡守张若率水陆之军东下，向楚国的巫郡及江南地进军。鄢之战，楚国数十万人被溺死。当时白起引西山长谷水，水溃城东北角，

"百姓随水流，死于城东者数十万，城东皆臭，因名其陂为臭池"。秦楚两国相争到此时，已经基本注定了楚国必将亡国的命运。

国家如此，企业和个人也一样。在商品经济时代，企业和个人到底要赢得什么？是赢得信用还是金钱？历史上有数不清的、在不同的时期可以实现盈利的企业，但那些可以存续数百年甚至更长时间的伟大企业无一不具有卓越的信用，有信用的企业就可以源源不断地实现利润，长盛不衰。所以，信用是企业可以长期生存与发展的唯一基石，而利润只是信用结出的果实。

信用是国家、企业和个人之本。

第七十一章

善行者无辙迹，善言者无瑕谪。善数者不以筹策。善闭者无关钥而不可启也。善结者无纆约而不可解也。是以圣人恒善救人，而无弃人，物无弃材，是谓袭明。故善人，善人之师；不善人，善人之资也。不贵其师，不爱其资，虽智乎大迷，是谓妙要。

参考释义

善于行道的人不会留下辙迹，善于言道的人不会留下瑕疵之过，善于计算者不用梼却能达到精确，善于关闭的人不用门闩和锁别人也不能打开，善于打结的人不用绳索别人也无法解开。以上五善，皆圣人无为之德在各方面的表现。因此，圣人佑助所有人，不会遗弃任何人，善于物尽其用，不会遗弃任何物品，这是圣人之明。所以，善人以善人为师，不善人的缺点和不足就是善人修身明德的镜子和借鉴。如果不善于向善人学习，不懂得借鉴不善人的经验教训，这种自作聪明就是最大的糊涂，这就是"以道行事"的奥妙。

说东谈西

本章中，老子讲了"善行者""善言者""善数者""善闭者""善结者"，他们的行为与一般人看起来截然不同，这是为什么呢？

根源在于掌握了道的人，坚持"守一"。得道的人，行道而不居功，自然就不会留下痕迹；以道筹划事情的时候，总是从事情的内在根本为出发点和归宿，也就知道了事情的发生、发展和结局，不需要通过计算工具来计算；善言者谈论事情的时候，他是从事物的根本（"守一"）出发，自然逻辑严谨，符合天道与人道，当然就不会有什么瑕疵；善闭者行不言之教，如果没有根本性的问题，他就没有张嘴说话的必要，等等。

善人是师，不善人也是师，根源在于善与不善是辩证的统一，没有善就没有不善，没有不善也就没有善，所以圣人不弃任何人。对于物品也一样，圣人不弃所有物品。

汉初三杰中的韩信出身平民，父母早亡。由于未被推选为官吏，又无经商谋生之道，常常依靠别人糊口度日，许多人都讨厌他。此后韩信只能靠在河边钓鱼为生，经常饥肠辘辘。其中一位在河边漂洗衣服的大娘看见韩信饥饿，就接济他，几十天都是如此。韩信很感激那位大娘，并许诺一定会重重地报答老人家。大娘生气地说："大丈夫不能养活自己，我是可怜你这位公子才给你饭吃，难道是希望你报答吗？"

在淮阴，有一群恶少曾当众羞辱韩信，其中一个屠夫对韩信说："你虽然长得又高又大，喜欢带着剑，其实你胆子小得很！有本事的话，你敢用你的剑来刺我吗？如果不敢，就从我的裤裆下钻过去。"韩信形单影只，只好当着许多围观人的面，从那个屠夫的裤裆下钻了过去。在场的人都嘲笑韩信，认为他很胆小。史书上称"胯下之辱"。

到此，一般人都会认为韩信没用，不会有出息。

等到项梁起兵之后，韩信投军，但默默无闻。项梁败亡后，又归属项羽，依旧不受重用，只让他做执戟郎。刘邦入蜀后，韩信离楚归汉，做管理仓库的小官，依然不被人所知。后来韩信等人犯法当斩，同案的十三人都已处斩，就要轮到韩信了，韩信举目仰视，看到了夏侯婴，说："汉王不打算得天下吗？为什么杀掉壮士？"夏侯婴觉得此人话语不同凡响，又看他相貌威武，就放了他，同他交谈，很欣赏他，于是向刘邦进言。刘邦只封韩信一个管理粮饷的官职，没有发现他有与众不同的地方。

直到这个时候，谁都不会相信韩信可以率领千军万马横扫天下，估计即便夏侯婴也不会相信。

但终归还是有人识得韩信之才，那就是萧何。韩信多次同萧何交谈，萧何十分赏识韩信。

刘邦被项羽封为汉王后，有数十位将领逃亡，韩信也逃了。萧何听说韩信逃走，来不及向刘邦报告便去追赶。军中有人向刘邦报告"丞相萧何逃跑了"。萧何可是刘邦的左右手，是从沛县就跟随着他的好兄弟，这下刘邦真急了。

隔了一两天，萧何回来见刘邦，刘邦又是生气又是欢喜，骂道："你逃跑，是为什么？"萧何答道："我不敢逃跑，我是追逃跑的人。"刘邦又问："你去追回来的是谁？"萧何说："韩信啊。"刘邦又骂道："将军已经跑掉的有好几十，你都没有追，倒去追韩信，这是撒谎。"萧何说："那些将军是很容易得到的，至于像韩信这样的帅才，是普天下再也找不出第二个来的。大王假如只想做汉中王，当然用不上他，假如想争夺天下，除了韩信就没有可以商量大计的人。只看大王如何打算罢了。"刘邦说："我也打算回东方去呀，哪里能够老闷在这个鬼地方呢？"萧何说："大王如果决意打回东方去，能够重用韩信，他就会留下来；假如不能重用他，那么韩信终究还是要跑掉的。"刘邦说："我看你的面子，派他做个将军吧。"萧何说："即使让他做将军，韩信也一定不肯留下来的。"刘邦说："那么，让他做大将。"萧何说："太好了。"

当下，刘邦就想叫韩信来拜将。萧何说："大王一向傲慢无礼，这就是韩信离去的原因。大王如果诚心拜他做大将，就该选个好日子，事先斋戒，搭起一座高坛，按照任命大将的仪式办理，那才行啊！"刘邦答应了。

刘邦拜韩信为大将，韩信助刘邦建立了西汉王朝。

刘邦务农，估计不如一庄稼汉，韩信谋取一般人的生活，不如屠夫和漂洗衣服的大娘，萧何和张良如果上阵杀敌，估计不如普通的将军。可是上述这四个人，却对打下大汉的天下起到了决定性的作用。

韩信后来回到楚国后，召见当年给他饭吃的漂洗衣服的大娘，赏赐她千金。

传说韩信又寻找那个屠夫，屠夫很是害怕，以为韩信要杀他报仇，因为一般人会将"胯下之辱"当成终身的耻辱。但韩信不是一般人，他善待屠夫，并封他为护军卫，他对屠夫说，没有当年的"胯下之辱"就没有今天的韩信。

善人为师，不善人也可为师。

掌握了道，就没有被遗弃的人，也没有被废弃的物品，视所有的人和物品都一样，这就是洞明。

在韩信的经历中，漂洗衣服的大娘是善人，自然是韩信之"师"，韩信功成名就之后需要去报答。在对待韩信的问题上，屠夫是不善人，但一样值得韩信借鉴（或者说是一个更严厉的"师"），让韩信时刻牢记奇耻大辱，奋发向上并建功立业。从心理和性格塑造方面来说，"胯下之辱"对韩信后来的成就起到了很大的推动作用，如果没有这个屠夫，很可能就真的没有后来的韩信大将军。

我们经常说，失败是成功之母，正确对待失败、挫折和耻辱，反映的就是一个人的道行。

我们会喜欢一些人，在内心中愿意吸取他们的优点，他们是"师"。

但我们也会不喜欢一些人,如果也能真心地将他们当作"师",就说明我们在得道。

三人行,都是吾师,这就是道。

第七十二章

> 知其雄，守其雌，为天下溪。为天下溪，恒德不离。恒德不离，复归婴儿。知其荣，守其辱，为天下谷。为天下谷，恒德乃足。恒德乃足，复归于朴。知其白，守其黑，为天下式。为天下式，恒德不忒，恒德不忒，复归于无极。朴散则为器，圣人用则为官长，夫大制无割。

参考释义

知其雄强，却安守其雌柔，甘愿做天下的溪。甘愿做天下的溪，永恒的德行就不会离失，德不离失，就会回到婴儿般的初始状态。知其荣，却安于其辱的位置，甘愿做天下的浴（此处浴的含义同"谷"）。甘愿做天下的浴，德行就不会缺失，德行不缺失后，就会归于淳朴。知白守黑，则可为天下法式。为天下法式，则德常在，德常在，就可以回归（掌握）不可穷极的真理。万物之朴实的一面散去后则为器皿，有道的人依旧沿用朴实，所以为万物之长，圣人以大道御天下，对万物都没有伤害。

说东谈西

在《道德经》中，"谷"通"浴"。浴为虚空之神，浴神。

《说文》："式，法也。"含义是法度，规矩，也可以理解为式样、楷模、榜样等。

上一章谈到，有道之人看待天地间的人与物都是平等的，都可以发挥其作用。只有无道之人才会把不同的人区分成三六九等，或把事物看作有用或无用。

那怎么才能成为一个有道的人呢？

雄的寓意是尊、强、阳等，雌的寓意是卑、柔、阴等。老子把"道"称作"天下母"，老子的思想中有贵柔守雌的内涵，明知事物有雄强的一面却甘愿守慈柔的一面，从"弱者道之用"出发，强调"天下之至柔，驰骋于天下之至坚"，以"柔弱胜刚强"崇尚无为而无不为之"道"。守柔弱就可以成为天下溪，就可以聚德，德也不会离失，就可以回归到事物初始的状态。

任何事物，越接近初始时期的状态，生命力就越强。比如，大树可以被台风刮倒，但小树却可以抵御飓风；虽然成年男女可以从事很多工作，但永远不如婴儿的生命力旺盛，也不如儿童的想象力丰富；等等。所以，越是接近事物的初始状态，意味着越强大。而任何生命都是从无转化为有，将生而未生之时，就是一种至柔的状态。

荣、辱也是一样的道理，处于荣的位置时，是受宠，就会焦虑失去，就会患得患失。最被尊崇的地位是最雄强的位置，帝王应该是最受宠的，被当时的时代所宠，但帝王之家一般没有亲情，兄弟父子相残之事数不胜数，所以历朝历代的皇帝也是最焦虑的，因为担心失去；一旦改朝换代，大多时候会被株连九族，焦虑就更甚。知荣守辱，就可以成为天下谷，也就不会担心失去。对于帝王来说，守辱，居天下人之后，行自然之道，给民众带来富足的生活，就会受到天下人爱戴，君主之位就会受到天下人的保护，就会减少甚至没有上述焦虑。

"知其白，守其黑"。"白"可理解为阳，为显，为知道和见到，为聪慧。"黑"可理解为阴，为隐，为昏暗，为暗昧。当明了知

"白"守"黑"为天下式后,在观察事物研究问题的时候,就会不仅观察研究事物的正面,还会观察研究反面,从而掌握事物运行的根本规律,也就容易掌握解决天下问题的方法。

"为天下式,恒德不忒",可知圣人能为天下式,只在"德"字。德是道的外在表现,圣人身合大道,德备天地,其大德之法式,是天下人、事、物效法的楷模,因为他们心中装的是天下万物众生。道生天下万物(器),道是本,器是末,可人世间人们所孜孜追求的都是物质之器,都在远离道,是舍本求末,沉迷在荣华富贵、物质享受的苦海中不能醒悟,此时人们所用之器皆为私器。圣人以道德驾驭法器,此时的器是公器,为天下人服务,所以为万物之长。

中国历史上的皇帝,只要是骄奢淫逸之辈,都被称为昏君。昏君治国,国家会衰败,皇位也会不稳。南北朝时期南朝的陈叔宝,在位时大建宫室,生活奢侈,不理朝政,日夜与妃嫔、文臣游宴,制作艳词。陈叔宝在光照殿前,又建"临春""结绮""望仙"三阁,高耸入云,其窗牖栏槛,都以沉香檀木来做,极尽奢华,宛如人间仙境。这些都会耗尽民力,让隋朝有了可乘之机,最终导致亡国的命运。陈叔宝实际是把皇权当成自己的私器,成为自己骄奢淫逸的资本。历史上,像陈叔宝这样的皇帝,结局大多都是国破家亡。

公器私用就会导致败亡。

相反,将皇权当成公器来使用的汉文帝、汉景帝、汉宣帝、隋文帝、宋仁宗等人,都被后世敬仰,因为符合天地之大道。

为什么有些企业主永远是个体户?而有些企业主却逐渐成为企业家?当企业主认为企业是私有、只是为自己赚钱的工具时(私器),一切都以自我为核心,就很难形成精英管理团队,在社会上不会彰显企业的地位,也不会真心为消费者服务,就只能停留在个体户中不可自拔。企业主把企业当作是全体员工的饭碗和前途、是为社会服务的公器之后，企业的所有员工就成为一个团队，团队的力量自然是更强大的，也会通过服务社会不断塑造企业在社会中的信用，企业在社会中的地位也越来越高，不断壮大并被社会所尊重，企业主在此过程中就会成长为企业家。

个人也是如此，每个家庭都有家长，家长所拥有的地位实际也是公器。只有全心全意地爱家庭成员的时候，家庭才会和睦，孩子才会健康成长，他们的先天禀赋才会得到充分的发挥，家长就会受到尊重；相反，自私的家长总是想让孩子为自己争光、给自己挣面子，将自己未完成的"期望"强加到孩子身上，但孩子有自身的特长，有适合自身发挥的方向，如此，孩子的特长无法得到挖掘和发挥，最终就会无所作为，这就是家长公器私用导致的结果。

公器私用，是每个社会、每个企业和个人人生之大忌。

第七十三章

> 将欲取天下而为之，吾见其弗得已。夫天下神器也，非可为者也。为者败之，执者失之。物或行或随，或嘘或吹，或强或羸，或培或堕。是以圣人去甚，去泰，去奢。

参考释义

欲取得天下并以有为的方式来统治，我看其明显得不到天道和人心。人是天下的神物，应天而生好安静，不能以有为的方式违背他们的意愿和本性而加以统治。用有为来统治天下就会失败，公器私用来持有天下就会失去天下。世人有的喜欢前行有的愿意跟随，有的性格慢有的性格急，有的体质强壮有的体质羸弱，有人沉稳有人圆润，不仅世人，天下万物都各具特色各有特点，以个人的私欲通过有为来统治他们就违背了天道。因此，圣人要除去那种极端的、傲慢的、华而不实的东西，恒久地顺应自然规律。

说东谈西

中国封建史基本都是一家一姓的不断循环。一般来说，一个朝代的后期都会发生阶层固化、民不聊生等社会现象，导致社会基本矛盾不断恶化，底层民众难以生存导致社会动荡，就会诞生新朝代。新朝代建立之后，经过一段时间的社会矛盾积累，又到了朝代末期，为什么会这样不断循环呢？

这是等级社会的一种必然现象，君主要维护等级社会，就必须使用有为的模式对天下进行治理，其核心内容就是为皇家实现千秋万代而服务。同时，在皇权至上的体系之下，皇帝必须倚重一批官僚来统治国家，也就必须向官僚阶层输送一定的利益。要制定法律保护皇族和官僚阶层的利益，也就有了"刑不上大夫"。最终，底层的民众就会被不断伤害。随着朝代的运行，皇族和官僚阶层（一般与大氏族有千丝万缕的联系）的势力越来越庞大，底层民众生活越来越艰难，就再次出现改朝换代。

所有这些都是"有为"，"有为"的目的是维护本朝代的运行和千秋万代。但千秋万代的愿望最后却形成无数个短命的封建王朝，短则数年、数十年，长则数百年，没有一个朝代可以实现千秋万代。

伴随有为而治的封建社会，每一个朝代都通过强权对社会进行统治，所以军队永远是中国封建社会的核心。谁掌握了军队，谁就可以在本朝掌握权力，也可以通过军事行动建立新朝代，所以中国封建社会的朝代的建立基本都是依靠强大的军队来背书。

《六韬·发启》中说："利天下者，天下启之；害天下者，天下闭之。天下者，非一人之天下，乃天下之天下也。"道理很简单，国家的建立必须是自下而上的，以民众的需要为国家的需要，这实际就是公民社会。如果真正将天下作为天下人之天下，就必须破除家天下的思想体系，推行百花齐放百家争鸣的文化，也必须由民众制定法律，打破特权，实行人人平等。只有人人平等，天下才真正是天下人之天下。可封建时代的法律体现的完全不是这么回事，在封建时代谋逆是大罪，一般要株连九族，如果天下是天下人之天下，每个人都是天下的主人，何来谋逆？欺君也是大罪，如果天下是天下人之天下，"欺民"就不是大罪吗？很多封建时代都出现过铸小钱的做法，目的当然是掠夺民财，元朝末年更出现钞不如纸的奇观，这些都是典型的"欺民"，为什么就不是大罪？

封建时代之所以实行强力统治，之所以以"有为"而治天下，本质上主要还是为了维护自己的家天下，因为公器私用，所有的朝代所期望的千秋万代都是不可能实现的。这不就是老子所说"将欲取天下而为之，吾见其不得已"吗？所以，人是天下的神物，任何人登上皇位（或掌握权力），掌握的都是神器，就不能通过有为而治，不能强力统治。把神器当成私器来使用时，就丧失了德，所以用强力统治天下就一定会失败，通过强力把持天下就一定会失去天下，这就是辩证法。

第七十四章

以道佐人主，不以兵强于天下，其事好还。师之所居，楚棘生之。善者果而已矣，毋以取强焉。果而毋骄，果而勿矜，果而勿伐，果而毋得已居，是谓果而不强。物壮而老，是谓之不道，不道早已。

参考释义

人主以道来辅佐自己，不以兵力逞强于天下，顺天应德，敌人自服。大军过后，农田被荒废必有荒年。善于用兵的人，只要达到用兵的目的就可以了，并不以兵力强大而逞强好斗。达到了目的就要停止（军事行动）；达到了目的应果敢地保持谦卑的态度；有了结果莫要杀伐；得到胜果也不能自我夸耀，不居功；达到目的后不要逞强，不以强兵、坚甲而欺凌别人。事物过强就会走向衰朽，这也不符合于"道"，不符合于"道"就会很快死亡。

说东谈西

"以道佐人主"在很多地方解释成"依照'道'的原则辅佐君主的人"，似乎有不妥。老子通篇都在讲述道的理念，如果仅仅理解成"辅佐君主"似乎过于狭义，事实上，每个人都需要辅佐，在这个地方理解成"人主以道来辅佐自己"应该更为合理，这个人主可以是任何人，未必仅仅指君主。

部分人将老子的这一章说成是反战，其实老子并不反战，而是认为更重要的不是战争的过程，不是逞坚甲强兵，而是战争要达成的结果。不战而屈人之兵，善之善者也，这是兵家的至高境界，所以，兵家亦以老子为祖师。

我们在前面说过，从某种角度看，任何学科的终点都是哲学，军事也是一样。军事最重要的目的是取得最终的结果，直接交战是手段之一，但如果通过军事威胁和谈判的手段取得结果，就是更好的方式，杀人一千自损八百的道理是明显的。老子是在从更高的境界上阐述兵家的思想。所以，唐朝王真在《道德真经论兵要义述》中说："五千之言，八十一章，未尝有一章不属意于兵也。"明朝末年王夫之也认为《道德经》可为"言兵者师之"。还有一些人认为，《道德经》一书概括了古代兵书的要旨。所以，《道德经》就是兵书至圣。

其实，《道德经》不仅是兵书至圣，又何尝不是经济学至圣、社会学至圣、人文学至圣呢？因为其阐述的是研究问题的根本方法，所以《道德经》就是所有学科的至圣。

依旧以军事来说明问题，一个国家军力强大的根本标志是什么？先进的科技、先进的武器水平、庞大的舰队和机群、士兵优良的素质等，这些固然都是主要的，但并不全面。我们知道，一个国家如果强行发展军事，最终会崩溃。一个社会如果等级严重，分为利益阶层和受压制的阶层，那么这个社会的基本矛盾就会很突出，维持社会运行的费用就会很高（那些非军事属性的武装队伍很庞大），如果再建设一支庞大的军队，就需要庞大的财政支出为支撑，最终的结果就是财政崩溃，财政崩溃的后果是货币危机，最终引发社会危机。一个爆发社会危机的社会，就会丧失所有的军事力量。

相反，对于另外的一些国家，社会没有等级差别（或者不明显），社会的基本矛盾就不会突出。这样的社会财政支出少，这时，如果维持一样的军事实力，财政的费用就会减轻很多，不容易造成财政的不平衡。

所以，一国的军事实力，从本质上来说取决于社会治理水平。因此，现代战争的概念已经大大拓展，经济战成为战争的一种主要方式。

此外，还有价值观与民族荣誉感。当一个社会长期实行等级制度，很多人长期被压榨，他们就不会有民族荣誉感，当然也谈不上去捍卫民族荣誉感，这样的社会往往是一盘散沙，这样的民族就没有战斗力。相反，有一些国家，永远将国民利益放在第一位，人与人之间也没有差别，不存在等级之分，这些国家的国民就会有共同的民族认同感和荣誉感，当面临外敌的时候就会万众一心。这样的国家即便国土不大、人口不多，但永远是难以征服的。

最强大的不是武器，而是人心。

任何一个国家或个人，只有以道来辅佐自己，懂得自省，才能有真正的强大，顺天应人，内部稳定，敌人自服。如果只会逞强斗狠，不断对外或对内妄动刀兵，最终就会国困民穷，不断衰落。

即便不得不动刀兵，也只能是达到目的即止。一场战争之所以得胜，得到了预期的结果，原因无非来自天时、地利、人和，一旦欲望无度，这些因素就会变化。比如当一国面临灭国的危险时，就会困兽犹斗，战斗力得到最大限度的激发，一旦自身不能预估这种变化，就可能遭到败绩。同时，发动战争的原因是清楚的，无非是站在道德的高地，一旦得到了结果之后继续行动，就会失去道德高地，周边的国际环境就会发生变化，局势出现逆转。达到了目的之后要懂得谦卑待人，如果盛气凌人，就会埋下仇恨的种子，这对于整个国家或个人都是十分不利的。更不能得胜之后随意杀伐，不能自我夸耀，不能用坚甲利兵欺凌别人，这些都不符合道。

第七十五章

> 夫兵者，不祥之器也。物或恶之，故有裕者弗居。君子居则贵左，用兵则贵右。故兵者非君子之器也，兵者不祥之器也，不得已而用之，恬淡为上。勿美也，若美之，是乐杀人也。夫乐杀人，不可以得志于天下矣。是以吉事上左，丧事上右。是以偏将军居左，上将军居右。言以丧礼居之也。杀人众，以悲哀莅之。战胜，以丧礼处之。

参考释义

武力是不祥之器，万物都厌恶它，所以，有欲修道的人要远离它。君子乐于助人而谦下，故居左，用兵的人崇尚武力，故居右。武力不是君子所使用的，万不得已而使用它，最好淡然处之。胜利了也不要自鸣得意，如果自以为了不起，就是喜欢杀人。凡是喜欢杀人的人，都不可能得志于天下。吉庆的事情以左边为上，凶丧的事情以右方为上。偏将军居于左边，上将军居于右边，这就是说要以丧礼的仪式来处理用兵打仗的事情。战争杀人众多，要以哀痛的心情参加。打了胜仗，也要以丧礼的仪式去对待战死的人。

说东谈西

本章中的左右是如何区分的呢？古人以左为阳以右为阴，阳生而阴杀。尚左、尚右、居左、居右都是古人的礼仪。所以，左边代表的是吉庆的事情，右边代表的是丧礼。古代战争战胜时，将军居丧礼之位，素服而哭，说明君子贵德而贱兵，不得已才动兵，心情悲痛。

在本章中老子说，战争是最后不得已的手段。只能用于诛杀不祥之国、不祥之人。但由于战争会给社会和百姓都带来巨大的灾难，对于任何一方战死的人，都要有悲痛之心，因为无论战败方还是战胜方的死难者都是生命，所以战胜者也要用丧礼。

老子是以圣人的观点看待战争。战争的目的是什么？是治世的方式之一，而且是最后不得已的选择。圣人治世，是以道德化天下，而不以武力施天下，武力是为了征伐不祥，是最后的手段。道德化于天下之时，社会正气足，天下人人皆自行道德。若以强力用于天下，则人心效仿，诡诈之风必行，凌夺之事即生，兵革之事遂起，社会必不能安宁，所以，只能是最后的手段，而且即便战胜，也要当作丧事来对待。

老子约生于公元前571年，约公元前551年入周王室任守藏室史（管理藏书的官员）。在被推荐入周室效力之前，老子跟随常枞（商容）学习知识。后来常枞病重了，老子前去看望他，问道："先生病得如此重，有什么遗教可以告诉弟子吗？"常枞说："就是你不问，我也要说了。"他对老子说："经过故乡要下车，你记住了吗？"老子回答："经过故乡下车，就是要我们不忘旧。"常枞说："对呀。"又说："看到乔木就迎上前去，你懂吗？"老子说："看到乔木迎上去，就是让我们要敬老。"常枞说："是这样的。"然后，他又张开嘴给老子看了看，问道："我的舌头还在吗？"老子说："当然还在。"常枞又问："我的牙齿还在吗？"老子说："早就没有了。"常枞又问老子："你知道原因是什么吗？"老子回答说："那舌头所以存在，岂不是因为它是柔软的吗？牙齿的不存在，岂不是因为它是坚硬的吗？"常枞说："好啊！是这样的。世界上的事情都已包容尽了，我还有什么可以再告诉你的呢？"约公元前485年，老子看到周王朝越来越衰败，就离开故土，准备出函谷关去四处云游。把守函谷关的长官尹喜很敬佩老子，听说老子来到函谷关，非常高兴。可是当他知道老子要出关去云游，又觉得很可惜，就想设法留住老子。于是，尹喜对老子说："您将归隐，请尽力为我们写一本书。"老子听后，就在函谷关住了几天。几天后，他交给尹喜一篇五千字左右的著作，然后就骑着青牛走了。据说，这篇著作就是后来传世的《道德经》。

常枞遗教给老子的是什么？经过故乡要下车，就是必须对故乡感恩，没有故乡的水土就没有我们，无论一个人有多高的成就，都必须谦卑地感恩；见到乔木要迎上去，表示要尊重前人的知识与经验，要有畏惧观，只有如此，才能站在前人的肩膀上；舌头与牙齿的关系是强与弱的辩证关系，只有弱才能长久，才能"恒强"。对于兵家来说，用兵征伐外在是强，但本质是弱，所以只能是不得已的手段。万不得已而杀人（展示强），必须站在道德的高地，诛杀不详之国或不祥之人。

再看兵圣孙武（约前545—约前470），几乎与老子生活在同一时代。虽然史籍从未记载两个人有见面交流的机会，但思想却出奇地一致。《孙子兵法·谋篇》说道："凡用兵之法，全国为上，破国次之；全军为上，破军次之；全旅为上，破旅次之；全卒为上，破卒次之；全伍为上，破伍次之。是故百战百胜，非善之善者也；不战而屈人之兵，善之善者也。"

"故上兵伐谋，其次伐交，其次伐兵，其下攻城。攻城之法，为不得已。"

"故善用兵者，屈人之兵而非战也，拔人之城而非攻也，毁人之国而非久也。必以全争于天下，故兵不顿而利可全，此谋攻之法也。"

孙武这几段话的意思是说：大凡用兵的原则，使敌举国不战而降是上策，击破敌国使之降服是次一等用兵策略；使敌全军不战而降是上策，击破而取胜是次一等用兵策略；使敌全旅不战而降是上策，击破敌旅而取胜是次一等用兵策略；使敌全卒不战而降是上策，击破敌卒使之降服是次一等策略；使敌全伍不战而降是上策，击破敌伍而取胜是次一等策略。因此，百战百胜，不是用兵策略中最好的，不交战而使敌屈服，才是用兵策略中最好的。最好的用兵策略是以谋略胜敌，其次是以外交手段胜敌，再次是通过野战交兵胜敌，最下等的是攻城，攻城是在不得已的情况下才采取的办法。因此，善于用兵的人，总是使敌军屈服而不用野战交兵的办法，夺取敌城不用蚁附攻城的办法，消灭敌国而不采用长久用兵的办法。一定本着不诉诸兵刃就使敌完整地屈服的原则争横天下，做到军队不受挫而胜利可全得，这便是谋攻的原则。

整个谋攻篇，伟大的兵圣孙武讲的都是"全"，无论敌方还是我方最好不伤一兵一卒，同时又达到目的，杀伐和攻城都仅仅是最后不得已的手段。"战争"本身不是目的，"杀人"更不是目的，不得已而进行杀伐的时候，只能是诛杀不祥之国或不祥之人，它只是实现某种目的的一种最后手段。《司马法》中也说道："杀人安人，杀之可也……以战止战，虽战可也。"意思是说，杀人的目的在于"安人"，只能杀妨碍"安人"者，战争的目的在于"止战"，用战争去消灭战争的源头。为了人民的安居，为了国家的和平，才可以进行战争。这一思想，可称是贯串于中国古代兵学的一条红线，这也正是《孙子兵法》的灵魂所在。

虽然老子生活、活动在现代中国的中部和西部，而孙武生活、活动在现代中国的东南部，相距遥远，但两位圣人的思想火花却交织在一起。老子的思想不是怯战和避战，而是以道德为出发点，实现更高层次的治世。

齐桓公（前685—前643在位）时期，管仲把齐国治理得很兴旺，征服了许多割据一方的诸侯国，辅助齐桓公称霸中原，可唯独楚国不听号令。

如何征服楚国呢？

一般人认为，既然齐国兵力强大，出兵打垮楚国就是了，当时，齐国的几位大将军也确实是这么想的，他们纷纷向齐桓公请战，要求率重兵攻打楚国，迫使楚国称臣。但担任相国的管仲连连摇头说："齐楚交战，旗鼓相当，够一阵拼杀的。一则我们得把辛辛苦苦积蓄下来的粮草用光，另外，齐楚两国还要有万人的生灵成为尸骨。"

管仲的一番话，把大将军们说得哑口无言。

一天，管仲派100多名商人到楚国去购鹿。当时鹿是较稀少的动物，仅楚国才有。但楚人只是把鹿作为一般的可食动物，两枚铜币就可买一头。管仲派去的商人在楚国到处扬言："齐桓公好鹿，不惜重金。"

楚国商人见有利可图，纷纷加紧购鹿，起初三枚铜币一头，过了十几天，加价为五枚铜币一头。

楚成王和楚国大臣闻知后，颇为兴奋，他们认为繁荣昌盛的齐国即将遭殃，因为十年前卫懿公好鹤而把国亡了，齐桓公好鹿是蹈其覆辙。他们在宫殿里大吃大喝，等待齐国大伤元气，他们好坐得天下。

管仲却把鹿价又提高到四十枚铜币一头。

楚人见一头鹿的价钱与数千斤粮食相同，于是纷纷放下农具，做猎具奔往深山去捕鹿。连楚国官兵也停止训练，陆续将兵器换成猎具，偷偷上山了。仅仅一年间，楚地即出现大荒，铜币却堆积成山。

楚人欲用铜币去买粮食，却无处可买。因为管仲已发出号令，禁止各诸侯国与楚国通商买卖粮食。

没有了粮食，楚军人黄马瘦，丧失了战斗力。管仲见时机已到，立即集合八路诸侯之军，浩浩荡荡开往楚境，大有席卷楚国之势。楚成王内外交困，无可奈何，忙派大臣求和，同意不再割据一方，保证接受齐国的号令。

管仲不动一刀，不杀一人，就制服了本来很强大的楚国。

"夫兵者，不祥之器也。物或恶之，故有裕者弗居。""不战而屈人之兵，善之善者也。""故上兵伐谋，其次伐交，其次伐兵，其下攻城。""故善用兵者，屈人之兵而非战也，拔人之城而非攻也，毁人之国而非久也。"老子与孙子两位兵家先贤让我中华的历史熠熠生辉。

第七十六章

> 道恒无名，朴虽小，而天下弗敢臣。侯王若能守之，万物将自宾。天地相合，以雨甘露，民莫之令而自均焉。始制有名，名亦既有，夫亦将知止，知止所以不殆。譬道之在天下也，犹小谷之与江海也。

参考释义

道能阴能阳，道是无形，所以没有常名，道朴实无华，虽小至看不见，但天下没有谁能使之服从自己。侯王如能守道无为，百姓和万物都将自然地宾服（宾服于道），侯王的行为与天地相合，天就会降下甘露祥瑞，不需政令民众就会顺自然和谐相处。道无名但能制有名（万物），道无形能制有形，不要奢欲无度，要适可而止返身守道修德，就不会有危难。道存在于天下，与人互相应和，好比川谷与江河相通一样。

说东谈西

"无名"指的是完全做到了不自见、不自是、不自伐、不自矜，所以又称之为"朴"。道虽然看不见摸不着，但无人能使之称臣，侯王得到了道，天下顺自然而归一。"有名"则指的是万物，当人们不断追逐物的时候，就是物欲横流，就会忘记事物的本质，就会走向堕落，无论国家还是个人都是如此，此时只有返身守道修德，才不会导致危难。

在王阳明的《传习录》中记载："众人只说'格物'要依晦翁，何曾把他的说去用？我着实曾用来。初年与钱友同论做圣贤要格天下之物，如今安得这等大的力量：因指亭前竹子，令去格看。钱子早夜去穷格竹子的道理，竭其心思至于三日，便致劳神成疾。当初说他这是精力不足，某因自去穷格，早夜不得其理，到七日，亦以劳思致疾，遂相与叹圣贤是做不得的，无他大力量去格物了。及在夷中三年，颇见得此意思，乃知天下之物本无可格者；其格物之功，只在身心上做；决然以圣人为人人可到，便自有担当了。这里意思，却要说与诸公知道。"

王阳明早年曾深信朱熹的"格物"之说，于是就和一位姓钱的朋友在庭前"格竹"。他们"格竹"的方法是看，通过看来思考、推究竹子所蕴藏的理，王阳明本希望通过"格竹"，实现格物致知，找到理，结果钱姓朋友和自己都被"格"病了，也没"格"出个所以然来，感叹做圣贤太难了。

等到王阳明被发配到贵州龙场之后，还在满地找"理"。他寻找的不是财富，不是权势，而是世间最珍贵、最神秘的宝藏——人间的终极智慧。从18岁的时候"格竹"，到龙场的时候已经37岁，为了这个"理"，他已经找了近二十年。在这近二十年中，他已经见过很多名山大川、千年古刹、化草万物，但一直未找到这个神秘的"理"。为了找到这个"理"，王大人在龙场制作了一个特别的石椁，每天除了干活吃饭之外，就坐在里面，沉思入定，苦苦寻找"理"的下落。

最终，王阳明大笑而出，在山川大地、蓬勃万物中找不到的"理"，被他找到了。天理即人欲，"理"就在人们的心中。这里的"人欲"并不是某一个人或一部分人的私欲，而是普天之下所有人的愿望，普天下所有人的愿望就是天理。

"道生一，一生二，二生三，三生万物"，天地是道之所生，万物是天地养育，道法自然，人遵从了道，就与天地万物融为一体，所以，满世界找不到的"理"，却存在于距离自己最近的地方——心中。当遵从了道之后，就会得到天下人心的帮助，自然就得到了天地神灵的庇护。

天地神灵的庇护又从何处而来呢？当一个人遵从了道之后，就顺从自然，也就顺从了所有人的要求（进入了人心），也就会得到所有人的认同和帮助，也就得到了天地神灵的庇护。人们经常祈祷能够得到神灵和贵人的帮助，其实那个"神灵""贵人"就在所有人的心中，就在自己的心中。

天地神灵的庇护来自人心。

天道即人道，天理即人心。

所以，老子说，道存在于天下，与人互相应和。天道与人道、天理与人心、天地神灵与人心就好比川谷与江河一样都是相通的。我们一生所遇到的贵人也来自人心，是不是呢？所以，本章也可以看作人心之学。

"名亦既有"中的"既"可以理解为"尽"。道生万物，由无至有，由少至多，由简单至烦琐，此为道之顺化；但道不仅顺化万物，而且还有逆反，如果仅有顺化而没有逆反，也不是自然之道。任何事物发展到顶峰之后就会面临逆反。所以，"名亦既有"可以引申理解为：物欲无尽就会导致毁辱。

一个国家的强大在于人心，一个人的强大也在于自己的内心，坚守道德才是真正的强大，神灵只会庇护有道的国家和有道的人；奢欲无度而不知返身坚守道德，就是败亡之路，丧失了人心就不会得到神灵的庇护。

第七十七章

> 知人者智也,自知者明也。胜人者有力也,自胜者强也。知足者富也,强行者有志也。不失其所者久也,死不亡者寿也。

参考释义

能知人好恶,能认识别人,是智,能认识自己的长处与短处,可以内视自己的叫作明。能战胜别人,是力量的体现,能战胜自己(的欲望)进而做到无为,才是强。人有知足之心不去追逐无度的欲望才是富,在行善求道之路上百折不挠的人才是有志。不失淳朴的人才能长久不衰,身虽死而"道"仍存,才算真正的长寿。

说东谈西

如果仅仅灌输道理,而不能运用到实践中,所有的思想就是无意义的。

作者在想,老子写到这一章时已经预计所有人都已经明白了信用、自信、谦下、包容、慈柔等的重要性,但怎么才能用于实践呢?估计是老子写本章的初衷。当然这是作者的猜想而已。

其实,这可以看作是王阳明所说知行合一的内容。"知"主要指人的道德意识,更是认识自己。所谓知行合一,就是自我的道德意识和道德践履的关系,"知""行"虽是两个字,但本是一体,说的是一个功夫,知中有行,行中有知。为什么后人总说"知易行难"呢?王阳明认为良知无不行,而是自觉的行。他说:"知是行的主意,行是知的功夫;知是行之始,行是知之成。"

老子给出的答案是,要做自知者、自胜者、知足者、强行者。

之所以有些人"行难",是因为没有达到自知。如果人们将所有的信仰、思想、行动都看作是逐利的手段甚至读《道德经》也会抱着这一目的,其道德意识本身就偏离了真正的知的内涵,因为所有的行为都是为了私欲而不是为了"公",出发点就不是出于自己的良知,怎么可能"行"呢?稍有挫折就会担心在物质上得不偿失,就会半途而废,畏惧行的过程中所消耗的精力与物力,自然就"行难"。所以,王阳明说"良知无不行,而是自觉的行"。一个人如果认为"行难",就应该去检讨自己的知是不是良知,检视自己的出发点是否偏离了轨道。

行如果是奠定在良知基础上自觉的行,就根本不存在"行难"。

这就要求要自知,自知之后就达到了明,此后开始迈上一个新的台阶。此时,就会发现自己以往有很多错误,比如看待不同的人会不同,看待功名利禄就会趋之若鹜或动心,等等,此时需要对自己"动手术",只有能坦白认识自己的错误、能战胜自己的人,才是真正的强者。不敢对自己"动手术",不敢否定自己的人,就不是强者。所以,作者在前面提到,不是好学生的老师不是合格的老师,缘于世界上人无完人,所有的知识都需要时刻更新(道是变化的,知识当然也是变化的),只有时刻通过接触到的人(包括学生)和事物的启发修正自己的谬误从而登上新台阶的人,才是好的老师,才能通过不言之教引领好自己的学生。

勇于承认自己的错误,勇于对自己"动手术",就可以谦卑待人。当不断战胜自己之后，就可以继续登上新的高度，就可以在认识事物的本质上不断精进，随着一系列困难的克服和谬误的修正，就会具有充分的自信，就可以包容天下所有的人与物，就可以对世界展现自己的慈柔。

只有懂得知足的人，才不会见利而忘义，才真正明白得失相伴相生的道理，才能面对利益的诱惑控制自己的欲望，才能保持清净，才能最终得道。

具备自知、自胜的品德之后，又可以控制自己的欲望，一个人就有了新的动力，心中所想就告别了自我而是利他，目的是照亮别人，从无为而无不为，就会得到所有人的佑助，就会得到人们的爱戴，就会成为强行者。

这样的人永远不会死，因为他们永远活在人们的心中。

第七十八章

> 道氾呵，其可左右也。成功遂事而弗名有也。万物归焉而弗为主，则恒无欲也，可名于小。万物归焉而弗为主，可名于大。是以圣人之能成大也，以其不为大也，故能成大。

参考释义

大道似乐声般婉转抑扬，若浮若沉，若有若无，左右上下无所不到。有功而不占有名誉，道是万物的归宿却不以自己为人主（不禁止万物的行为）。道匿德藏名自然无为，可称微小。道是万物的归宿但却不以自己为人主，使万物自由来去，成就其伟大。所以，圣人之所以成其"大"，在于以身为师，匿德藏名不居"大"，故成就其"大"。

说东谈西

大是什么？小是什么？这是很宽泛的哲学概念，大有伟大、高大、长寿、尊贵、流传千古等意思，而小有卑微、低下、卑贱等意思。大虽大，但却依附于小，没有小就不会有大，所以，小成就了大。

本章实际是紧接着上一章的内容，老子继续解释行的内涵。如何通过修身提高自己的境界，阐述的是如何从小到大，从无为到无不为。应该从以下三点做起：

第一，需要建立人生观，加强思想修为。只有思想才是至高无上的，才可以影响并左右所有的人，影响一个社会，这是大道，而大道是无边无际的。

第二，甘愿承载而不以为功，奠定胜利的基石而不必去争夺表面的荣誉，只有如此，才会有无数的奇人义士在你周围存在并效力。

第三，社会归附的时候不要以为自己尊贵，要保持谦下之位，要执行天道和人道。只有这样才能成为社会的核心，成为左右人们内心的力量，当征服了每个人的内心以后，自然也就"不自为大，故成就其大"。

所有的核心都是居"小"，居"小"才能成就"大"。

人来到世上几十年，都希望建功立业甚至名垂青史。但如果妄自尊大，好大喜功，甚至揽功邀赏，居功自傲，以至声色犬马，作威作福，飞扬跋扈，必然导致众叛亲离，也就谈不上建功立业，也就没有"大"。只有不居功自傲，不追名逐利，才有可能胸怀全局，摆脱尔虞我诈的干扰，展现凝聚力和战斗力，最终取得大成。

东汉有一位开国名将，是"云台二十八将"之一，叫冯异。刘秀打天下之初，冯异就投奔到他的部下为主簿。这时，刘秀的兵力并不强大，粮草供应也十分窘迫，经常连饭都吃不饱。有一次，刘秀率兵奇袭饶阳，遇上三九严寒，又两天未吃饭，可四周空荡荡，连个住家都没有，但冯异却想办法为刘秀准备了一碗热汤饭。

跟随刘秀两年后，刘秀见冯异有大将之才，就将部队分出一部分，让他带领。冯异治军有方，爱护士卒，深得部属拥戴，大家都愿意在他的麾下作战，冯异自然就会不断积累战功，连续升迁，不久就被封为应侯。

每次大战之后，刘秀都要为将军们论功行赏。这时，各位将军都为争功得赏而大喝小叫,以致拔剑击树,吵得不可开交。冯异却从不争功争赏,每次都独自静坐在大树下,任凭刘秀评定。这样,大家就给他取了个雅号,叫"大树将军"。

刘秀称帝后,天下并未全部平定,各地仍战乱不已。刘秀选冯异率兵从洛阳西进,以平定关中三辅地区。冯异率领大军,一路安抚百姓,宣扬刘秀的威德,所到之处,纷纷归顺,没有几个月,就完全平定了关中、三辅地区,又一次替刘秀立下了汗马功劳,因此被拜为征西大将军。

接着,冯异又连续平定数地,威势益震。这时,有人在刘秀面前挑拨离间说:"冯异现在在外面名声大得很。他到处收买人心,排除异己。咸阳地区的老百姓,都称呼他为'咸阳王'。皇上,你可得提防着点儿啊!"

刘秀听了,让人把话传给冯异。冯异知道后,十分紧张,马上向刘秀上书自白,请刘秀不要听信谗言。光武帝是一代贤君,收到冯异的信后,马上回信说:"将军你对国家和朕说来,从道义讲是君臣关系,从恩情讲如同父子关系,你根本不用介意奸人的语言。"为了表示诚意,刘秀把冯异的妻、子都送到咸阳,还给他更多的封赏与权力。

冯异一直到去世,都尽忠王事,也得以善终。

冯异能屡立战功,名垂青史,原因固然很多,但他"为人谦退不伐",是一个重要的方面。这里的不居功有两个方面:第一是将军功合理地分给下属,部下才能奋勇作战,也让贤人、猛将聚集,不断积累更多的军功;第二是对上不邀功,只有不邀功、不自傲,才能取得光武帝的信任,才能建立自己的功业。

居"小"才能成"大",这里的核心是成,而"小"是基础。

将军如此,皇帝更是如此。

楚汉相争时，项羽率领各路诸侯推翻了秦朝的统治，自然居功至伟，加上项羽是以武力出众而闻名的武将，有"羽之神勇，千古无二"的美誉。但这也让项羽过于看重自己的能力和功绩，不愿意将平定天下之功合理地分给大家，在分封诸侯的过程中完全是独断专行，埋下了天下复乱的诱因。这直接导致项羽回归彭城之后各路诸侯之间立即互相攻伐，齐地和河北地区马上再起硝烟，项羽只能再次上马出征。而汉中地区是秦国故地，分封给秦朝降将显然会导致人心不服，给刘邦出关中进而东出与项羽争夺天下留下了机会。最终垓下一战，刘邦奠定了西汉的基业。

刘邦得了天下，初始就封了一批最重要的功臣，但是还有很多功臣没有封赏——因为这个事很费思量，就这么着把封功臣的事拖了下来。

有一天，刘邦看到一群人窃窃私语，就问旁边的张良："子房啊，那些人在说什么呢？"

张良说："他们正在商量谋反啊！"

刘邦吓了一跳。这时张良接着说："陛下得了天下以后，封了一批功臣，大多数都是亲信，而现在这些功臣都在想若是和陛下关系不密切的，甚至以前得罪过陛下的，是不是就得不到封赏了？他们想来想去想不明白，所以在那儿商量谋反。"

刘邦马上醒悟过来了，问道："那怎么办？你给出个主意。"

张良说："请陛下想一想，在这些功臣当中有没有这样的人——他的功劳非常大，而他和陛下的关系又非常恶劣？"刘邦说："有，有一个叫雍齿的，他一而再，再而三地侮辱朕，朕早就想杀他了，可他功劳太大，朕又于心不忍。"

张良说："好了，请您'急封雍齿，以示群臣'。"刘邦立即接受了这个建议，封雍齿为什方侯。

雍齿一封，所有的功臣都安心了。

项羽和刘邦，都打下了天下，已经是天下之主。但项羽真的把自己当主人看待，认为自己很"大"，想怎么做就怎么做，埋下了失败的种子，最后成"小"，失去了天下。而刘邦也成了天下的主人，但认为自己"小"，将打天下的功劳合理地分封给手下功臣，最后成"大"，建立了大汉的基业。

企业经营也是一样。有些企业主，真把自己当主人，认为自己的功劳最大，首先算计好自己该得多少，剩下的才给员工，让员工怨声载道；还有些企业主，认为自己是主人就可以任性妄为，对员工的待遇漠不关心，最终众叛亲离，企业得不到发展甚至倒闭。而有些企业主不把自己当主人，仔细研究各岗位的重要性，根据个人的贡献和对企业的贡献分配个人收入，企业员工的积极性就会不断提高，企业不断壮大，形成企业主与员工共赢的局面。

圣人之所以成其"大"，在于以身为师，匿德藏名不居"大"，故成就其"大"！皇帝、将军、企业主、个人莫不是如此。

第七十九章

> 执大象，天下往；往而不害，安平太。乐与饵，过客止。故道之出言也，曰淡呵其无味也。视之不足见也，听之不足闻也，用之不可既也。

参考释义

圣人以德一之小而成大，世间万象了然于胸，握住此万象之宗的大象，就可以行于天下。用道和德一教化天下，天下就不会受到伤害，天下非常平和、安宁。音乐与美食（精神与物质）的享受，要适可而止。所以，大象虽然淡而无味，看也看不见，听也听不着，用之却无穷尽。

说东谈西

在有些版本的《道德经》中，将"执大象"仅仅理解成执守大道，这固然不错，却不贴切。道与象在老子的文章中是有差别的，老子在前面说过"忽呵恍呵，中有象呵"，也就是说在道中有象，这里的象是法象。大象可以理解为无象之象，是象之母。我们知道老子的《道德经》是哲学著作，当然也是治理社会的学问，但用哲学治国，还必须形成易懂的规则，这个规则就是"法象"，也可以说是实现"道"的路线图。虽然道中有象，也包含了象，但如果将象简单地说成是道却是不妥当的。所以,这一章的核心内容讲的是"法象",是路线图,本章面对的对象是侯王。

"乐与饵,过客止"有人认为是"乐与饵,过格止",说的依旧是要保持残缺的状态,要适可而止,过度追求精神与物质上的享受(可以看作是追求完善),都是欲望的展示;而为了追求欲望,就会实行有为之举,就会加大对社会的索取,这违反了自然无为之道。

为什么"大象"淡而无味、看也看不见听也听不着,却用之无穷尽呢?因为是从道出发,是顺从自然的,也顺从了万民的要求,包容万物而无所犯伤,又时时随万物的需求而变化。

《三国志·魏书·武帝纪》记载道:建安十二年(207)二月,曹操自淳于返回邺城。二月初五下令大封功臣,功劳卓著的二十多人被封为列侯,其余的也论功行赏,还免除为国死难者子女的徭役租税,轻重各有别。

建安十五年(210)春天,曹操颁布命令广纳贤才:自古以来,凡是开国和中兴的君主,无不靠贤人君子帮助共治天下!君主得到贤才,就可以足不出巷,这难道是侥幸吗?……

三国初始时期曹操只是一股较小的割据力量,无法与袁绍兄弟、刘表、刘璋、公孙瓒等人相比,但最终却平定了北方各路诸侯,成为魏、蜀、吴中最强大的力量,根源还是守道。

曹操对关羽的喜爱尽人皆知。关羽投降曹操之后,曹操上马提金下马提银,不断给关羽加官晋爵,但最终关羽依旧过五关斩六将回归刘备,这固然体现了关羽的忠义,但背后更反映了曹操的爱才如命和广阔的胸襟。在中国封建史上鲜有君主(曹操可看作事实上的君主)因为爱才而任由敌方将领斩关夺隘而去,这种胸襟远非常人所及。

刘备的胸襟一样十分广阔。徐庶离开自己去许都之时,明知徐庶将成为敌方的谋士,刘备依旧依依不舍、以礼相待,这种对贤才的态度，让刘备以布衣之身成就了一方霸业。

曹操与刘备，都有心中的大象。

每一个天下之主，都不属于自己，如果认为自己是天下的主人，最终就会众叛亲离成为孤家寡人。所谓"天下之主"实乃"天下共主"，当普天下的能人志士和万民极力推举的时候，就成了"天下共主"。

一个人心中的象有多大，成就就有多大。

第八十章

> 将欲翕之，必固张之；将欲弱之，必固强之；将欲去之，必固举之；将欲夺之，必固予之；是谓微明。柔弱胜强。鱼不可脱于渊，邦利器不可以示人。

☯ 参考释义

得道者总是居于道，以德一运用阴阳之气，而变化在于心，将要把一个事物收敛至极微时，就要先将其放大以至无限（任何事物都从德一开始，经过不断发展直至终点，复归于德一；没有发展的过程，就无法归一）；将欲变得柔弱时，必先要使其强固起来（强固之后才到达终点，实现归一）；想要驱逐自身或国家中存在的事物时，先要让这些事物膨胀、放大并做好善后的安排；将要夺取之时，应先行给予；这可称之为细微精妙的变化方法（也就是明）。而阴阳归一之法，最善者莫过于归于柔弱，并不是通过相抗、相争、相斗来展现刚强的一面，如能善用此细微精妙之明，则治身、治国都可以游刃有余。鱼在水中，可能领悟不到水真正的作用，但它却不能离开水，人在炁的能量环境中，或许也感受不到它的存在，但却无法离开它而生存，阴阳归一这一安邦定国的利器，不要向外炫耀，不能暴露锋芒，避免外耗，这是修行与持有细微精妙之明时要注意的原则。

说东谈西

本章从表面看是在讲兵家或侯王的征服之道，但核心依旧在讲辩证法。主要讲事物的两重性和矛盾互相转化的辩证关系。在事物的发展过程中，都会有某一个极限，到了极限之后就必然会向相反的方向变化，这就是"物极必反"的辩证法思想。在以上所讲"翕"与"张"、"弱"与"强"、"废"与"兴"、"取"与"与"这四对矛盾的对立统一中，老子说要居于柔弱的一面。因为任何事物的始生状态和归宿都是柔弱的，并蕴含着内敛、韧性，但生命力旺盛，发展的余地更大，比如，鱼儿只有在水中才能遨游四方。相反，看起来似乎强大刚强的东西，由于它的显扬外露，往往失去发展的前景，因而不能持久。

历史上，使用老子的思想进行征伐活动的侯王数不胜数，最典型的莫过于吴越之争。

春秋后期，当中原诸侯争霸接近尾声之时，地处长江下游的吴国首先崛起，公元前506年，吴王阖闾以孙武、伍子胥为将，在柏举之战中击溃楚军，占领楚国的都城郢（今湖北江陵北）。

楚国因为费无忌弄权，民不聊生，因此吴军攻入楚国的都城郢之后，楚国百姓夹道欢迎吴军。但吴国君臣的胸中装满的是个人的仇怨和欲望，伍子胥掘开楚平王坟墓，鞭尸三百，以报其父兄伍奢、伍尚之仇，阖闾奸淫楚国之国母（秦哀公之女）导致其自尽，阖闾弟弟夫概等人强抓楚女进行奸淫，日夜不停……这些行为令楚人大怒。

柏举之战后，楚昭王一家连同其妹季携一起弃都城逃难渡过了汉水。一天晚上，正露宿时，遇到强盗。强盗用戈击楚昭王，亏了王孙扑在他身上，才保无恙。在黑暗和慌乱中，楚昭王一行逃往郧国（西周册封的、靠近楚国的一个小国）。当时的郧公为辛，其弟有怀和巢，怀想杀死楚昭王为其父报仇，被辛阻止。辛和巢护送昭王一行又逃到了随国。

阖闾、伍子胥的作为激怒了楚人之后，逃亡中的楚昭王盛怒止逃，呼吁楚国军民与吴军死战，结果一呼百应，楚国军民奋起抗击吴国，再加上秦军的帮助，最终吴军被击败，只能班师回姑苏。

击破强大的楚国，标志着吴国的国力已经达到了阶段性的顶峰，如果吴国与楚国的土地和人民结合在一起，就足以争雄天下，但吴国君臣认为自己已经是"大"，可以肆意妄为，结果失去了楚国的民心，导致了最终的败绩。这体现了老子所说的"物壮即老"，也体现了老子在本章中所表达的辩证法。要注意的是，此处的"物壮即老"指的并不是"吴国击破楚国、实现大胜之后就意味着失败"，而是说吴国击破楚国之后认为自己是"大"（即物壮），就会发泄私欲和私愤，就不会去关注楚国民众的心中所想，就会失去楚国的民心，就会走向失败，归于"即老"。相反，如果吴国击破楚国之后，吴王君臣认为自己是"小"，就会以如履薄冰的态度去处理大胜之后的一切事物，还楚国民众以安定的生活，就会得到拥护，吴国的国运就还会蒸蒸日上，既然没有"物壮"，也就没有"即老"。

第八十一章

> 道恒无名，侯王若守之，万物将自化。化而欲作，吾将镇之以无名之朴。镇之以无名之朴，夫将不欲。不欲以静，天地将自正。

参考释义

道是无形无相的，所以没有常名。侯王如果守道，万事万物就会顺自然自我化育。万物虽和谐融融但也会因竞争而产生欲望，我会坚定地以纯德之道来化解它。以道德化解欲望，就不会有屈辱。没有屈辱保持清静，天地万物将自己走在正途上。

说东谈西

作为道经的最后一章，类似于总结，告诉人们：守道则天下自正，以道德化解欲望，就不会有屈辱，天下就会得道。欲望也就是心魔，化解了心魔，才能进入道的大门。

商朝从汤传至纣，共历17世31王，统治约496年。纣王（？—约前1046）是商朝最后一个君王。

司马迁在《史记·卷一百三十·太史公自序第七十》中说道："帝辛资辨捷疾，闻见甚敏；材力过人，手格猛兽。"太史公也是先说好话，说纣王有文武之才，然后才说坏话，接着说纣王"好酒淫乐，嬖于妇人"。

纣王继位之后，十分重视领土的扩张，曾多次发兵攻打周边的鬼方、东夷等地。特别是发兵平定东夷诸部落，把古代中国疆域势力扩展到江淮、长江中下游一带，对后世中国版图的形成做出了不可磨灭的贡献。但既然对外用兵就应该勤修内政，可纣王在位期间，却又不断营造宫室，沉迷于酒色，引发了统治集团的内部矛盾。最终，纣王被封在西岐的诸侯武王姬发率领联军征伐，商朝灭亡。

有才能但最终却让本朝走入濒危的君主在历史上并不少见，比如晋武帝、隋炀帝等都是如此。

难道他们就不懂得道吗？估计也不是，每个君主都会知道，一旦自己不断"有为"导致万民生活疾苦、难以度日的时候，天下就会走上反路，一代朝廷自然就会出现危机，但为什么他们还会不断走上这样的道路呢？

无法控制自我的欲望。

所以，控制好自我的欲望才能行大道。

如何能控制好自我的欲望呢？老子说应该用"无名之朴"。天地化育万物，非此而不能化，圣人教育民，非此无所教，圣人虽不言，却无所不教。"无名之朴"，即是自然大道的体性，也是人身未被情欲凿丧前先天的本性，它没有任何私欲与妄想，至为清净纯朴。能持正而守无名之朴，心身将自修，就能压制自我的欲望。

对于今天的社会来说，天赋异禀者不少，满腹经纶者很多，高学历者更如过江之鲫，背景深厚者也不稀缺，但在一生中做出卓越成绩之人却很少，关键是控制不了自己的欲望，用现代术语来说，就是没有建立自律精神。

没有对欲望的控制，没有严格的自律，所有的美好蓝图都是南柯一梦。

用"无名之朴"化解我们心中的欲望，实现清静无为，最终无不为。

后　记

　　中华民族正走在伟大复兴的征程中，在这一重要的历史关头，我们不能安于现状，应该思考需要为这个时代做点什么，为我们这个伟大的民族的复兴做点什么。

　　文字的传承体现了一个民族的精神内涵。汉字是世界上最古老的文字之一，至少有六千多年的历史，从甲骨文、金文、大篆、小篆，至隶书、楷书、草书、行书等一直传承至今，上古时期的各大文字体系只有汉字传承到了今天，文字的不断传承与发展成就了我们这个伟大的民族。

　　依托汉字传承的是我们这个民族古老灿烂的文化。中华文化是华夏文明的基础，受华夏文明影响较深的东方文明体系被称为"汉文化圈"，是社会文明水平、经济与科学技术发展水平的反映。没有中华民族古老文化的代代传承，就没有我们这个民族的今天。

　　我们的祖先在孜孜不倦地传承我们的古老文化，给我们这个民族带来勃勃生机。比如，"周孔"之中的"周"代表的是西周初期的周公（姬旦，周文王姬昌第四子，周武王姬发的弟弟），他是当时卓越的政治家、军事家、思想家、教育家,儒学先驱,被后世尊为"元圣",而孔子是春秋时期卓越的思想家、教育家,儒家学派的创始人,被后世尊为"至圣"。之所以称"周孔",是因为许多人认为孔子传承了周公的思想,并建立了儒家学派。孟子和明朝的王守仁继续传承了儒家思想,让儒家思想不断得到发展。我们还知道,在汉初时期,黄帝的思想与老子的思想并称为"黄老思想",在此,"黄"代表的就是三皇五帝中的黄帝,"老"代表的就是老子,所以老子的思想也可以理解为是对黄帝思想的传承。

老子曾经拜商荣、常枞为师,也曾向当时的周太学博士学习,孔子也曾多次求教老子,向老子求道。人们或许就因此认为这些过程有损于圣人的光辉形象。恰恰相反,圣人总会孜孜不倦地学习,孔子更留下"三人行,必有我师焉"的千古名言。圣贤之所以成为圣贤,就在于他们总是恭敬地做先人的学生,充分继承我们这个民族灿烂的文化,然后站在先人的肩膀上不断进取,最终成为整个民族的楷模。

我们每个人都是历史长河中的点滴之水,虚心学习《道德经》,感悟《道德经》中所蕴含的财富宝藏,是我们继承传统文化的一种方式,每个人都应该为传统文化的传承尽绵薄之力,这是本人写作此书的目的。

也经常有朋友问,怎么才能掌握经济与财经生活中的内涵?怎么处理好生活中、企业经营过程中的一系列问题?怎么处理孩子的教育问题?等等。这些问题如果说起来会千头万绪,但最终解决问题的方法都在《道德经》中,有了"兼容""兼爱"的胸怀,掌握了《道德经》中蕴含的辩证法和方法论,一切问题都可以迎刃而解。本人希望用通俗的语言和一些生动的事例,表现出对《道德经》所蕴含的精髓的一点儿感悟。

道生万物而不居功,德育万物而不居先,保持淳朴,甘做尘埃,希望从我们自己开始。

基于水平、阅历、感悟能力所限,书中对《道德经》的感悟难免会有偏颇、错误,希望所有读者批评指正。